赤子情·羽球魂

傅汉洵回忆录

傅汉洵 口述 刘 晨 整理

南方日报出版社
NANFANG DAILY PRESS
中国·广州

图书在版编目（CIP）数据

赤子情·羽球魂：傅汉洵回忆录 / 傅汉洵口述；刘晨整理 . —广州：南方日报出版社，2018.9
ISBN 978-7-5491-1897-7

Ⅰ . ①赤… Ⅱ . ①傅… ②刘… Ⅲ . ①傅汉洵一回忆录
Ⅳ . ① K825.47

中国版本图书馆 CIP 数据核字（2018）第 211447 号

CHIZIQING YUQIUHUN
赤子情·羽球魂：傅汉洵回忆录

口 述 者 傅汉洵
整 理 者 刘 晨
出版发行 南方日报出版社
地　　址 广州市广州大道中 289 号
责任编辑 刘志一　郭海珊
装帧设计 关健明
责任校对 裴晓倩
责任技编 王 兰
经　　销 全国新华书店
印　　刷 广州市尚铭印刷有限公司
开　　本 889mm×1194mm 1/32
印　　张 11.125　彩插 0.125
字　　数 240 千字
版　　次 2018 年 9 月第 1 版
印　　次 2018 年 9 月第 1 次印刷
定　　价 48.00 元

投稿热线（020）87373998-0503　读者热线：（020）87373998-0502

20 世纪 50 年代后期，傅汉洵（后排右二）与父母和弟妹在印度尼西亚（简称“印尼”）先达的家庭合照

1970 年左右，曾秀英在马来西亚的父母与弟妹家庭合照，11 个子女中独缺已经回国多年的曾秀英

1972 年，曾秀英与父亲在广州

曾秀英从马来西亚带回国的一张少女照，约摄于 1956 年（手工着色）

1959 年底，已知自己要回国的傅汉洵在棉兰将这张头像赠予黎志成。黎志成是当年的印尼羽毛球男双亚军，一年后回国

1964 年，傅汉洵参加的中国羽毛球代表队访问印尼，在中国驻棉兰领事馆与领事馆官员、当地侨领、华侨代表等合影。后排右六、右七分别为傅汉洵和父亲傅高宾，傅汉洵右下深色衣装女士为其母陈丽娟，中排左六是傅汉洵后来的妻子曾秀英

傅汉洵、曾秀英夫妇执教其最后一批广州市羽毛球队女队员时，与到访广州的印尼羽毛球名将王莲香（前排右三）合影，右一为当时的助教黎汉伟，后排左五、左六分别为稚气未脱的谢杏芳和张洁雯

2008 年，傅汉洵在广州传递北京奥运火炬

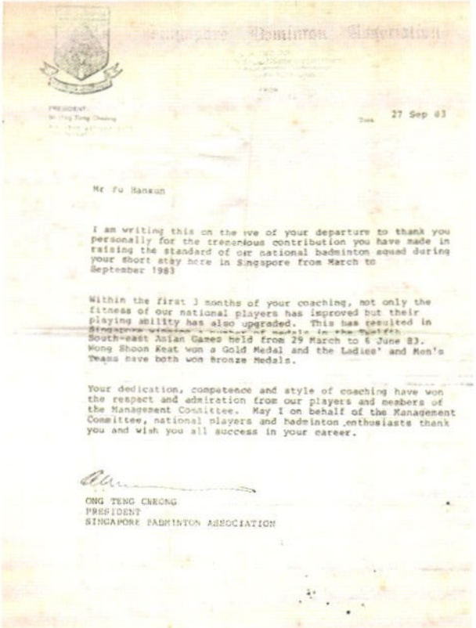

PRESIDENT

27 Sep 83

Mr Fu Hanxun

I am writing this on the eve of your departure to thank you personally for the tremendous contribution you have made in raising the standard of our national badminton squad during your short stay here in Singapore from March to September 1983

Within the first 3 months of your coaching, not only the fitness of our national players has improved but their playing ability has also upgraded. This has resulted in Singapore winning [illegible] of medals in the Twelfth South-east Asian Games held from 29 March to 6 June 83. Wong Shoon Keat won a Gold Medal and the Ladies' and Men's Teams have both won Bronze Medals.

Your dedication, competence and style of coaching have won the respect and admiration from our players and members of the Management Committee. May I on behalf of the Management Committee, national players and badminton enthusiasts thank you and wish you all success in your career.

ONG TENG CHEONG
PRESIDENT
SINGAPORE BADMINTON ASSOCIATION

1983 年，傅汉洵带领新加坡羽毛球队在东运会上取得男单冠军、男女团体季军的优秀成绩，回国时收到新加坡羽总主席王鼎昌的亲笔签名感谢信

20 世纪 70 年代，傅汉洵拍摄的技术分解普及挂图

推荐与感想

六十年的坚守，值得骄傲！六十年的奉献，值得致敬！

——关渭贞 广东新起点体育有限公司董事，羽毛球世界冠军

在所有运动球类中，羽毛球最不像“球”而更像一朵花。

《华严经》有云“一花一世界”，我由此想到傅汉洵一生走来的每一步都与如花似玉的羽毛球有缘，羽毛球成就了他整整一个世界！

——郭锡龄 广州市政协原副主席

朴实无华的文字，真实地记载了我们羽毛球人热血沸腾、奋力拼搏的岁月。

当年我们从印尼归国时还是懵懂少年，汉洵待我就像温和的大哥。对羽毛球的爱和执着，让我俩互相激励努力上进。人的一生为自己深爱的事业尽心尽力，何其幸！何其难！汉洵兄，以你为荣。

——侯加昌 著名羽毛球运动员，中国羽毛球队原副总教练

一批海外游子归来报效祖国，让中国羽毛球站在了世界前列。傅汉洵正是那个时代的羽毛球代表人物之一。我们一起为理想拼搏过，付出过，成功过！

——梁小牧 著名羽毛球运动员，傅汉洵队友

我能成为傅指导、曾指导培养出来的第一个世界冠军，感恩之心无以言表，唯有在传承他们开创的“广州派”羽毛球技术风格上继续奋发努力，让更多的羽毛球爱好者受益，我想这是对两位指导最好的一种回报吧。

——吴迪西 广州迪西文化传播有限公司总经理，羽毛球世界冠军

《赤子情•羽球魂——傅汉洵回忆录》可以说是广东、广州羽毛球界一本弥足珍贵的历史记载文献，同时也是对广东省羽毛球队成立 60 周年和广州市羽毛球队成立 40 周年的一份珍贵礼物。恩师的回忆录也让我重温了自己的成长历程，温馨而感动。作为一名广州羽毛球人，相信回忆录所铭记和传承的精神财富，将鼓励我们在推动广东、广州羽毛球事业上做出更好的成绩。

——林燕芬 广州市体育局副局长，羽毛球世界冠军

小时候听傅指导讲很多他的故事，每次我们都听得津津有味，感觉新奇、刺激、好玩、佩服。但讲故事的时间总是很短，我们只能听到冰山一角，意犹未尽。知道傅指导要出回忆录，心情无比激动，迫不及待想一睹为快！

——张洁雯 中山大学副教授，羽毛球世界冠军

我从一个懵懂少女到攀上世界女子羽毛球巅峰，从为人妻到为人母，一直得益于傅指导的教诲。他的回忆录字里行间都勾起了我对青葱岁月的回忆。我很荣幸能够和傅指导一起见证中国体育发展的峥嵘岁月！

——谢杏芳 羽毛球世界冠军

将真心献给祖国，傅汉洵先生的回忆录让我们感受到了一代华侨的赤子之心！ 他1983年起还兼任广州市侨联副主席，为广州侨联事业辛勤付出，贡献卓著。

——梁瑞冰 第十届中国侨联常委，广州市侨联主席

有幸与傅汉洵主委结缘并在他的推荐下加入中国致公党。在他人格魅力的感召下，大批优秀商界代表会聚，“热心公益，回报社会”也成为我们的价值观和努力方向。

——沈汉标 好太太集团、好莱客集团董事长

傅汉洵先生是我一生中最敬佩的人，他友善谦恭，真情真挚，乐于助人，这部回忆录就是他的精彩人生。

——黄富强 广州黄振龙凉茶有限公司董事长

我认识的傅汉洵先生，骨子里就藏着深深的爱国情怀和对羽毛球事业的眷恋。一生奉献给中国羽毛球事业，这是一种何等不平凡的精神！

——姚永达 正誉集团董事长

汉洵姐夫和秀英大姐回国投身国家羽球事业，经历的何止是体能的磨练，更有心智与精神的砺炼，相信年轻一代一定会从中有所触动和感悟。你们是我们家族的骄傲！

——四弟曾兴

我们为大哥傅汉洵自豪！相信回忆录能够让家族后代了解更多当年先辈的故事和爱国情怀，并不断传承下去。这也是给我们在天父母的最好礼物！

——五弟傅汉良

自序

从20世纪70年代，我退役后担任广州业余体校羽毛球教练起，直到我和妻子后来建立并执教广州市羽毛球队，训练之余，我都会给小队员们“讲故事”——讲述老广东羽毛球队当年如何“饿着肚子打败世界冠军”，讲述在困难年代我们那批归侨运动员如何到华侨糖厂和农民“抢蔗渣”做早餐充饥，讲述“屁王”队友捉弄大家又被大家捉弄的趣事，也会给他们讲述我少年时代在印度尼西亚（以下简称“印尼”）印尼接触到的羽毛球与今天有什么不同……

铁打的营盘流水的兵。在几十年运动员和教练员生涯里，不断有新的“故事”，我又会讲给后来的新队员听。这些故事，是艰苦训练的调剂，也包含着对小队员的启迪和教育。

后来在家里，每当家庭聚会之时，女儿、女婿、外孙都会问我们当年的许多经历，我和妻子就把“故事”说给他们听。我们还会给女儿讲家史：她们的爷爷带着年幼的我在印尼乡下“偷听”新中国的开国大典；她们的外祖父徒步“两万五千里长征”、九死一生从厦门走到马来半岛；她们的祖母在印尼排华的动荡年代，一个人在海外操持起一个大家庭；她们的父母谈恋爱时在队里是“挨批”的……听着听着，女儿们往往都会流出眼泪来。

女儿鼓励我们：你们和爷爷奶奶、外公外婆的故事，都应该写下来。

在我退休之后，许多听过我“故事”的队员中，有人对我说，“傅指导，你当年讲过的那些故事，都值得写回忆录”；还有人说，“你带我们时的经历，许多人都不了解了，应该写成书”。

写一本个人回忆录，我一开始并没有这样的想法。因为，我始终觉得，我虽然为中国的羽毛球事业做出了一些成绩，但这是我的工作本分，无须夸耀。

回想我的一生，经历过许多困难挫折，但我也是幸运的。我从1960年起肩负身为爱国侨领的父亲的期望，怀着报效祖国的信念从印尼回国，加入广东羽毛球队，与众多归侨青年一起成为中国羽毛球队在特殊年代发愤图强、赶超世界最高水平的中坚力量，让中国羽毛球队成为无冕之王。

由于时代的原因，我个人没能实现获得世界冠军的梦想。但我从基层开始担任羽毛球教练直到成为国家级教练，先后培养出了六位世界冠军和一大批优秀运动员，是用另一种方式实现了我作为一个羽毛球人的冠军梦想，也实现了父亲的深切寄望。

羽毛球教练之外，我还在致公党广州市委员会和广州市政协先后担任过领导职务，这是时代对我的眷顾，让我以新的角色参与中国改革开放的大潮。

在中国迎来改革开放四十周年，而我已在安享退休生活之际，除了女儿和弟子们的鼓励，我最终决定对自己的人生历程进行回顾和记录，是时代发展让我有了新的认识。

首先，习近平总书记在十九大报告中指出“不忘初心，方得始终”。我越来越认识到，中国当今取得的发展成就来之不易，中国羽毛球事业的成果也来之不易。我从 20 世纪 60 年代开始，见证了几代中国羽毛球人，特别是第一代以归国华侨青年为主的羽毛球人团结拼搏、不计名利、勇于创新、甘于奉献、赶超世界先进水平的精神。这种宝贵的精神财富，即使在商业遍布与利益诱惑的当下，也不应该被忘记和抛弃。

我特别想让年轻一代从我的经历中了解我们这一代人的路是如何走过来的，希望我们的故事启迪他们做人做事是要讲精神的，在物质丰富的时代，尤其不能淡忘对国家的担当和责任。

其次，我和妻子身为华侨，一直从我的父亲傅高宾、岳父曾希能等老一代爱国华侨身上汲取力量，家国情怀永难磨灭。但是，随着时代变迁，不仅我的父辈一代人已凋零殆尽，我童年少年时期经历的海外华侨社会也发生了翻天覆地的变化。因此，我希望在我的回忆录中，能够保存下一些父辈和华侨社会的变迁史料。

和我当年一起在广东羽毛球队艰苦拼搏的队友，大多已到暮年，有些队友已永远离开，我有义务记录下我们共同的故事。队友侯加昌十年前就率先出版了他的回忆录《挚爱》，也是对我出版本书的一个鼓励。

我尽可能回忆了我羽毛球生涯中的重要事件，也写下了一些亲身经历的生活趣闻，有助于读者更深刻地理解我所经历的年代与世情。

因此，这是一本写我羽毛球生涯的书，也是一本写我人生的书。但我在书里更想打捞的，是中国羽毛球事业从弱到强的艰苦历程和一代代广东羽毛球人为之做出的突出贡献，同时铭刻以我父辈为代表的老一代华侨在海外辛劳打拼、心向祖国的心路历程。

我口述此回忆录的原则是，尽可能真实、准确和客观，不虚饰，不夸大。但是，岁月总是无情，记忆难免模糊。距离我回国加入广东羽毛球队已经近六十年，此前我也从未想到刻意留存个人乃至集体的资料，因此许多都要从头搜集和回忆。而我的父亲和家庭在印尼的资料，由于经历了印尼“9•30”事件和“排华风潮”，特别是我父亲留在先达的资料基本毁失殆尽，令人痛惜。因此，回忆录中一定有许多疏漏和错误之处，敬请读者谅解和指正，今后有机会予以修正。

在此，要感谢本书的合作整理者刘晨先生。他以一个资深新闻工作者的严谨态度，协助我搜集查阅了大量资料，以校正我的记忆。他也是一个很好的提问者，帮助我回忆起了许多陈年往事，对于书稿的编排也提供了实用的专业意见。

在写作此书的过程中，我得到了许许多多领导、前辈、队友、朋友、同事、学生、亲友的关注、鼓励和帮助，这令我感激不尽。

感谢中国羽毛球协会（以下简称“羽协”）原秘书长谢朝权，感谢他对中国羽毛球事业的贡献和对我事业的无私帮助。

感谢我的广东羽毛球队老战友黎志成、侯加昌、梁小牧、黄鸿平、黄志远、梁启徽、林斯卿等；我在此回忆录期间遇到疑难时，加昌、小牧等都给我补充了翔实资料。

感谢我的几代学生和弟子们，尤其是吴迪西、关渭贞、林燕芬、谢杏芳、张洁雯这五位世界冠军，她们还专门接受了访谈，为这本回忆录增添了更多鲜活的内容。

感谢我在致公党广州市委员会和广州市政协工作期间的领导和同事陈开枝、郭锡龄、陈怡霓等。其中广州市政协原副主席郭锡龄先生学识渊博，特别对体育及羽毛球饶有兴趣，我在政协工作期间从他身上获益匪浅。锡龄说他年少时也曾报考过广东省羽毛球队，只是没有被录取，但这也是我们之间一种特别的缘分。承蒙他给我的工作和回忆录提供了许多细致的宝贵意见。

感谢中山大学附属第一医院原院长、血管甲状腺外科专家王深明教授。他不仅医术高超，解决过我的健康难题，而且也是一个资深羽毛球爱好者，对我的回忆录尤感兴趣。20 世纪 60 年代，他就多次在老广州体育馆看过我和妻子的训练和比赛，至今津津乐道，让我们感动。

感谢澳洲洪门致公总堂原会长李健民先生。

感谢我的老朋友、著名书画家连登先生为本回忆录的书名题签，留下墨宝。

感谢广州市体育局和广东省、广州市羽协对我写作回忆录的大力支持。

还要感谢广州市羽毛球运动中心的工作人员，这一年来，我的口述主要是在该中心会议室进行的，一直得到工作人员的贴心服务。

我的一生中，收获了许许多多的友情和帮助，令我感恩。要感谢的名单实在太长太长，在此不能一一列举，还请朋友们海涵。

最后，要感谢我的家人，妻子曾秀英，女儿朝晖、朝华，女婿蔡杰、Billy 和外孙贤庭，还有我们身在印尼和马来西亚的两大家族亲属等海内外亲人。没有你们的全力支持，我是不可能完成这本书的。

这本书要特别献给我的妻子曾秀英，她和我一样，将一生贡献给了广州及中国的羽毛球事业。她同样是这本书的主角。

本书完成之际，我尤其怀念我的父亲傅高宾和母亲陈丽娟，他们给了我生命，也赋予我理想。他们的家国情怀和奋斗精神永远垂范后人。

赤子情，羽球魂。不忘初心，砥砺前行。谢谢大家！

傅汉洵

2018 年 7 月

目录

我与苏迪曼先生

引子

那是2005年12月9日18时，国际羽联在马来西亚首都吉隆坡宣布：中国广州获得2009年苏迪曼杯世界羽毛球混合团体锦标赛的主办权。

“苏迪曼”这个名字，要跟广州紧紧联系在一起了。消息传来，身在广州的我，那一夜不禁心潮澎湃，浮想联翩。

此次广州申办团的副团长关渭贞，时任广州市体育局副局长，是我教练生涯带出的羽毛球世界冠军之一。那时候，我已经卸任广州市羽毛球队总教练，转而担任广州市政协副主席。但我的心，一直没有离开羽毛球。

当下的年轻人，即使是羽毛球爱好者，大多也是只知苏迪曼杯，而不识苏迪曼其人了吧。苏迪曼先生被尊称为“印尼羽毛球之父”，为印尼和世界羽毛球运动发展做出过重大贡献；而我，还是一名情迷羽毛球的懵懂少年时，不但见过苏迪曼先生，还在他家里住过两天呢。

当将“苏迪曼”和广州联系在一起的时候，我又一次感受到了冥冥之中我和苏迪曼先生有一种机缘。这一切，还要从半个世纪前我参加的一场羽毛球比赛说起。

1958 年下半年的一天，印尼苏北省先达市，苏北省羽毛球赛的一场男单决赛正在举行。参加决赛的一方是我，一个即将初中毕业的华侨学生。那一年我 17 岁，来自先达。我的对手也是一个华侨青年，名字叫黄广源，来自苏北省首府棉兰市，年龄比我稍大。

我全情投入，比赛打得既紧张又艰苦。但最后我还是输掉了，与冠军失之交臂。

当时我有点沮丧，却全然不知，在场观看比赛的几位贵宾，正在进行一场对话。而这场对话，影响了我往后的命运轨迹。

看台上，最尊贵的嘉宾就是印尼羽协主席迪克·苏迪曼先生。就在此前的几个月，苏迪曼领导的印尼羽毛球男队历史性地击败三届汤姆斯杯得主马来亚队，第一次为印尼捧得汤姆斯杯，举国轰动。

作为印尼羽协的缔造者，苏迪曼在印尼队夺得汤姆斯杯后，没有故步自封，而是为印尼羽坛的未来作更长远的谋划，培育更深厚的基础。为了扩大冠军球队的影响。印尼羽总决定让夺标的英雄们在全国各地巡游，展示奖杯、打表演赛，激励更多的青少年爱上羽毛球运动。前后一个多月的时间里，印尼羽毛球队所到之处，万人空巷，一片沸腾。

而这一次，籍贯是先达市的苏迪曼先生，知道家乡正在举办苏北省羽毛球比赛，特意回来观赛，想从家乡发现好苗子，作为印尼羽毛球的未来力量来培养。

苏迪曼先生目不转睛地盯着决赛场上两个年轻人跳跃腾挪的身影，脸上露出了欣喜之色。他问身边的先达市羽协主席："这两个男孩打得不错，有培养前途！不知他们是哪里的，家长在不在呀？"

主席是一位印尼军人，本职是当地军区基地的司令。听到苏迪曼问话，他一指旁边的先达市羽协副主席，哈哈笑了，说："先生，远在天边，近在眼前。有一个是棉兰市的，另一个高个子男孩，他就是傅先生的孩子啊！"

这位当地羽协副主席，就是我的父亲傅高宾。他是先达华侨总会的一名侨领，主要从事中印友好交往、协助华侨与当地各界沟通等方面的工作。

父亲也是苏迪曼本次到访先达的主要接待者。苏迪曼惊喜之余，对父亲说："傅先生，原来你的孩子羽毛球打得这么好，你怎么没有早点跟我介绍呢？"

听到苏迪曼先生这样说，父亲很高兴，也有点意外。父亲没有想到苏迪曼先生会看上我。他谦虚地说："苏迪曼先生，真对不起。我以为我的孩子水平有限，就没有向您介绍，您过奖了。"

苏迪曼却一脸认真。他对父亲说："我真的喜欢这两个年轻人。我想带他俩到雅加达，跟国家羽毛球队一起集训，好好培养！"

这一番话，却让父亲心里"咯噔"一声，踌躇起来。幸好，父亲当时还有足够的冷静。他对苏迪曼说："那实在是太好了，太感谢您了。只不过，我要征求下孩子的意见，再答复您。"

“那你们一定要尽快做决定，我明天到老家看看，后天就回雅加达了。”

苏迪曼先生的一番话，让父亲当时一则以喜，一则以忧。喜的是，苏迪曼是印尼羽坛的权威人物，儿子的羽毛球水平如果入了苏迪曼先生的法眼，证明儿子是有天赋和前途的；忧的是，儿子一旦参加了印尼队的集训，今后是否就只能代表印尼队比赛呢？

当时，印尼羽毛球国手里一大半都是华人选手。而且，即使在1955年中国与印尼已签订了关于华侨“双重国籍”的条约，但有些印尼华人羽毛球国手的国籍问题，还是有点模糊的。

父亲何尝不知道，能跟刚刚夺得汤杯的印尼国手训练，对于我这个痴迷羽毛球的年轻人，是多么难得的机会呀。但在父亲心里，他最大的心愿就是儿子今后能代表中国比赛，征战世界羽坛，为祖国争光。

回到家后，父亲立刻就给相熟的中国驻棉兰领事馆的马领事打电话，询问国内是否需要青年羽毛球人才，并简要介绍了我的情况。马领事也是潮汕人。听到父亲急切的声音，马领事说：“我想是需要的。这样吧，我马上致电国内，通过外交部向国家体委替你查询。你等我的消息吧！”

那个夜晚，父亲思前想后，辗转反侧，几乎整夜未眠。一方面，他急着想知道国内当下羽毛球发展的状况；另一方面，他也在深思该如何答复苏迪曼先生。

次日中午，父亲接到了马领事的电话。马领事告诉他，国家体委答复说，中国肯定需要羽毛球人才，而且具体联系了我们的故乡广东省体委。广东体委刚刚成立了羽毛球集训队，已经表态欢迎像我这样

Joe Hok minta do'a restu Rakjat Indonesia

Pertahankanlah Thomas Cup ber-sama²

Djakarta, 10 Pebruari (Warta Bhakti).

„Saja bangga sebagai bangsa Indonesia berkesempatan untuk ikut mempertahankan Thomas Cup — piala djuara bangsa² bulutangkis untuk reguputera — jang akan datang" demikian dikatakan oleh Tan Joe Hok jang kemudian menambahkan bahwa Thomas Cup tak dapat dipertahankan hanja dengan dia seorang tetapi harus dihadapi ber-sama.² Sambil mengachiri sambutannja dengan pekik „Hidup Indonesia" Joe Hok pada kesempatan tsb. telah pula minta do'a restu Rakjat Indonesia untuk segenap pemain² bulutangkis jang akan bertugas mempertahankan Thomas Cup nanti.

Tan Joe Hok jang menurut kabar akan didjadikan „Warga Kota

傅汉洵收藏至今的一份 1958 年印尼队夺得汤姆斯杯后的印尼当地剪报，报道中上图两人即苏迪曼先生和陈有福，都是让傅汉洵投身羽毛球事业的偶像

的新秀加入。

放下电话，父亲长舒了一口气，心中也更有底气了。但如何谢绝苏迪曼先生的好意呢？整整一个下午，父亲都在苦思冥想，却想不出一个完美的理由，他处在一种坐立不安的状态，简直度日如年。晚上，父亲在床上依然辗转反侧，难以成眠。直到午夜时分，他在无计可施之际，突然有如神助，灵光乍现闪出一个应对苏迪曼先生盛情的缓兵妙计……

第二天一大早，父亲来到旅店为苏迪曼先生送行。一见面，苏迪

曼就问：“傅先生，你孩子集训的事，他同意了吗？”

父亲脸上露出歉意和内疚的表情，有点欲言又止。

“怎么样，难道他不同意？”

父亲尴尬地笑笑，开始对苏迪曼先生讲述一个我的“故事”：“我回去跟孩子讲了以后，他也很感激您，却又吞吞吐吐，不想答应。这两天我一直动员他，直到昨天晚上，孩子才跟我讲了实情。原来，汉洵这孩子有一个感情很好的女朋友，她去年回中国了。他们两个约好以后要回中国见的。所以，他很为难，不敢答应您让他参加集训的邀请。”

就这样，为了让我名正言顺回国，父亲向苏迪曼先生虚构了一个我有女朋友的“美丽的谎言”。父亲心中是忐忑的，因为苏迪曼毕竟是印尼有影响力的权势人物。年轻选手难得被他看上，他若有异议，还不知如何收场。

看苏迪曼先生的脸色，明显有些失望，但他很快就释然了。苏迪曼对父亲说：“既然如此，我们就尊重年轻人自己的选择吧。”

苏迪曼通情达理的态度，出乎父亲意料，让他非常感动。父亲更加想不到的是，苏迪曼先生还不甘心，他告诉父亲：“我真是喜欢这两个孩子呀。你孩子如果愿意的话，还是可以参加印尼队集训的。”

来见苏迪曼先生的时候，父亲的心一直像悬在半空的石头，惴惴不安。见到苏迪曼如此宽容体谅，爱惜他家乡的人才，激动的父亲一再表示感谢。

这时，苏迪曼突然想到了什么，向父亲询问我的国籍。父亲回答是“中国籍”。

苏迪曼先生脸上闪过一丝失望，有点惋惜地轻叹了一口气。他想了想说："这两个孩子的球技不提高就太可惜了。这样吧，过几天我派一名国家队的选手下来，带他们两个先训练一个月吧。"

这一番话，不光让父亲感激不已，还让在座的其他先达市羽协人士都喜出望外。那时候，先达所在的苏北省的羽毛球整体水平，远逊于首都雅加达所在的爪哇岛等地，当时的印尼羽毛球国手以爪哇岛的居多。苏迪曼先生派国手到先达市执教，无疑能够促进苏北省羽毛球水平的提高，这可谓是雪中送炭。

苏迪曼离开先达后，有些先达市羽协官员私下还将信将疑，猜想派国手下来指导的承诺也许只是随口一说，不一定当真。但几周之后，苏迪曼先生果真派来了当时印尼著名的羽毛球国手李宝灿，重点辅导我和黄广源两个年轻苗子。

这是我学打羽毛球以来，第一次接受高手有针对性的训练，并意识到掌握全面、细腻的基本技术的重要性。

一个月后，李宝灿因为要备战全国比赛，需要回他的老家训练。先达市羽协希望我和黄广源能继续跟随李宝灿训练。经苏迪曼先生同意，李宝灿带着我们两人回他的家乡中爪哇省普尔格多市，继续了一个月的训练。

我们三个人要先从棉兰乘飞机到雅加达。这是一趟令我终生难忘的旅程。其一，这是我生平第一次坐飞机，有难以抑制的好奇和新鲜感。其二，当飞机抵达雅加达机场，我们步出机舱时，看到了专门来接机的苏迪曼先生，对我来说，那是一种心灵的震撼！

苏迪曼先生身材不高，戴着眼镜，有一种斯文而又果敢的气质。他风度翩翩，眼神明亮，脸上总是笑容洋溢。

傅汉洵（右二）回国前，已成为印尼苏北省先达市一名出色的羽毛球选手，经常在当地参加比赛

我当时想，他当然是来接国手李宝灿的，但后来我体会到，我跟黄广源这两个来自他家乡的后生小辈，沾光的同时，也在他的心中占据了一定的分量。

苏迪曼先生亲切地问候我们，然后带我们到停车场。我们上了一辆轿车，发现司机就是苏迪曼先生。要知道无论在当时印尼的政坛还是体坛，苏迪曼都是响当当的大人物。李宝灿显然没有我们两个初见大场面的年轻人那么惊讶，他后来告诉我们，爱才如命的苏迪曼，把所有的印尼国手都看成是自己的家人。正好用一个中国成语来形容，真可谓礼贤下士。

更让我想不到的是，苏迪曼先生开车直接将我们接回了他在雅加达的家中。果真像家人一样，我们在跟随李宝灿回他家乡之前，先在苏迪曼先生家里住了两天，受到了家人一样的款待。

旁人一定很难想象，我这样一个青涩的羽毛球少年，当时跟印尼国手一起住在苏迪曼先生家里，是多么骄傲和荣幸。当年，刚获得汤姆斯杯的印尼国手都是“国民偶像”，都是像我这样的羽毛球爱好者崇拜的英雄，而苏迪曼是这些明星偶像的带头人。与苏迪曼的接触，让我当时有一种朝圣的感觉。

就这样，我有幸在年轻的时候，近距离领略了苏迪曼先生的风采。由苏迪曼安排的这次印尼国手对我的训练，为我后来走上专业羽毛球道路起到了关键作用。但更重要的是，苏迪曼先生对羽毛球那种纯粹的热爱和胸怀深深感动了我，在精神上也影响了我的一生。

正是在苏迪曼的领导下，印尼成为世界羽毛球强国之一。苏迪曼1975年出任国际羽毛球联合会副主席，直至1986年去世。印尼人民出于致敬这位印尼“国球奠基人”，向国际羽联赠送了以苏迪曼命名的奖杯，国际羽联从1989年起设立了苏迪曼杯世界羽毛球混合团体锦标赛。

以人命杯，苏迪曼先生当之无愧。

而苏迪曼先生，一直对中国持友好态度。我珍藏着一份发黄的剪报，是1978年5月香港《大公报》的一篇报道——《印尼羽协主席谈访华》。当年4月北京举行亚洲羽毛球邀请赛，担任印尼羽协主席的苏迪曼应邀来京观摩，返回印尼后他向记者畅谈了访华观感。当时中国和印尼关系尚未正常化，苏迪曼在谈话中盛赞邓小平等中国领导人开明朴素，人民生活安定。他说：“我亲眼看到的与那些无稽之谈恰恰相反。”

他预言中国羽毛球运动的发展："如果三四年后他们（中国羽毛球）从我们手中抢走优越的宝座，那是不足为怪的。"

报道中，苏迪曼还向印尼当局传达了邓小平等中国高层对两国关系的态度："在北京与雅加达的关系上，我们已经没什么问题了，一切取决于印尼。"

所以，苏迪曼不仅为世界羽毛球运动，也为中国印尼友好关系做出过重大贡献。

当父亲向苏迪曼先生讲述我在中国有女朋友的善意谎言时，父亲并没有料到，一年多以后，我就真的回到了中国。印尼局势的变动，父亲对苏迪曼的告白，都是促成我 1959 年年底回国的因由。

虽然我回国时遭遇了各种困难，但幸运的是，我一开始就被祖国的羽毛球事业接纳了。从此，我的人生随着羽毛球见证了中国从封闭到开放，从积弱到富强，从彷徨到自信的伟大历程。

我感激苏迪曼先生对我的栽培，但我从来没有后悔回到中国。在特定的岁月里，我作为中国羽毛球运动员打败过世界冠军，自己却没能成为世界冠军，不能不引以为憾；但从业余体校教练到专业队教练，我带出了六位世界冠军（包括奥运冠军）。而后从体坛到政坛，从青春年少到两鬓斑白，时代给我留下了太多难忘的瞬间。

父亲在我回国的问题上向苏迪曼先生施了缓兵之计，他在当时并没有告诉我内情。直到我回国后的 1965 年，父亲从印尼回国参加国庆大典观礼，却因印尼发生"9·30"事件，被迫滞留国内。此时，父亲才向我透露当年他为了确保我将来能代表中国参赛而向苏迪曼说的"谎言"，以及苏迪曼先生的反应。其实，这不能算谎言，而是父亲执意

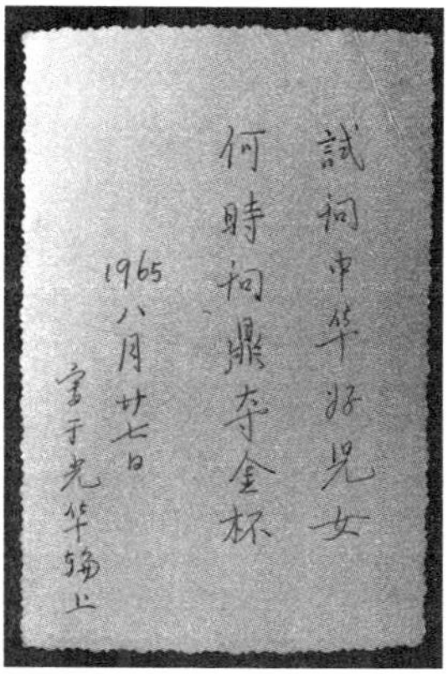

傅汉洵父亲傅高宾在印尼与汤姆斯杯的合影，以及傅高宾在 1965 年回国途中在照片背面的题词

1985 年，中国羽毛球队战胜印尼队夺得汤姆斯杯后留影，傅汉洵（后排左一）作为中国队教练团队成员为父亲圆梦

要让我回中国的真心话。

当我得知当年的这个故事，才更加感受到了苏迪曼先生博大的胸怀，也更加认识到父亲的拳拳爱国之心。

就在 1965 年回国的时候，父亲给我带来一张照片，是他和汤姆斯杯奖杯的合影。那是印尼队第三次夺杯后在全印尼巡游之际，父亲专门和奖杯拍摄的。印尼队继 1958 年后，又连续在 1961 年和 1964 年蝉联汤姆斯杯冠军。在回国的客轮上，父亲在照片背面写下了这样的两句话：

试问中华好儿女

何时问鼎夺金杯

天佑中华。父亲生前有幸见到了中国羽毛球夺得汤姆斯杯、尤伯杯还有诸多奥运冠军、世界冠军的时刻，见到了中国走出十年动乱，走向改革开放、飞跃发展的新气象。我作为教练员，参与并见证了中国羽毛球运动员夺金捧杯的历程，用另一种方式达成了父亲的心愿，我知道父亲是欣慰的。这也是我可以告慰于苏迪曼先生的。

时光荏苒，转瞬已到 2018 年。此际回首人生，我个人和家庭、家族的命运，其实是伴随着国家乃至世界局势的变动而跌宕起伏。身为归侨，情牵海外，又别具甘苦。从父亲送我回国的那一刻起，他就让我明白，我的事业和命运紧密地跟祖国联系在一起了。

我的故事，就从我的华侨父亲讲起吧。

第一章 父辈闯南洋

我的父亲傅高宾

我的家乡和籍贯，是广东省潮阳市海门镇。而我，出生成长在印尼苏门答腊岛（以下简称“苏岛”）北部的先达市。呱呱落地，我就成为一个华侨家庭的长子。这一切，都源于我的父亲。父亲年轻时只身跟随家乡亲友闯南洋去到印尼，后来才将我母亲带出去。我和我的七个弟弟妹妹，都是在印尼出生的。

1913 年 6 月 9 日，我的父亲出生在潮阳海门镇，祖父给他取名为傅高宾（1913—1992）。父亲有六兄弟，他排行第三。父亲说起过，幼时家里很穷，基本以打鱼为生，祖父也做点小生意，开过小店，但后来很潦倒。父亲聪颖好学，家里勉力让他上到了小学五年级。

在先达家中的饭桌上，我记得父亲曾对我们说，他小时候在家乡，家里难得吃到一顿白米饭，白米粥也不是四季都有。他小时候吃得最多的是番薯。潮汕地区人多地少，当时种得最多的也是番薯，因为产量比较高。父亲形容说，潮汕人种番薯很有一套，地里的番薯可以分几层结出果实，不过我一直没有机会弄清楚那是一种怎样的种植法。

濒临大海的海门镇是远近闻名的渔港，百姓大多以出海捕鱼为生。不过，在父亲出生的年代，中国战乱频仍，民不聊生。潮汕地区由于地缘、经济发展等因素，从一个多世纪前开始，已有大批民众为谋生下南洋，尤其集中在泰国和印尼等国。而在以渔民为主的海门镇，百姓出洋更加便利，许多乡亲包括父亲的一些远近亲戚，几十年来陆续漂洋过海，有许多人到了印尼。

当时的印尼仍处在荷兰殖民者的统治之下。我后来从史料中了解到，1863 年清政府与荷兰签订《中荷通商协定》，允许荷兰东印度公司到中国购买“契约华工”（即老百姓后来俗称的“猪仔”），到印尼苏岛日里州的 47 家种植园“种烟”。仅 1889—1908 年的 20 年间，资料记录从汕头运去的潮汕人达 132,167 人。在印尼的华侨中，以福建、广东（含海南岛）两省居多。

父亲成长的过程中，时局动荡，谋生艰难。父亲读到小学五年级就辍学了，但在学校期间，他学习认真，作文、书法都打下了很好的基础。毕业时，他已经能写一笔好字。

据父亲回忆，1930 年的时候，因为家中生活困难，他不得已跟随一位舅父下南洋到印尼。那一年他 18 岁，已经长成一个身材高大、剑眉浓黑、双目炯炯的男子汉了。

家中的大伯二伯如何，几乎没怎么听父亲说起过。后来四叔追随父亲也去了印尼。年纪轻轻的五叔结婚不久后就病故了，他在海门留下一个儿子。父亲到印尼后，一直跟他写信通报家中情况的是最小的六叔。

抗战中在苏岛立足

父亲跟随舅父漂洋过海，落脚在印尼苏岛北部即苏北省一带，最早是在先达所属“拉叻士农园”的一家华侨商店打工。

苏北省先达一带是潮汕籍华侨聚居比较多的地区，新来者投亲靠友，容易找到依靠。当时有不少海门同乡，包括我的一个远房姑妈一家，都已经在先达落足。根据史料记载，20 世纪初在苏北省一带从事种植业、养殖业的华侨农业人口中，潮汕人占了绝大部分。

在海门家乡时，聪颖勤快的父亲从小就在祖父经营的小店中帮忙，因此，他在华侨商店打工时表现很好，很快得以立足。几年后，他转到“浮罗拉惹”的一家华侨商店任职时，已经从杂工成为一名有管理权限的职员了。到了“七七”事变日本侵华战争爆发后，父亲在 1940 年回家乡探望我的祖母，当时我的祖父已经过世。这一次，父亲还匆匆迎娶了我的母亲。我的母亲陈丽娟出生于 1921 年 8 月 21 日，嫁给父亲的时还未满 20 岁。

父亲在家乡只待了不到两个月，这是因为当时侵华日军已经占领了汕头。随即，父亲与新婚的妻子又辗转返回了印尼。父亲一定庆幸带领在海门的母亲逃脱了日寇的魔爪，他当时却没有料到，两年后日军的铁蹄会横扫东南亚，印尼苏岛首当其冲，也未能幸免。

1941 年 11 月，当我出生在苏北省先达市附近的小城直名丁宜市之际，正遭逢太平洋战争爆发。到了 1942 年 3 月，荷印政府宣告投降，印尼苏北省棉兰、先达一带，都沦陷在日寇的铁蹄之下。

日本侵占印尼期间，正是我还身在襁褓、未能记事的幼年时光。我没有直接感受到父母亲在那段日子里的艰辛，但后来常听母亲说起在日寇统治下不仅缺衣少食而且胆战心惊的生活。她一方面要养育年幼的我和后来出生的弟妹，另一方面更担心在外做工谋生的父亲的安危。

那时候的父亲，是一个热血青年。父亲后来说起，正是在日寇侵占苏岛的时候，他受到爱国华侨志士抗日组织的影响，开始参与抗日地下斗争的外围活动，他还拿出微薄收入的一部分为国内全民抗战捐款。这些，都为他抗战以后成为一名侨领打下了基础。

印尼的“小延安”

在日军侵占苏岛后不久，苏北各地爱国华侨很快成立了两个抗日秘密组织——苏岛华侨抗敌协会（以下简称“华抗”）和苏岛人民抗敌会（后改为苏岛人民反法西斯同盟，以下简称“反盟”）。新加坡沦陷后，曾在新加坡参加领导抗日工作的著名爱国文化人士胡愈之、王任叔（巴人）等人也辗转流亡到苏岛，并参与到了人民抗敌会（反盟）

20 世纪 60 年代，傅高宾（后排右二）等先达侨领与中国驻棉兰领事馆官员在一起

的抗日活动中。后来，华抗和反盟组成苏岛反法西斯总同盟，实施统一领导，并在棉兰、先达等地设立了支部。

当时，苏岛抗日组织印刷出版《前进报》等与抗日有关的地下报纸和小册子，组织地下读书读报会来吸引、发动广大华侨进行抗日活动，对外也会以篮球队、健身会等公开组织为掩护。父亲从那时起开始阅读进步报刊和书籍，包括《西行漫记》、《大众哲学》、毛泽东的《论持久战》等，很长一段时间这些都是“禁书”。后来我上小学时，在家里还能看到这些印在粗糙土纸上的进步书籍，我印象最深的是其中一本书的封面上有一个毛泽东的木刻头像。

我读书上学之后，还不时听到父亲讲起胡愈之、巴人、邵宗汉、陈丽水、黄书海等抗战时在当地华侨中颇有影响的文化人物的名字。

父亲还提到过著名作家郁达夫，郁达夫是在日本投降前夕，在离先达市不远的武直丁宜市被日本宪兵秘密杀害的。

日本战败投降后，印尼的政局并没有平静，又爆发了印尼人民反抗企图恢复殖民统治的荷兰入侵者的斗争。而随着中国国内解放战争的推进，在苏岛倾向支持中国共产党一方的华侨，和支持蒋介石国民党的另一方，进一步分化为对立的两派。在大家的口语中，民主进步的一方被称为“红屁股”，倾向于国民党一方的被称为“蓝屁股”。不问政治的母亲，在几十年后回到中国时，仍对我说起父亲当年是一个彻底的“红屁股”。

据先达老华侨、与父亲同在韩江同乡会任职过的姚天鹤（姚翔鹰）所写《先达华侨总会史实》一文披露，1945 年 9 月，胡愈之先生前往苏西巴耶公务寻找郁达夫的下落（郁达夫被日本宪兵秘密杀害的具体细节至今仍是谜团），途经先达时，与先达爱国侨领、教师等各阶层进步人士举行座谈会，提出成立“先达华侨总会”、兴办学校、促进华侨社会团结进步等方针。

随后，多个进步侨团和侨领、文化教育工作者等，发起成立了先达华侨总会。《先达华侨总会史实》一文中列出了数十位发起人的名字，其中就有我的父亲傅高宾。大家推举陈影鹤为第一任理事长，王定一为副理事长，陈丽水、黄文泉分别为中文、印尼文秘书，父亲成为理事之一，他们分别代表着韩江（潮汕）、福建、客属、广肇、龙岩、琼崖、福州等不同籍贯的同乡团体和不同行业的社团协会。

战后成立的先达华侨总会，领导得力，工作活跃，带动爱国进步团体如职工会、妇女会、青年会等如雨后春笋般浮出水面，越来越多华侨的立场站在了中国共产党一边。在许多华侨学校，老师们在课堂上不仅传授知识，也宣讲时事，讲红军长征的故事，教唱红色歌曲《延安颂》《黄河大合唱》以及各种抗战歌曲如《歌八百壮士》《长城谣》等。华侨总会一方面为帮助、团结华侨做了大量实际工作，另一方面也十分重视与印尼当地社会各阶层的团结和友好，并带动华侨支持印尼人民反对荷兰殖民统治的武装斗争。到新中国成立后，“红屁股”成为先达绝对的主流。由于擅长交际，父亲在侨团一直主要从事中印友好方面的工作。

父亲说过，20 世纪 40 年代后期，除了被荷兰军队占据的短暂时间，在三八国际妇女节、五一国际劳动节和“八一七”印尼国庆节，华侨和当地印尼各界人士都会联合举行庆祝活动，增进友谊。华侨团体代表、学生和印尼民众乃至军人，会一起大游行，并同唱《国际歌》。这一切，在新中国成立之前，就为先达赢得了印尼“小延安”的美誉。

聆听新中国的声音

后来，我们家从直名丁宜市搬到了一个距离先达有十多公里、名叫西利勿拉湾的小镇，在镇上开了一间小杂货店。父母亲起早贪黑，非常辛苦。但父亲经常还会去先达，有时候是为了赚钱养家的生意，还有很多时候是参加先达华侨总会的工作。在西利勿拉湾的时候，父亲也是当地进步的华侨青年会的成员。

1947 年下半年，荷兰军队发动镇压印尼独立活动和进步华侨的“警卫行动”。在这期间，有一次父亲好几天没有回家，也没有消息，母亲心急如焚。后来父亲回来了，我们才知道原来荷兰军队以“亲共”为由逮捕了巴人、郑子经、陈丽水等一批教育界侨领，父亲也被抓去问话，所以被扣押了好几天。

1949 年，我刚满 8 岁，在西利勿拉湾镇上的一家小学上一年级。下半年的一天，父亲从先达回来了。第二天，我正好不上学，家里的小店也没有开门做生意，我觉得有点奇怪。我看到父亲好像在等待着什么，有些神神秘秘的。快中午的时候，父亲将小店的铁门也关上了，然后他将我们几个孩子叫在一起，聚在小房间内，他打开一架收音机，开始窸窸窣窣地调试波段，并且不时警惕地留意外面的情形。

终于，收音机里传来一阵悠扬的乐曲，然后是一男一女两个洪亮的嗓音传了出来。我觉得播音员讲的“国语”跟学校老师的口音不太一样，不过还是隐约听到“转播……共和国成立大会实况”的声音。父亲不敢将收音机的音量调得太大，但一首雄壮的乐曲从广播里迸发出来，震撼着我年幼懵懂的心灵。直到半年多以后我转学到了先达，在课堂上，才知道这首曲子是《义勇军进行曲》，也是新成立的中华人民共和国的“国歌”。

父亲表情肃穆，聚精会神地听着广播。说真的，信号不是太好，收音机传出来的声音，许多我都没有听懂。但我看到父亲听着听着，脸上洋溢出欣喜的神色，眼睛泛出了泪光。

他告诉我们：“毛主席刚刚宣布，中华人民共和国成立了！新中国成立了！”

这是真正来自祖国的声音！也是从那一刻开始，年幼懵懂的我开始从心底认识到，我是一个中国人，我的故乡在遥远又神秘的中国，一个新的中国。

父亲收听开国大典广播时小心翼翼，但过了几天，父亲说在先达、棉兰街头，已经挂出好多面五星红旗了。

父亲开办“新光印务”

直到 1950 年，我们家才搬到了先达市区，那间乡下小店就交给了我的四叔打理。

我记得我们家刚搬到先达的时候，有一年多的时间，是租住在一间小房子里。那时候，父亲在一家名为“光华”的印刷厂里当职员。光华印刷厂应该是几个潮汕华侨合伙开办的。一年多以后，印刷厂开办了一家分厂，要父亲过去负责，我们家就又跟着搬了一次。

直到 1953 年，因为光华印刷厂股东之间产生分歧，已经在印刷行业积攒了经验的父亲，就以他为主，另起炉灶创办了“新光印务公司”。从此，“新光”就成为由父亲开拓，并一直延续至今的我们家族的小企业，它养育了我们一大家子。新光印务公司的地址是在先达“弟波尼格罗街 1 号”，我们家就搬到公司所在地，前店后厂兼住家。到我回国时，我们家一直住在那里。那时候厂里有排字房，像立体的字典，我上初中后还好奇地跟着师傅们学过捡字排字呢。

从 1941 年到 1958 年，父母先后生下了我们八个兄弟姐妹。

而新光印务公司的业务，主要是承印招贴、商标、请帖等，客户主要是华人。后来，也帮助当地印尼政府部门印刷一些文件、公文等。这些业务体现出父亲和印尼政府机构的熟络。在局势动荡的时候，印刷文件有时也让父亲及早洞悉了印尼当局的一些动向。

中华人民共和国成立后，先达仍有少部分侨团和华侨是亲台湾国民党政权的“蓝屁股”。但红、蓝两方虽然政见有分歧，但在维护华侨利益、救助难侨、反对排华暴行等方面，又经常是一致的。

一名亲台老侨领是在先达经营酿酒生意的。他和我父亲私交甚笃，一直将生意上的酒标、包装等印刷业务交给父亲的“新光”。2013 年，我回先达参加过一次先达校友大会，那时两位老人都已作古，但我见到了这位侨领的小儿子。他小时候也是我们的玩伴，大家都叫他“小弟”。

“小弟”又回忆起他父亲和我父亲当年的交情。他说，由于我父亲为人亲善诚恳，他父亲受我父亲影响，后来也逐渐改变了对新中国的态度。在我父亲傅高宾后来被迫滞留国内，多年不能返回印尼的时候，他父亲仍然支持“新光”的生意，并一再告诉子女们说，家里酒厂的酒标，以后永远都要交给“新光”来印。

我想，九泉之下的父亲，一定会为此感到欣慰吧。

服务华侨的“总务”

父亲的侨领生涯，应当是从韩江同乡会起步的。

据老一辈回忆，早在 1925 年，先达的潮界先贤及商人、商号等，发起创建了先达潮汕人氏的韩江同乡会。韩江——故乡母亲河的名字，成为潮汕的代称。韩江同乡会大门口悬挂着一副嵌字对联，寓意潮人思念故乡的人杰地灵：

韩山秀气钟文物

江水清流出彦英

父亲立足苏岛后，应该很早就参与韩江同乡会的活动了。这或许跟他在故乡读过几年书，有一定文化水平有关。同时，父亲相貌堂堂，为人谦和，喜欢交朋友，热心于帮助乡亲们排忧解难。从我在先达上小学起，父亲就一直是同乡会的主要理事之一。韩江同乡会为团结先达乡亲在慈善福利、兴学办教、文艺体育等方面做出了很大贡献。

前面提到的姚天鹤先生，他也是潮汕乡亲，同在韩江同乡会任职。我经常见到他跟父亲在一起，一起为同乡会办事，有时也一起打羽毛球，二人宛如兄弟。姚天鹤文笔出众，经常在报刊发表文章和报道。父亲后来给报章写稿，应该也受了姚先生的影响。

新中国成立之后，先达进步侨团和华侨扬眉吐气。随着 1950 年 4 月 13 日中华人民共和国和印度尼西亚建交，两国关系进入一段黄金时期。在中国驻印尼领事机构和华侨总会的领导下，先达华侨的各种团结互助、声援祖国抗美援朝、深化华文教育、与印尼人民相互了解与增进友谊等活动蓬勃展开。我的小学、初中生涯，正好是在这段朝气蓬勃、心向祖国的日子里度过的。

1951 年 12 月，先达华侨总会假座韩江同乡会，召开第六届全体会员代表大会，选出新一届理事会：郭懋钦为正理事长；陈失因、王定一、陈于胜、王宁恭为副理事长；周清木为正总务；我的父亲傅高宾被选为两名副总务之一，另一人是吴石生。华总下设福利部、交际部、文教部、妇女部、青年会等部门。（据姚天鹤《先达华侨总会史实》）

1956 年，先达印中友好协会成立，父亲傅高宾当选为协会副主席，促进中印友好发展成为他最主要的工作之一。

到了 1963 年年底，韩江同乡会用于办学上课的教室不敷使用，急需扩建。理事会决定筹备演出潮剧《吕蒙正》来筹款，由此成立韩江扩建会所委员会，选出主任陈于胜、副主任洪清贤，父亲傅高宾当选为总务。

由此可见，无论在先达华总还是在韩江同乡会，父亲这个“总务”一直从事着具体实在的工作。

2003 年，世界知识出版社出版了印尼苏岛华侨抗日斗争暨爱国民主运动的纪念文集《忘不了的岁月》。在书中《一块石碑——回忆 20 世纪五六十年代先达华侨爱国民主运动中的人、事、物》一文中，作者霜红提到其在 20 世纪 40 年代末 50 年代初，在坐落于独立街中段的先达华侨总会协助陈丽水先生工作时，经常见到多位侨领，其中就包括我的父亲傅高宾。霜红写道：“不可想象，如果没有华总，华侨社会的日子不知怎么过？华总可说是华侨社会的领头羊，领导着一群漫无目标、惊慌失措、四处闯荡的羊群，翻山越岭，平安地走过了这 20 年来的崎岖曲折的道路……”

趣事：表哥的自行车被扣了

当年，父亲与先达当地的印尼军、警、政界人士都建立了良好关系。当华侨与当地人发生摩擦或生意纠纷时，父亲就会利用他的这种关系尽力化解平息。

喜欢运动的父亲，在韩江同乡会还负责文体工作。在印尼民众出现羽毛球热潮后，1956 年，父亲与先达当地印尼军方高层发起成立了印尼羽毛球协会先达分会，并当选为先达羽协副会长兼“财政”，而

傅高宾在先达法院

先达羽协的会长就是印尼军队先达基地的司令员。

我印象很深的是，这位司令会长与父亲合作搭档很愉快。有时候他的吉普车经过我们家时，他就会下车进来，与父亲在客厅里喝一杯咖啡，“吹一会儿牛”才走。也许是因为羽毛球吧，这位司令官也很喜欢我，每次都会跟我说很多话。

有一件趣事，可以印证出父亲和当地印尼军警界交往的程度。

我上初中时，远房姑妈家的一个表哥住到了我们家。他比我大几岁，一边帮工，一边读书。有天晚上，他独自一人骑着家里的自行车出来，想到韩友体育场看我打球。结果出门没多久，就听到有人用印尼话喊他："骑车的，停住！警察！"

表哥一看，果然是一个印尼警察躲在暗处查车（往往是想捞外快）。原来，当时先达规定夜晚骑自行车必须有电池灯，否则要挨罚。表哥骑的车没有灯，又怕挨罚，只好猛踩脚蹬想逃。不料，那个警察也骑一辆自行车执勤，就在后面猛追。

先达的两条主要马路正好形成一个约三公里的圈。一个猛逃，一个紧追，骑了一圈，又骑了一圈，表哥没被追上，可也没有甩掉警察。表哥已经累得气喘吁吁双腿发软了，无奈之下就拐进了韩江羽毛球场边上，把车一停，自作聪明混进了观众中。

这个执着的警察也追到了羽毛球场。他喘着粗气，四处巡视：咦，"疑犯"怎么不见了？不过，他缓过气后，很快从观众中找到了蹊跷的表哥——一个正常的观众，怎么可能满头大汗、气喘如牛呢？

这个警察当时也累到连话都讲不出来了，只能喘着气把手指向表哥。表哥知道无可抵赖，只好出来"认罪"。两个人都在拼命流汗喘气，半天都说不出话来，把旁边的人都逗乐了。

随即警察将我表哥连人带车一起带到了警察局，并扣下自行车，要表哥第二天一早带家长到局里接受处理，明显是要"小费"。回到家，表哥惴惴不安地告知了父亲，父亲只是淡淡一笑，说："好吧，明早我跟你去警察局。"

第二天一早，父亲带着表哥到了警察局，直接去见局长。局长一见父亲，非常客气："傅先生，这么早，怎么没有先来个电话，有什么事我能帮忙吗？"

父亲也客气地说："局长，我家的这个侄子不懂事，惹了麻烦，特意来向你道歉。”

局长问明了原委，反而连声向父亲直说对不起，又让表哥将抓他的警察指认出来。那个警察被叫进来后，局长气呼呼地教训他：“你知道你昨天扣了谁家的自行车吗？”局长又一指父亲，“你知道他是谁吗？他是我最好的朋友！”

总之，局长严厉教训了他的“有眼无珠”手下，并一再向父亲致歉。当然，父亲也很低调，称表哥犯错在先。局长让那个警察向父亲道歉，并赶紧发还扣车。最后，是这个警察推着车，一路赔笑将父亲和表哥送出了好远。

路上，这个警察还私下将名字告诉了父亲，并且说：“傅先生，我知道你是我们局长的朋友了，今后有什么事就直接吩咐我吧。”

这些情节，都是表哥回到家后，绘声绘色讲给我听的，他形容警察局长毕恭毕敬的神态把我和弟妹们都逗笑了。不过，随着成长，我也日益了解和明白了父亲工作的不容易。即使善于交际，为了侨团的利益，父亲经常也要委曲求全。那时候，印尼政府机构和警察等就不同程度存在着腐败和打压华侨等现象，父亲有时候也不得不违心向其中一些人塞红包。

据我所知，当时许多华侨为少受刁难，办公事时要靠给好处、塞红包，这些，也是当年印尼华侨生存环境的写照之一。

在我回国之后，父亲在 1962 年还担任过先达篮球协会的副主席，而先达篮协的主席就是先达警察局副警长。同一年，父亲还当选为先达市印尼国家体育委员会的“副财政”，而这个委员会的主席则是先达市长。正是凭借与当地印尼高层建立的熟络关系，父亲在维护中印友好关系和华侨权益方面做了大量工作。

勤奋好学的“傅梦怀”

父亲傅高宾还用过另一个名字，傅梦怀。这是父亲后来给当地华文报刊投稿写作使用的笔名。父亲的见报稿件有些是介绍新中国的建设成就，也有诗文唱和，还有从印尼文翻译过来的内容。这一切，都来自于父亲坚持不断地读书、自学。

那时候，我经常看到父亲和其他侨领传阅来自新中国的报刊，包括《人民画报》等。印尼当地中文报纸也刊登许多新中国的消息。又一次，父亲指着报纸上的一篇报道让我看：“你看我们中国多了不起，一亩地产粮过万斤呢！我小时候在潮州，亩产两三百斤就不错了。”

我记得那张报纸上还配发了一张照片，上面是一群人站在一大堆稻谷上，旁边有个拖拉机。我也认为真了不起。当时正是国内“大跃进”“浮夸风”的年代，许多浮夸宣传也误导了海外的爱国华侨。

我在先达上学的时候，语文课有很多篇鲁迅的文章。在家里，父亲也在读鲁迅的书。晚上，我有时要在家里做作业。我发现，父亲经常也在一盏台灯下埋头看书、写字，也在写作业呢。原来，父亲在1957 年参加了由厦门大学华侨函授部（现今厦门大学海外教育学院的前身）开办的中国语文专修科的函授学习并结业。

身悬海外，父亲如饥似渴地想提高自己的国语水平，体现了父亲对祖国文化传统的认同和深切向往。我还没有上学的时候，父亲就已经教我认汉字、写毛笔字。另外，为了更好地跟印尼人士沟通，做好

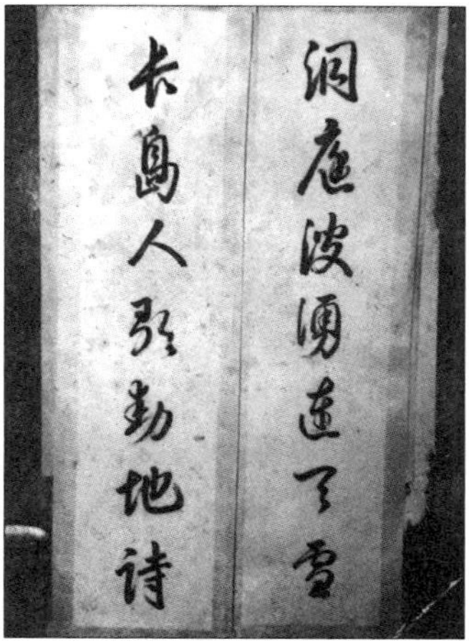

傅高宾题写的毛泽东诗句书法

傅高宾 1965 年回国时的证件照

侨领工作，父亲也在不断提高自己的印尼文水平，直到能够做一些文字翻译工作。

少年时见到的父亲在灯下“写作业”的情景，至今仍不时清晰地浮现在我的眼前。

我常常想，父亲是多么热爱中国啊。他给子女起的名字里，都有一个“汉”字。他给自己起的别名“梦怀”，不正是寄意他在梦中都怀念故国、思恋故乡吗？

第二章 成长岁月

美丽的山城先达

星星索，星星索，星星索，星星索
呜喂，风儿呀吹动我的船帆，
船儿呀随着微风荡漾，
送我到日夜思念的地方
……

每当我听到这首深情幽婉的著名印尼民歌《星星索》，我的心就情不自禁地飞回到我成长的地方——小城先达，飞回到先达附近美丽的多巴湖。《星星索》就诞生在多巴湖，是当地马达人的船歌，是由先达华侨译介到国内，后来又成为世界名歌。另一首著名歌曲《宝贝》，

先达的公交车，傅高宾（后排右三）组织华侨在先达棉兰一带进行文体交流时，都是乘坐这种汽车出行的

则是原创于多巴湖畔的印尼革命歌曲。

先达是座美丽的山城，位于苏门答腊北部马达高原东坡，是印尼北苏门答腊省（以下简称“苏北省”）的第二大城市，仅次于省会棉兰。由于地势较高，平均海拔有300多米，先达气候清凉宜人，四季如春，不像别的热带地区城市那般酷热。

当地华侨早年有句俗语说“先有巴刹，后有先达”。这是因为19世纪70年代以后，来自中国闽南、潮汕、海南等地的移民逐渐聚居先达，与当地原族群杂居，开荒拓土，落地生根。勤劳的华人慢慢从生产兼事经营，开小店，做生意，逐渐聚集成一个越来越大的市场（当地语言“集市”音译为“巴刹”），由此形成了后来的先达市。而那个大巴刹，直到现在也是先达的地标之一。

先达的城市模样，主要是20世纪初由荷兰殖民政府规划建设的。荷兰人在先达周围扩大橡胶、油棕、剑麻等种植园面积，并把先达定位为苏岛东部种植园中心城市和商业集散地，以供殖民者休闲娱乐、度假购物。因此，荷兰人不仅建设了市政厅，也建设了火车站、足球场、公园、医院、游泳池、动物园等。

围着大巴刹的是先达最主要的两条街道，在我小时候它们俗称“独立街”和“女皇街”（即苏多摩街，当时一般直接叫“大街”）。那时候，先达的商业基本上是由华侨经营的，街道两旁的商铺建筑多为两层楼，楼下作商铺，楼上住人，就像广州、厦门的老街建筑。许多华侨聚集的横街更是商铺林立，并约定俗成命名为“福州街”“南京街”“上海街”“北京街”“汉口街”……有一条很小的巷子反而叫作“中国街”。而今，这些中国街名全部改为印尼本土化的街名了。

我小时候，经常在这些横街竖巷中穿梭，找同学玩，买零食吃，看各行各业的新鲜事。让我印象最深刻的一幕，是我家附近集多街的燕子奇景。

集多街两边横跨街道的电线特别密集。每年年初总有一段时间，每到黄昏时分，巴刹关闭、小城安静下来后就会有成千上万燕子飞到集多街，停在交错纵横的电线上，密密麻麻，燕鸣啾啾，黑压压一片。这些栖息的燕子仿佛张起了一张大幕，将整个集多街覆盖起来，蔚为大观。第二天一早，这些燕子成群起飞，大片大片地飞走，直到黄昏时再度归来。

离开先达许多年后，我回想起来这一奇景，恍然有一种做梦的感觉。这一奇景也确实只能从梦境中寻找了，因为仍在先达的家人告诉我，时光流转，物是“燕”非，这一奇景已经消失很多年了。

大妹的病与荷兰医生

我在先达的时候，我们家是一个欢快热闹的大家庭。我们兄弟姐妹共 8 人，我作为老大，与最小的弟弟相差了十多岁。家里面总是充满小孩子欢闹的声音。父亲工作常常外出，家里主要是由母亲照顾我们。随着经济条件的好转，家里请了两个当地的妇女帮佣，主要是做清洁、洗衣等家务，一日三餐主要都是母亲打理的。

母亲给我们做的饭菜主要还是家乡的潮汕口味，有些菜式也受到印尼当地风味的影响了。我和几个大的弟妹上学后，因为早上急着去学校，家里就给我们零用钱，让我们在外面的小吃店里吃炒米粉、牛肉汤、点心之类当早餐，有时还有小吃“炸香蕉”。小孩子嘴馋也饿得快，上午两节课后的课间休息时段，学校小卖部也有粥、粉和零食出售，我们经常会挤着购买来解馋。

当时印尼华侨的生存环境时有动荡，但因少不更事，我的童年和少年时光大体还是无忧无虑的。但我们家搬到先达没多久后，我的大妹妹生了一场重病，那年我大概 11 岁，也陪伴着父母度过一段忧心忡忡的日子。

20 世纪 50 年代，傅汉洵和父母弟妹在印尼先达

大妹的那场病来得很突然，却也有迹可循。不知道是否是传染的关系，首先是我们家前面一家有个孩子发病，然后就是我大妹病倒，接着我们家后面一家也有一个孩子中招。症状都是高烧不止，直至昏睡在床，神志不清。

大妹发烧最严重的时候，浑身都出现痉挛。父母心急如焚，母亲不时抹眼泪。父亲无心工作，四处寻医问药，并专门留在家里陪伴大妹。先达有一个很有名的医生，是印尼人，他是父亲的老朋友。他给大妹诊治过以后，开了药，却并没有见效。这个印尼医生又向父亲介绍了另一个更有名望的荷兰医生。

当时，荷兰对印尼的殖民统治已经结束，但有少量荷兰人仍然留在了印尼各地，有些就选择定居下来，这位荷兰医生就是其中之一。他以前曾是荷兰殖民者部队的军医。他来到我家，面对病情危重、昏迷不醒的大妹，也觉得束手无策。他一方面想办法给大妹物理降温，另一方面还是开了几种药，但他告诉父亲，大妹的病情可能要看“上帝的旨意”了。

吃了荷兰医生的药，大妹仍不见好转。百般无奈的父亲这时突然想起了中药犀牛角。他记得有人说过犀牛角是清热凉血的，或许会有用，有中医也建议一试。先达是有中药铺的，印尼也是犀牛角的原产地之一，父亲赶紧出去买到犀牛角并磨成药粉。

给大妹灌服下去犀牛角粉后，几天的操劳已让父亲疲累不堪。大妹已经不省人事好几天了，犀牛角有没有用，父亲心里也没有底。他搬了把椅子守在大妹病床边上，开始在疲惫中昏昏沉沉起来。不知道过了多长时间，他在朦胧中似乎听到一声轻微的声音喊“爸爸”。父亲惊觉，他赶紧看大妹，她似乎仍在昏迷中，父亲想刚才一定是自己出现了幻觉。

在父亲感到失望的时候，他又听到了轻轻的一声“爸爸”。这一次，他终于看清，是大妹的嘴唇在轻轻嚅动，大妹真的苏醒了！

父亲一下陷入激动和狂喜之中，宛如自己重生一般。他赶紧将大妹抱在怀里，并喊我们家里人过来分享喜悦。父亲后来说，大妹醒来的一刻他就像从地狱到了天堂。父亲此后也一直认为，是神奇的犀牛角救了大妹的性命。

虽然大妹苏醒了，那位荷兰医生也一直牵挂着大妹的病情。他过来诊治发现，大妹由于高烧昏迷太久，肢体神经受到了影响，已经有瘫痪迹象。我当时并不知道大妹得的是什么病，现在看来应该是脊髓灰质炎，即小儿麻痹症。

荷兰医生向父亲表示，他会尽全力帮助大妹恢复。虽然大妹病情不断好转，但她的右腿还是出现了肌肉萎缩。有一段时间，我每天都能看到那个荷兰医生拎着一个医疗箱来给大妹治疗，箱子里面装的是当年比较初级的电疗器。他一边和蔼地跟大妹聊天，一边用电疗器给大妹做康复治疗。大妹虽然最终留下了轻微的跛脚后遗症，但总体情况有了很大改善。

当年，印尼的当地人和华侨对入侵者“荷兰佬”普遍没有什么好感，但年幼的我知道了这个荷兰医生是个救死扶伤的好人。我也隐隐认识到，有一种人道主义精神，是超越种族、宗教和国界的。

而我们那三家接连得病的孩子命运各异，有一个完全康复了，我家大妹留下了后遗症，另一个孩子则不幸夭折。

我的老师和同学

我们家搬到先达之后，我就转入了先达华侨总会设立的育才小学。1955 年，我升入华侨中学读初中。当年，先达华侨中小学校编排的课程跟新中国是很接近的。我记得有语文、常识、算术、珠算等，还有“公民”课。中学的课程就更加全面了，有英语、地理（中国

傅汉洵就读过的先达华侨育才小学

和世界）、历史（中国和世界）、数学、物理、音乐、体育、画画（美术），还有印尼文课。

当时的华侨中学，除了学业，也有丰富的文体课外活动。而无论课程设置还是文体活动，都有着鲜明的爱国进步色彩。每天早晨，上课钟响之前，广播都会播出《歌唱祖国》这首歌曲。

我至今保存着一张我从先达华侨中学初中毕业的班级纪念照片。这不是一张集体照，而是将班上每一位同学以及所有任教老师的个人头像排列成扇状，四周用图案装饰，上方正中是毛泽东主席和朱德委员长在一起的小像。共计有 37 名学生、28 名教职员，包括校长郑子

1958 年，傅汉洵（下排左二）在先达华侨中学的初中毕业师生纪念照的纪念集锦照，上面有毛泽东和朱德像

经和级任老师伍护德。每个人像下边标明了名字，下边还有“初中毕业班／第十六组乙班师生／一九五八年华侨中学下学期”的字样。然后整体晒制成一张十寸的大相片。

独特的“先达国语”

在先达的华侨中小学，许多授课老师是抗战后才来到先达教书的，上课讲话的口音已经接近现在的普通话。但在先达，华侨中流行着一种独特的“先达国语”。说起来，当时我这一辈的先达华侨子弟都是很有语言天赋的，我们在家各自有自己的方言，比如潮州话、闽南话、客家话、广府话、海南话等，但大家对别的方言也基本能说能沟通，尤其是福建话和潮州话。华侨基本也能说印尼话，甚至能说先达本地土著马达人的话。而先达华侨之间沟通基本就用“先达国语”——一种听起来像四川话的中国西南省份方言。

后来有学者考证，“先达国语”就是一种中国西南官话的语言变体，尤其接近广西的桂柳话。据先达老人们讲，当年先达的前辈为了下一代的中文教育，集资办学，从国内请来“国语”教师，教授“国语”，这应该是 20 世纪初的事了。阴差阳错的是，他们漂洋过海请来的“国语”教师教授的是西南官话，也就当成了“国语”，再加上演变，就形成了印尼华人中独特的小语种“先达国语”。

离开先达五六十年后，我与先达的老一辈亲友通电话时，讲的仍是“先达国语”。可惜的是，进入 21 世纪后，能讲“先达国语”的年轻一代已经少之又少了。

我演过“美国佬”

先达华侨建有“新民合唱队”“新民歌剧社”等社团。许多高中学生和青年教师都是其中成员，我记得，他们排练和演出过《黄河大合唱》。每逢国庆、校庆、新年、中秋这样的日子，学校都会举办文艺晚会，由教师和学生联合演出。那个时候经常出现在舞台上的还有从新中国学习引进的两个舞蹈——《采茶捕蝶》和《荷花舞》。

每年的10月1日，是中华人民共和国国庆日，华侨中学大门上会树立起四个大字标牌——“庆祝国庆”。学校还会举办国庆文艺晚会，每个班级都要出节目，还要由教师组成的评委评奖。第一次参加国庆晚会前，我与班上几个活跃的同学商量，到底出个什么节目呢？

当时的时代背景是，中国的抗美援朝取得胜利不久，在当地进步华侨中也充满了“打倒美帝国主义”的热情。先达华侨曾形成过抵制美货、不看美国电影等活动，我和许多同学都是积极响应者。于是，根据老师平日给我们讲解的国际时事，我们七嘴八舌，反复商量，编排了一出讽刺当时日美关系的喜剧小品——《山姆大叔理发店》。编剧好几个，演员就俩人，一个“美国佬”，另一个“小日本”，高个子的我当仁不让成了“美国佬”，另一个小个子同学演“小日本”。

因陋就简的业余演出，化妆成了问题。“小日本”还好办，用墨笔在脸上画个“仁丹胡”，再画个倒八字眉就差不多了。我怎么才能像“美国佬”呢？同学们用硬纸板给我糊了一顶圆檐高帽，找来一件雨衣当风衣，用一团棉花染成黄色，弄成胡子状，一边一条，用浆糊粘在我的眉毛和脸颊上。

在先达读中学时的傅汉洵

演出在学校礼堂举行。在后台候场时，雨衣帽子加棉花，已经把我捂得汗如雨下。到我们的节目了，舞台上用竹竿挑起了一个“山姆大叔理发店”的招牌，聚光灯下是一把充当理发椅的藤椅。

大幕拉开，“美国佬”上场了。我的离奇装束立刻引起满堂哄笑，除了班上同学，大家都没认出来是我。我拎着一个工具箱，学着美国大兵趾高气扬的步伐，转过一个身，鞠躬亮相。谁知我脸上的汗太多，一边的棉花胡子竟然掉了。这个意外的小插曲引起更多的笑声，我索性干咳一声，把另外一边的胡子也扯掉了，大家又是一阵笑声。然后我听到有老师认出我来了：“是傅汉洵！”

我装模作样地打扫了下椅子，然后“小日本”上场了，他用手比划着要剪发。“美国佬”请他坐下，从工具箱拿出一块围布，如正常理发般给“小日本”围上，“小日本”似乎很满意，哼哼哈哈直点头。不料，“美国佬”拿出的第二样工具是条长长的绳索。观众也不解，又笑。“小日本”还没反应过来，我就把绳子缠在他身上，然后在他的挣扎中，一圈又一圈地将他捆得结结实实，满场爆笑。

我用手势让“小日本”冷静下来，用手做出要剪发的样子。想不到，我从箱子里拿出来的是个超大型剪刀，像是用来修剪花木的工具剪（当然，也是用硬纸板做的）。我故意挥舞剪刀，弄出“啪啪啪”的响声。我用大剪刀向“小日本”头上剪去，他吓坏了，起立带着绑在身上的椅子一起又蹦又跳，我在后面穷追不舍。这下观众们已经笑得前仰后翻，乐不可支。

“美国佬”终于让“小日本”平静下来，“咔嚓咔嚓”算是剪完了头发。“小日本”又比划着要刮胡子。我就从工具箱里拎了一把斧头出来，货真价实的斧头哦，大家又笑。“小日本”一见斧头，立马直挺挺地晕了过去，任“美国佬”摆布。我一边装模作样帮“小日本”砍胡子，一边瞟了下台下的观众，我看到前排评委席上的老师们已经笑到捂肚子了。

然后，“美国佬”似乎满意了，用手掌“啪啪啪”拍打“小日本”的脸颊，将他唤醒。“美国佬”又拿出了一面用纸板做的镜子，我们故意还在上面画了些裂纹，给“小日本”前后左右照来照去。苏醒过来的“小日本”转转脑袋，在“美国佬”的淫威下似乎又哇啦哇啦满意了。最后，我和同学面向观众，鞠躬谢幕。

全场在笑声中又爆发一片欢呼和掌声。

我和同学的这个节目，获得这一届学校国庆晚会评奖的第一名。让许多老师惊讶的是，我们这个讽刺默剧不仅喜剧效果突出，而且贴合时局，内容上很有深度。这个小品，其实也是当时先达华侨学生从小就关注与中国相关时政的一种体现吧。第二年，我们班出的节目仍与“打倒美帝”有关，我又演过一回头顶鸭舌帽、戴墨镜、穿风衣的“美国特务”呢。

而当年的“反美”情结，固然是时代的产物，却也对我产生了一个长远的影响，那就是我一生没有穿过牛仔裤。

家里的“南叔”

自从我们家搬到先达市区，开设新光印务公司之后，家里就一直住着一位同是潮阳海门乡亲的前辈，我一直叫他“南叔”。

这位叔叔比我父亲年轻几岁的样子，大名叫林辅南。平时，他就协助父亲打理印务公司。小孩子也弄不清他跟我们家到底有没有亲戚关系，但从小我们觉得他就是家里的一员。

南叔的文化水平似乎不高，也不太会讲印尼语。但他有一手绝活，就是烹饪，而且最擅长做家乡的潮汕美食。不过，他也有大厨的脾气，平常是不会下厨的，只有春节、中秋等年时大节，他才会露一手，制作他最拿手的鱼丸、牛肉丸，还有芋泥甜品等，让我们一饱口福。于是，逢年过节观赏、品尝南叔制作的美食，就成了我和弟妹们那时候最热切的盼望之一。

他做菜的脾性是不做则已，要做必定从头到尾亲力亲为，而且对原料非常挑剔。我记得跟他去市场买食材，牛肉必须指定几个部位，做鱼丸只用最新鲜的马鲛鱼。马鲛鱼洗净、晾干、去皮后，南叔用一个勺子将鱼肉刮成肉屑，调味之后，用手和成肉泥，然后不停地将肉泥在案板上大力摔打。他累得满头大汗。那“啪啪啪”的声音，在孩子心中就是美味的欢乐前奏。

开饭了，鱼丸肉丸上桌，我就先流口水了。夹一个到嘴里咬上一口，香嫩弹牙卜卜脆，鲜香的滋味好像在舌尖上跳舞。父母亲告诉我们，这是正宗的故乡味道啊。

有一年中秋节，中国驻棉兰领事馆的马领事来先达会见侨领。马领事与父亲相熟，又是潮汕人，父亲就请领事到家中吃饭，主厨的就是南叔。马领事吃到我们家弹牙香滑的鱼丸，喜出望外：“傅先生，这鱼丸太正宗了，是哪家酒楼出品的呀？”

父亲笑着说：“不是酒楼的，就是自家做的。”

领事不相信：“不可能吧？我在酒楼也没吃过这么地道好吃的鱼丸呀。”

“你不信，我让你见一下厨师吧。”父亲从厨房请出来还在忙碌的南叔，三人用潮汕话聊起了食经，不亦乐乎。

品尝了最后一道甜而不腻的芋泥甜品后，马领事忍不住向父亲请求：“下次领事馆有接待活动，我可以借用一下林大厨吗？”父亲哈哈一笑说：“当然可以！”

平日晚上，我跟父亲有时会出去打球。而南叔最大的嗜好，就是跟几个老同乡下象棋。他经常跟棋友争棋吵到面红耳赤，就像我们小孩子要打架一般。不过没多久，他们又嘻嘻哈哈没事了。

脾气倔强，还有点暴躁的南叔，在一群小孩里面却特别喜欢我。有时晚上做完功课，又没去练球，南叔就拉着我陪他下棋。我不会下，他就教我。开始他让我车马炮我也不是他的对手，后来我的棋艺开始长进，南叔就会耍各种花招“欺负”我。比如当我拿起本不该走的棋子后，他怕我变卦，就会装着唉声叹气，直喊“糟了糟了”，我上当之后，他就会像小孩子一般得意忘形。

有一次，我俩下棋下到一半，门外有人喊他。他离开的片刻，我心里不忿总是输给他，也想跟他开个玩笑，就偷偷在关键位置上将他的一枚棋子挪了个位置，然后强忍着心虚等他回来。南叔回来后，并没有发现异样。走了几步棋，他陷入困局，才觉得不对劲，却又回想不起到底哪一步棋有问题。我心里想笑又惴惴不安，强作平静。南叔无奈，说：“算你赢了，再来再来！”这个小小的恶作剧让我偷着乐了一个晚上。

我后来知道，南叔也是只身一人闯荡印尼，他到我家前做过许多苦工。听说他在家乡有妻子和一个儿子。1960 年，也就是父亲送我回国后的第二年，南叔也想回国，却身染重病，不得不放弃。我 1964 年随中国羽毛球队访问印尼时，却得知南叔在前一年已经因病去世了，这让我感伤不已。

而怀念故乡却又不得不终老异乡的华侨，又何止南叔一个人。

遭遇水险

先达是山城，也是水城。

闻名世界的多巴湖，距离先达城区有 40 多公里，是印尼著名的旅游胜地。多巴湖面积有 1130 平方公里，是世界上最大的火山湖。我第一次见到它的时候，感觉就像见到了浩瀚的大海，烟波浩渺，水面凝碧，令人心醉。

许多先达人以及印尼各地的游客都会到多巴湖边度假、休闲。父母带我们小孩子坐班车去过几次，我记得快到多巴湖的时候路边能看到许多猴子等野生动物。到我上了中学，我跟同学在假期也去过多巴湖几次，有一次我们还是骑自行车去的。在湖边游泳玩耍一番，吃点东西，再骑行回来，把我们都累坏了。

平时，我们更多是在先达附近玩水。

先达城里有河水流过，周边也有交错的水渠，还有一个荷兰人建的正规游泳池。因此，大部分男孩子都会游泳。而我的好朋友符大进比我大 3 岁，当时就已经是我们男孩中的游泳健将。喜欢玩水的我，则遭遇过两次水险。

在先达市区就能看到峇波仑河，我们也会叫它峇比爱斯河。它的源头是多巴湖，弯弯曲曲，往下游越流越宽，流向大海。上游的岸边则有一家制冰厂，先达国语叫“雪水厂”。厂子边上建有一个小水坝，水流从水闸高处溢满流下，像瀑布一样。这一带就是男孩子玩水的刺激天堂，毕竟去游泳池是要买票的。

符大进嗜好游泳，他高超的泳技主要是自学来的。我记得当时有一部美国电影《人猿泰山》，影片中有几个片段，主角泰山以潇洒流畅的自由泳畅游海中，英雄救美，让符大进痴迷不已。就为了模仿泰山的泳姿，他不知道看了多少遍这部电影。

先达郊区还有许多水塘，用于蓄水养鱼，水塘堤坝分隔成许多相通的鱼池，也是我们游泳的好去处。有一次，我跟小伙伴去鱼塘游泳，看到有的伙伴在水里就能从一个池塘钻到另一个池塘。我很好奇，伙伴告诉我，水面下的堤坝是有洞连通的。我细看，果然不差，我竟然没有发现。

他说完，一下子潜水钻过去，游远了。我也决定试一下。

以我的水性，我觉得不会难。我深吸一口气，潜入水中，在清澈的水中找到洞口，伸手向前游了进去。我万万没想到，约有一米长、不到半米宽的洞，我钻进去了一半，就被卡住了。或者说，我同时也被流水吸住了！我才恍然大悟我明显要比那个小伙伴粗壮，我过不去，也退不出。我感觉血液一下子涌到头上，脑海中闪过“完了”的念头。

我清楚，我是在水下，没有人知道我的险境，没有人会来救我，我必须冷静！我在水下开始用双手尽力推着塘底，并慢慢转动身体寻找活动空间。还好，喜欢运动的我有良好的柔韧性和较强的力量，两者发挥的力量使我一寸一寸地从洞里退了出去，但我几乎被憋到窒息了。当我浮出水面长吸了一口气，才感到了后怕，忍不住浑身颤抖。

符大进救我一命

如果说在鱼塘是自救成功，那么另一次水险，幸好有符大进，我才“死里逃生”。

那是一个星期天，符大进召集了我和几个好动的男孩子，去野外郊游，顺便游泳。我们骑着脚车（自行车），来到十几里外河流上游的一个水潭。水潭中间有个小岛，离岸边有几十米。我们放好车，脱剩一条泳裤，一个个扑通跳进水里，游上小岛去，然后又随性游回来。而水性最好的符大进，已经沿着河岸跑到下游玩去了。

有个小伙伴站在岸上没有动静。我们叫他下水，他一直扭扭捏捏，最后才不好意思地说他不会游泳。我们都笑他不早说，又觉得他一个人在岸上太不好玩了。

一个年龄稍大又强壮的男生就说：“我在水里托你一下，然后你划划水就过去了。”

水最深处到底有多深，我们也不知道。我们用一根长长的椰树叶子探过，反正没探到底。那个不会游泳的伙伴经不起我们诱劝，决定下水。我们三个会游泳的做了分工，那个强壮的男生负责在水中托他，我年纪最小，负责在岸上扶他下水，另一个小伙伴在小岛对岸准备接他上岸。

他牵着我的手下水后，扶着那个托他的男生，战战兢兢，向对岸走去。一到水深处，双脚沾不到地，他就慌了，手开始胡乱抓扯托他的男生。那个男生被他一扯，也有点慌，索性挣脱后自己游走了。这一下，不会游泳的伙伴彻底惊慌失措，手在水面拼命挣扎，身子却往下沉，没听见叫声人就从水面消失了。

我在岸上看到不妙，没有多想就跳下去救人。我没想到的是，会游泳与能够拯救溺水者是两回事，特别是挣扎中的溺水者。我摸到他的时候，我就成了他最后的救命稻草。我想把他往上托，他在慌乱中偏偏两只手紧紧卡住了我的脖子。我在水中，感觉到了窒息。我拼命想挣脱，却又无能为力，我不知道过了多长时间，只感到惊恐中的脑海出现一片白光，手脚开始失去力量……就在此时，我感到被勒紧的脖子一下子松开了。

此时的我，几乎要失去意识了。我已经无力挣扎，却能感觉到身体在向下沉去。然后，我似乎感到有人在托我的臀部，我开始向水面浮去。当我的头露出水面时，我应该是凭着求生本能吸了一口气，才恢复了一些意识……

然后，我发现是符大进在托着我。千钧一发之际，是他从水中救起我来的。

后来我才知道，当我在水中被人紧紧卡住脖子的时候，别的伙伴也不敢再下水了，但有人还算清醒，大声呼叫在稍远处的符大进。符大进飞跑过来，跳下水救人。经常参加游泳比赛的他更有救生经验，身体又强壮，他从身后控制住不会游泳的伙伴，将他带出水面。那个伙伴有了新的依托，才松开了我的脖子。

大进将他救上岸，喘定了一口气，却发现不见我的影子，就问："傅汉洵呢？傅汉洵呢？"

"汉洵还在水里！"听到小伙伴们这么喊，符大进赶忙又扎进水里找到我。

我一直庆幸，如果当时没有符大进，或者他晚来了哪怕半分钟，我那最后一口气或许就不能坚持下来。

后来，符大进 17 岁时就获得印尼 100 米自由泳的全国冠军。他在 1958 年回国到广州，成为中国著名的游泳健将，多次在全国和国际比赛中取得冠军。我回国后，和符大进作为先达同学，在广州多有交往。后来他作为国家游泳队队员，长期在北京训练生活。十年动乱中，他也受到冲击。退役后，他在 1975 年移居香港，一开始靠当码头搬运工养家，后来有机会还是从事了游泳教练工作，为香港培养了许多游泳人才。

从少年至今，我们一直保持着交往联络。符大进对于我，可谓是真正的“生死之交”。而我这两次水险经历，也更加让我认识到一句老话——“欺山莫欺水”的深厚哲理。

偷偷抽烟被熏晕了

少年的我是调皮活跃的，喜欢尝试各种新鲜的东西。许多小孩子都偷偷试过抽烟，我也不例外。

那时我还在上小学，或许是看到有些大人吸一口烟后，能神奇地吐出一串串大大小小的烟圈，有一段时间我总被香烟诱惑。我想体验抽烟到底是什么滋味，为什么那么多大人喜欢“喷云吐雾”。

父亲基本不抽烟。我从没有见过他一个人在家里抽烟。但在一些交际场合，别人给他敬烟，他并不拒绝，也会点着后吸一口，然后拿在手上，许久后再吸一口。父亲当然不许我抽烟，学校纪律也明确不许抽烟，违反是要挨处分的。

有一次在韩江同乡会门前的小广场上，父亲与人谈话，我在旁边玩耍。父亲背着双手，手上夹着一根点燃的香烟，好久也不吸一口。那支闪烁着烟火的香烟开始诱惑我。我看准机会，走到父亲身后，侧弯下身，想直接用嘴去亲密接触父亲手上的香烟，偷偷吸上一口。不料，父亲手一动，我没吸到烟，反而撞了他一下。他回过头，似乎明白了我的伎俩，用手指在我额头轻轻弹了一下。

“偷袭”不成，我只有另想办法。家里是绝对找不到香烟的，我只有去买烟了。我开始打伙食费的主意。有时早上赶着上学，母亲会给我零花钱，让我在上学前买早点，或者在学校的小卖部买零食。我就少吃一点，攒了好几天的私房钱，准备买香烟。

有一天放学后，我故意没有跟同学走在一起。然后，找到了一个卖烟的摊贩，当时香烟是可以单买的。我的钱，够买一支似乎是当时最时髦的“骆驼”牌香烟。我买了一支烟和火柴，藏在书包里，赶紧走开了。

我找到一家咖啡馆后面的僻静处，掏出烟来想点火，却发现里面不时有人走动，我怕烟味被人闻到，只好离开。可能做贼心虚，我半天也没找到能安心点烟的地方。

突然，我发现街角的一棵大树，枝叶茂密。我心想有了，就敏捷地爬到树上，在一个枝丫处坐稳，掏烟叼在嘴上，学着大人的样子将烟点着。烟点着了，我刚吸第一口，就被呛着了，伴着眼泪鼻涕咳了起来。幸好四周无人。我心想，自己辛辛苦苦几天攒下的钱才买到这根烟，就这么扔掉太可惜了。我不服气，深深地吸了第二口烟，还尝试着像大人一样把烟“咽”了一口。这一下，一股辛辣熏躁的感觉直冲我的鼻腔、脑门甚至眼眶，我立刻一阵晕眩，天旋地转，有点蒙了，也有点恶心。我赶忙抱紧树干，闭上眼睛，已经顾不上那支烟掉到哪儿去了。许久，那种晕眩感才消失。

我定了定神，慢慢下树回家。我从来没有想到第一次抽烟的感受会是这样。当然，我也没敢告诉父亲。

这是我生平第一次抽烟，也是最后一次抽烟。

第三章 结缘羽毛球

父亲带我爱上羽毛球

如果说我从小就活泼爱动，有好奇精神，一定是得自父亲的遗传，至少是受到他很大的感染和影响。

父亲事事好学，也喜欢运动。他作为韩江同乡会的高层之一，是社团文体活动的热心组织者。韩江同乡会在先达的华侨社团中，规模声势较大，重视文体等各种交流活动。韩江同乡会发起组织了“韩友体育会”，设立了韩友篮球队和韩友羽毛球队等，父亲都是其中积极的组织者和参与者。既是“韩友”，参加者就并不局限于潮汕乡亲，其他喜欢运动的侨胞都可以加入。

在先达时，年轻的傅汉洵（左三）已成为当地羽毛球好手

在同辈人中，父亲的身材比较高大。他最爱的运动就是羽毛球，并由此当上了先达市羽协的副会长。

我后来从一张老照片上确认，韩江同乡会前面的韩友羽毛球场，是 1953 年 2 月 15 日正式建成使用的。这是个露天羽毛球场。它一端靠墙，另一端竖起了高高的铁架，然后拉上电线，装上瓦数较大的聚光灯，夜晚也可以打球。此外，福建会馆等处也有羽毛球场，也是开放给所有侨胞使用的。

很特殊的情况下，韩江同乡会的礼堂也会用来打羽毛球。说是礼堂，其实也比较简陋，有支柱和顶棚，但有三面是没有墙体的。礼堂曾经用作小学的教室。打球的时候，要先将桌椅板凳收拾好。

父亲白天工作，打球主要在晚上。当时供电并不稳定，韩友羽毛球场不时会遇到停电。这时候，工作人员就会点燃煤油汽灯，然后挑起来高高挂在球场四边的柱子上。这种煤油气灯的灯头是网状的，点灯前要像打气筒一样先打气，我小时候一度觉得很新奇。

从我们家到韩友羽毛球场，路不算太远。父亲打球经常会带上我，有时走路，有时用自行车搭我骑过去。我至今记得，经常打完球已到深夜，父亲骑车带我回家的时候，明显很疲惫了。途中遇到坡道，我就要跳下车来，陪父亲推车走上一段。

父亲在场上打球，我和其他小孩子就在旁边玩。有时候，场上紧张激烈的气氛会吸引我观看，慢慢地，我也被羽毛球吸引了。那应该是在我 10 岁左右。我忍不住跃跃欲试，但开始的时候，别说上场没我们小孩的份，父亲的球拍一般都不给我摸。

我和几个同样想打羽毛球的小朋友，就开始捡大人打坏不要的旧球。到了放学有空的时候，开始用乒乓球拍来打羽毛球。那时候的乒乓球拍，两面都是木面光板，没有胶皮。后来，我觉得不过瘾，就找了块长长的木板，在上面画出了一个羽毛球拍的轮廓，自己将它锯成了一个光板羽毛球拍。为了更加形似，我还在拍面上画上了纵横交错的网线。小时候的我，还是有点美术天分的。这把以假代真的木板拍，让我童稚的心欢喜好久。

再去看大人打球的时候，趁着局间休息，我和小伙伴们就抓紧时间，拿起大人的拍子上场比试几下。父亲见我有点喜欢上羽毛球的样子，终于给我买了一把普通的球拍。虽然普通，毕竟是把真正的羽毛球拍呀，我如获至宝。我开始和几个有同样爱好的同学，把更多课余时间花在了打羽毛球上。

输 0：15，我不服气

小孩子要打羽毛球，正规场地轮不到我们用，另外是自觉球技太差，还不足以登大雅之堂。我们看到有间厂房旁边是一块平整的空地，就去问老板能不能打球，他爽快地同意了。于是，这里就成了我们这班少年的羽毛球训练场。

别说，我们对这片泥土场地一点也不马虎。我们深深插下两条竹竿，挂起了捡来的旧球网。开始，我们用粉笔划线，但跑几下，线就被脚步踩踏掉了。热爱产生动力，也产生灵感，我们就挖出线沟，然后用捡来的小石子填进去，再用泥土填缝压平。这石子球场线看上去还蛮像一回事，也确实牢固了许多。放学后，我们都要先到这里较量一番，出一身汗才回家。

我和小伙伴们自己练自己打，没有教练，完全靠模仿平时大人打球的动作。即便如此，我的球技也在一天天进步，看上去有点模样了。偶尔，父亲再带我到韩友羽毛球场打球时，也会让我正式上去打一场。当时打球的都是业余爱好者，看上去竞争激烈，大多水平并不太高。有时候我会跟父亲一起打，父亲算是我的“启蒙教练”吧。

当时，先达的进步华侨社团除了 10 月 1 日国庆节，还会跟随新中国欢庆其他节日。1953 年 5 月，先达华侨社团为庆祝“五四”青年节组织学生进行羽毛球比赛。当时，我 12 岁，距离我正式拥有一把羽毛球拍只有一年多的时间。父亲让我报名参赛，主要是重在参与。我开始不想去，觉得我还小，打球水平有限，而对手都是大人和高年级学生。不过，在父亲的鼓励下，我还是忍不住想去检验一下自己的水平，就报名了。

后来在一生中，我打过很多场比赛，无论正式还是非正式，但我在 12 岁时打过的这场比赛，无疑是印象最深刻的比赛之一。不仅因为这算是我第一场比较正式的比赛，还因为我一上场就输得稀里哗啦，0：15！第二局，我虽然没有被剃光头，也很快就输掉了。

我当然很郁闷，心里却一点也不服气，因为对手的年龄比我要大很多。我心里想，等我长大一些，我一定会赢回来的！

这场比赛的失利，反而激发了我对羽毛球更大的兴趣和热爱。之前，我其实也会参与打篮球、玩乒乓球，偶尔也踢足球。往后，特别是上初中后，我的运动热情主要就倾洒在羽毛球上了。

看黄秉璇的书“偷师”

在我爱上和开始练习羽毛球的少年时光，除了受父亲影响，也和时代密不可分。马来亚（即后来的马来西亚，俗称“大马”）凭借一批华人羽毛球高手，在 1949 年、1952 年和 1955 年连夺三届汤姆斯杯冠军，名震世界羽坛，开创了马来亚羽毛球的黄金时代，也带动了整个东南亚地区羽毛球运动的发展。

当时，大马队的主力队员黄秉璇、庄友明、王宝林、陈仁勇、黄德福、张承坤等都是华人选手。我还记得，双打好手王宝林以独创的“鳄鱼式”发球，当时轰动羽坛。而从 1950 年开始，在连续 8 届全英羽毛球公开赛上，黄秉璇和庄友明又分别获得 4 次男单冠军。

黄秉璇、庄友明等这一批华人羽毛球运动员，率先打破了欧洲人对羽毛球运动的垄断，促进了羽毛球竞技水平的提高和推广。他们对

傅汉洵在印尼时阅读过的羽毛球图书，其中一本是中学同学赠送的礼物

傅汉洵在露天羽毛球场比赛

欧洲传统打法进行改进，结合了亚洲人快速灵活的特点，使羽毛球运动的发展由慢而潇洒转向快而凌厉。他们的成就，也带动、刺激印尼随后成长起一批同样以华人为主的优秀选手，最终在 1958 年历史性地从马来亚手中夺取汤姆斯杯。这一切，都极大促进了印尼民间的羽毛球热潮，也促进了我对羽毛球的热爱。

而先达所在的苏岛东北岸，正好与马来亚隔海相对，海上交通便利。当新加坡等地举办重要羽毛球赛时，许多先达、棉兰的球迷也会乘船渡海过去观赛。而大马高手有时也会来到苏岛参加友谊赛和交流。1958 年印尼队与马来亚争夺汤姆斯杯桂冠的决赛，正是在新加坡举行的（新加坡当时尚未独立，隶属于马来亚）。

当我越来越沉迷羽毛球的时候，苦于先达没有高水平的羽毛球教练。我主要还是要靠模仿大人的技术动作，就像“抓中药”那样东鳞西爪，选择性地学习各人的长处。我发现有一位华侨，他的扣杀特别有力，击球能发出砰砰巨响，令我着迷。原来，他平时主要打网球，挥拍臂力大，难怪扣杀的力道特别足。

于是，每当他在场上打球的时候，我就会目不转睛地观察他的扣杀动作，然后不断琢磨，悄悄模仿。家里正好有个大的全身镜，我就在镜子前面模仿他的扣杀动作，如痴如醉。在我回国加入广东队，成为一名专业羽毛球运动员后，大家认为我的特点之一是后场杀球势大力沉。当初在家对着镜子苦练动作，应该为此打下了不少基础。

我记得是在 1955 年，一次偶然的机会，我在书店里发现了一本书《如何打羽毛球》，作者是大名鼎鼎的全英羽毛球赛男单冠军黄秉璇。我喜出望外，赶紧将书买了下来。当时对我来说，黄秉璇的大名如雷贯耳。1950 年，黄秉璇就成为第一个获得全英羽毛球赛男单冠军的亚洲选手，绝对是世界顶尖高手。

我开始苦读冠军的书。从黄秉璇的书中，我才第一次知道，原来握拍也是有学问的，而正手握拍和反手握拍也是完全不一样的。我打了那么久的羽毛球，握拍原来一直都是错的。

我开始按照书中的讲解一点一点地改进我的技术，包括姿势、动作、站位、步伐和战术。书里的内容，并不都能完全看懂。书里的插图不是摄影照片，而是手绘线描的插图。许多篇章，看了文字的描述，再看孤零零的插图，似乎总是结合不上。特别是讲解步伐的时候，插图就是一连串的脚印和弯弯曲曲的箭头，有实线有虚线，看起来像天书一般。回想起来，这本书对于少年的我，很有“武林秘籍”的意思。

经常，我要一手拿书，一手拿球拍，不断根据书上的讲解去琢磨、比划，手脚并用，并对着大镜子观察。有时候百思不得其解，有时候灵光乍现，感觉自己把文字和复杂的插图看懂了，动作也做到位了，一种自豪的欣喜会油然而生。

我印象最深的是黄秉璇在书中讲解如何找准击球点时——他将最合适的那个点形容为“甜蜜的焦点”，这个浪漫的说法让我牢记至今。而看黄秉璇的书琢磨球技的日子，对我也是一段非常甜蜜的体验。

幸运的是，我在回国前，曾亲眼看到黄秉璇打球。那是 1959 年年初的一天，苏岛有关体育协会邀请黄秉璇到苏北省府棉兰，跟当时印尼男单高手宋尼菲进行一场表演赛。作为先达羽协副主席，父亲早早就订好了两张票。比赛是在夜晚进行的。当天中午放学后，父亲特意叫了一辆出租车，和我赶到两百公里外的棉兰去看比赛。

比赛是在苏东中学校园里的篮球场上露天进行的。宋尼菲是荷、印混血儿，身材高大，是印尼首夺汤姆斯杯的主力队员，当时如日中天。黄秉璇则已经过了运动生涯的黄金期，但依然宝刀不老。我痴迷地欣赏宋尼菲的扣杀，也盯着黄秉璇的反手击球动作。当时在羽毛球爱好者中，黄秉璇有“反手王”之称，他的反手可以轻松准确地将球从自己的底线回击到对方场地的底角。但许多年后我看黄秉璇的资料，只显示他三夺全英赛男单冠军后，国际上尊称他为“Great Wong”（伟大的黄），似乎已经忘记他是“反手王”了。

比赛当晚的风很大，但并不影响表演赛的精彩。那个时代印尼选手的训练和比赛，绝大多数都是在露天进行的，因此也锻炼了他们对外在条件的适应性。

傅汉洵（左二）代表韩友羽毛球队在先达参加比赛

我的第一把球拍

随着我对羽毛球的痴迷越来越深，水平不断提高，父亲看在眼里，一定也喜在心上。作为羽毛球爱好者，父亲也倾向于重点培养我打羽毛球。于是，他托一个亲戚去新加坡做生意的时候，帮我买回来一把从英国进口的新款球拍。

以往的羽毛球拍，基本是全木制的。而我这把新球拍，拍框、手柄仍是木制，但拍杆已经改进成了金属管，看上去非常时尚漂亮。我记得球拍的英文标识是“SLIVERGRAYS”。这种球拍，在苏北省是买不到的。

我拿到新球拍，爱不释手。当时羽毛球拍的木制握柄，还没有后来的各种拍胶、手柄套等，只是粘裹着一层柔软的真皮。真皮手柄手感舒适，缺点是出汗后容易打滑。当时的羽毛球运动员，上场都会准备一条白毛巾，一半插在裤兜里，另一半露在外面，随时用来擦掉手柄上的汗渍，防止打滑脱手，这已成为场上一景。

我按捺不住满心欢喜，很快就拿着新球拍下场打球。我感觉自己挥拍的动作都更潇洒了，跑动起来也充满活力。可是乐极生悲——我一个跳起扣杀，球拍竟然脱手了！我的心里一抽，知道不妙。只听“咔”的一声，球拍坠地，我赶紧捡起，拍框摔裂一道口子，几乎要断开了。

我的新球拍啊！而且，这是我第一次用它呀，我似乎还从来没有过如此痛心的感觉。这种痛心，来自我对羽毛球的热爱，更来自我对父亲的愧疚。我深知这把父亲托人买来的英国名拍，寄托着他对我打好羽毛球的殷殷期望。我也知道球拍很贵，父亲自己都不舍得用这么好的拍子。

我垂头丧气地回到家，感觉自己做错了事，却又不想也不敢把球拍摔坏的事情告诉父亲，怕伤了他的心。幸好我打球的时候他不在现场。第二天，我找到一个羽毛球用具店的老板，在我的央求下，他答应尝试帮我修理重伤的球拍。他努力用一块铁皮将裂口处复位，又用胶水粘牢，总算还能用了。

然后，好长一段时间我就继续用这把受伤的球拍打球。修补过的球拍面失去了原先的平衡，击球感觉总是怪怪的，但我不舍得不用它。

最终是瞒不过父亲的，只要看到球拍他就明白一切了。让我意外的是，他也没有直接对我说什么。我慢慢明白，他也心疼，但并不怪我，他不想让我因为这把球拍有什么心理负担。岁月流逝，我在长大，我也越来越深切地感受到父亲的那份慈爱和宽容。

因为这把球拍，也因为从小接受的羽毛球风度教育，我一辈子都不能容忍运动员在场上因为失利或打得不顺，就在观众面前摔烂球拍的事情。无奈这样摔球拍的事情，如今在电视转播中竟然屡见不鲜。

我的偶像陈有福

1958 年，印尼队首次夺得汤姆斯杯，进一步引发了全印尼的羽毛球热潮。陈有福、陈添明、陈景源、宋尼菲、尤素夫、李宝灿、杨景美等夺杯队员归国时，印尼总统亲自前往机场迎接，成为印尼的“国家英雄”。印尼从此步入了世界羽毛球强国的行列，也进一步带动了民间的羽毛球热潮。

那时候，在像我这样的青少年羽毛球爱好者眼里，印尼夺杯的最大功臣、头号球星陈有福，是神一样的存在。同为华人，陈有福也成为我心中最大的偶像。

1956 年，19 岁的陈有福就成为印尼羽毛球全国男单冠军，崭露头角。尤其通过带领印尼队首夺汤姆斯杯，陈有福很快就成为印尼和全世界羽毛球迷的偶像，我当然也不例外。1959 年，陈有福又成为首个夺得全英羽毛球赛男单冠军的印尼选手。当时，凡是报纸上关于陈有福的报道，我都会抢着来看。

后来，我以一个专业羽毛球教练的身份回头来看，陈有福的横空出世，可谓为世界羽毛球运动带来一股新鲜空气和革命力量。首先，他在黄秉璇、庄友明等亚洲选手的基础上，以快速多变、积极进取的打法进一步增强了羽毛球竞技的激烈性，并强调赛场上的拼搏精神。羽毛球运动由此作别了以往以英国、丹麦球员为代表的欧洲球员，强调优雅优美、节奏和缓的古典风格，进入快速、凌厉、激烈的现代竞技时代。其次，陈有福也特别重视基本功和身体素质的高标准训练，带动了羽毛球运动员的全面发展。

当年，在羽毛球爱好者中，流传着陈有福的故事。比如，为什么陈有福动作灵巧，尤其步伐特别灵活，原来他小时候接受过芭蕾舞的训练。舞蹈基础增强了陈有福的平衡和灵动能力（难怪早期在欧洲，羽毛球被称为是“运动场上的芭蕾”）。再比如，陈有福每天早上都要坚持晨跑 10 公里，以增强体能。要知道，当年印尼羽毛球运动员的日常训练基本上是要自己安排的，并没有教练督促。由于体力充沛、斗志顽强，陈有福一度被称为“羽毛球铁人”。

1956 年 7 月，印尼羽毛球代表团根据两国体育交流协议到新中国访问并交流比赛，印尼羽毛球的影响力进一步在华人世界扩大。陈有福那一次并没有随队前来，但当时海外一份中文报纸在介绍印尼羽毛球名将时，是将刚刚显山露水的陈有福放在第一位的：

陈有福算是最优秀的一个。陈的打法快得惊人……

在万隆举行的印尼冠军赛中，他轻取前届冠军尤素夫之后，又直落两盘打败奥利。今年2月征战印度，所向披靡，夺得加尔各答、孟买和新德里的三项国际单打冠军。他今年才19岁，是万隆某华校的学生。他的动作所以能够迅速，据说是得力于平日的田径锻炼。他除了擅快攻之外，网前轻挑常置对方于死地，因为他的球旋转过网后即落地，对方即令能救出，也往往会给他扣死。他的劈杀凶猛，挡球的技巧也极为美妙，往往变被动为主动。虽然获得过许多次冠军，但是肯接受人家的意见，这是他的优点。

当“铁人”遇见“魔术师”

在我心目中，陈有福最经典的一场比赛，是1958年他代表印尼队与丹麦队争夺汤姆斯杯决赛权的一场单打比赛，对手是芬·科贝罗。科贝罗也是世界羽坛的一大传奇人物，在他的巅峰时期，曾主宰世界羽坛的男双和混双赛场长达十年。

科贝罗被誉为羽毛球历史上最富有才华的天才型选手之一，他主攻双打，单打也很了得。他生平获得过15个全英羽毛球赛的双打冠军，而在1956年、1958年和1961年还三次获得全英赛男单亚军。

聪明狡黠的打法以及出众的阅读比赛能力，让科贝罗拥有了“羽毛球魔术师”的美称。科贝罗最令人称道的是他逼真的假动作，对手极易被迷惑。在双打赛场，他的假动作有时让对方两名选手撞在一起，引发观众的满场喝彩声。

当印尼队与丹麦队的对阵形势出来后，看到陈有福与科贝罗将进行男单比赛，当时就引发广泛关注。当年的汤姆斯杯赛制是两队要分

赢得汤姆斯杯和全英赛男单冠军的陈有福，他手上的球拍也就是父亲为傅汉洵买过的那款球拍，但第一次用就被傅汉洵摔裂了

两天，共打满9场单、双打比赛，许多主力队员要兼项。印尼媒体纷纷热炒并猜想当羽坛“铁人”碰上“魔术师”，到底会有怎样的结果。当时国际赛场上陈有福的名气并不如科贝罗，不少球迷都为陈有福表示担心。

在两人的第一局比赛中，陈有福极不适应科贝罗声东击西的打法，最后以1∶15的悬殊比分落败。从第一局的情况看，似乎两人根本就不在一个水平上，陈有福被“戏耍”得几乎没有还手之力。第二局，一直也是科贝罗遥遥领先七八分。就在科贝罗还有3分就拿到胜利，观众也基本认为他必胜之际，陈有福却依然每球必拼，坚持死顶，尽管被动，绝不放弃。体能下降并有点放松的科贝罗，竟然被顽强拼搏的陈有福扳回一局。眼见“煮熟的鸭子飞走了”，第三局还没开始，科贝罗就开始频频摇头。

这场单打比赛的最后结果是，陈有福大逆转取胜。在决胜局，体力依然充沛的陈有福开始反攻，并占据绝对优势，科贝罗已经疲于奔命。最后，陈有福以 2：1 战胜了科贝罗。第二局的时候，几乎没有人能想到陈有福最后的反败为胜。这场比赛，陈有福所展现的决不放弃的精神，被人津津乐道许久。他的顽强品质，也在我年轻的心里留下深深的烙印，成为我后来羽毛球生涯的一种激励力量。

陈有福对我的楷模作用，不仅在于球技球风，还在于品格学养。他在叱咤羽坛之时，还挤时间到美国留学，拿到了化学和生理学的学士学位，为后来从医奠定基础。还有一点是，他虽然在特定的年代以羽毛球成就成为印尼的“国家英雄”，但他一直没有放弃自己的中国国籍。

在印尼时，我景仰着这位球技高超却为人谦逊的羽毛球英雄，却没有预见到几年之后，我作为一名代表中国的羽毛球运动员，在中国的赛场上，能与我一直的偶像陈有福进行一场双打比赛，而且，我方取胜。这是后话了。

我的“师傅”李宝灿

多年以后的 2002 年 7 月，我看到一条新华社发出的新闻——印尼羽毛球名将联名请求撤销《国籍法》。内容是说印尼羽协在宋尼菲、陈有福、梁海量等羽坛名将率领下，在雅加达的塞纳扬双岛饭店聚会，并致信印尼总统梅加瓦蒂，要求撤销含有种族歧视的印尼国籍法令。他们在信中表示，以往颁布的有关国籍证的法令，含有歧视华人的因素。

1966 年，傅汉洵（左）、李宝灿（中）、侯加昌（右）在柬埔寨

在请愿书上签名的有 40 余名印尼羽坛名将，还包括李宝灿、魏成芳、王莲香、林水镜、叶成万等。以陈有福为代表的羽毛球名将，他们利用自己的社会影响力，仍在为印尼华人社区的公义而发声。

让我感慨的还有，在签名者名单里，我看到了李宝灿的名字。他可是我羽毛球道路上的“师傅”呀。

1958 年年底，我参加苏北省羽毛球赛获得亚军，被苏迪曼先生相中的缘由经过，前面在“引子”里我已经讲过了。那次苏迪曼先生选派到先达来指导我训练的国手就是李宝灿。他当时成名已久。1956 年印尼羽毛球代表团出访中国，他就是其中的六名男队员之一，也是单打主力。在北京的比赛中，李宝灿以2：0战胜了当时代表中国队的陈福寿。

在跟随李宝灿训练的那一个月里，我的羽毛球技术和能力得到根本性的提高。之前，从来没有专业教练指点过我，虽然李宝灿当时只是运动员，还不是教练，但他毕竟是代表印尼出战多次大赛的明星级选手。有他的专业指导点拨，比起我以往完全靠自己琢磨来练习有天渊之别，可谓事半功倍。

此前，虽然我练习羽毛球有四五年了，但其实还是少年的一种兴趣、爱好而已。但在印尼队首夺汤姆斯杯后，受到印尼举国拥戴羽毛球英雄气氛的感染，再加上苏迪曼先生安排国手李宝灿带我训练，我才真正萌发苦练羽毛球，向陈有福、李宝灿这样的“国手”看齐的想法。李宝灿身材高大，打法清脆利索，强调控制网前，下压为主。他场下的性格却温和持稳。训练完毕，他还喜欢抽一支烟。

在一个月的训练结束后，我和黄广源进步明显，羽协认为应当趁热打铁，就向李宝灿提出延长训练一个月的要求。经苏迪曼同意，我和黄广源有幸跟随李宝灿到他家乡继续训练了一个月。

正是李宝灿的悉心指导，我才开始真正进行羽毛球专项技术的基本功系统训练，比如后场高吊杀的落点、吊球放网后的跟进、扣杀后的抢网等套路练习。自己以前遇到的许多疑难问题开始迎刃而解。

也是从李宝灿那里，我才知道网前搓球也分内旋、外旋两种。李宝灿的网前技术很细腻，他耐心地教我搓球时如何持拍在网口的高处、如何拿捏力度和拍面的角度等。这些都是我没有专门练过的。

就这样，在我回国之前，我已成为先达羽毛球队的骨干，经常代表先达到周边打小型比赛。

1966 年年底，我作为中国羽毛球队一员访问柬埔寨时，在柬埔寨首都金边意外又欣喜地遇到了李宝灿。那时，他已经挂拍成为一名真正的教练员，正在带柬埔寨羽毛球队训练。他见到我也很高兴，因为当年他带过的我，虽然没有代表印尼，却已成为一名中国羽毛球国手。

第四章

回到祖国

准备回国

从 1959 年下半年开始，印尼多个地方出现武力迫害华侨的情况。特别是西爪哇地区，对华侨施展了禁止营业、武力迫迁、逮捕拘禁等残暴手段，甚至发生了流血事件。我看到父亲的脸色越来越凝重了。

相对来说，苏北省棉兰、先达一带，由于华侨社团组织比较完善，在中国驻棉兰领事馆的支持帮助下，也比较注重搞好与当地印尼官方及民众的关系，华侨境况比起爪哇等地要平静一些。我回国之前，先达的侨校状况还基本没有什么变化。

1959 年年末，父亲正式跟家人和我提出，要我尽快准备回国。我想，

1959 年，傅汉洵回国前与印尼先达市军队基地司令兼羽协主席及队友的合影

这与“十号法令”对他的刺激是分不开的，否则，他应该会让我高中毕业后再回国。

父亲告诉我：“你回中国吧，回我们的家乡广东，那里的羽毛球队需要你，你以后可以代表中国打球！”

我那时候已经 18 岁，基本了解当时印尼社会的情况。同时，无论是在华侨中学受到的教育和感染，还是平时父亲对我的教诲，我早已对万里之外的祖国充满了向往。我觉得有点突然，但并没有犹豫，立刻就答应了父亲。尽管在当时，父亲还并没有向我透露他一年前和苏迪曼先生关于我的那一番谈话。

其实自从新中国成立后，我在先达就经常看到、听到青年华侨回国的事。在爱国气氛浓厚的华侨中学，许多同学的目标就是初中或高中毕业后，要回到祖国继续升学，然后直接留下来为祖国服务。我的好友兼同学符大进两年前就回国了。带头回国的还有一些年轻教师。我家里如今还保存着一张老照片，是我在华侨中学时的一张师生合影。上面写着“欢送李桂兰老师回国”，落款时间是 1956 年 5 月 7 日。

半个多世纪后的一天，我邂逅了香港先达联谊会的陈德华副会长，他原来就是我在先达华侨中学时的体育老师。陈老师当时是一个出色的篮球运动员，也喜欢打羽毛球。他 1953 年参加了印尼华侨运动员回国访问团，受到新中国新气象的感染。到了 1957 年 3 月，他就回国了。陈老师回忆说，跟他一批回国的先达师生就有 40 多人。不过他回国后没有再从事体育，而是上大学深造，“文革”后才移居香港。

20 世纪 50 年代，在爱国进步思想的感染下，许多印尼华侨家庭都产生了送一两个子女回国的想法，一方面是为国效力，另一方面也有让子女代他们“叶落归根”的意思。身为长子，我几年前就意识到，我肯定是要回国的。

在印尼动荡的局势中，家里开始匆忙地为我回国做准备。我回国的行李箱里，除了衣物，还有一些布料、几包胡椒和可用作中药的冰片，这应该是父亲打听到胡椒、冰片在国内都比较短缺吧。最大件的行李是一辆自行车，英国名牌“Raleigh”（现译为莱利），比家里父亲常骑的那辆自行车名贵得多，可谓是自行车中的“劳斯莱斯”。当时从东南亚一带回国的人基本都会带一辆自行车回去。我后来体会到父亲的想法是，先达家里的负担很重，我回国后不太可能长期资助我。这辆车除了实用，必要时或许可以让我变卖换钱应急。

行李中还有一件皮大衣。我在先达从来没有穿过皮衣，只是偶尔见到本地有摩托车骑手早、晚会穿皮夹克挡风。但我带回国的这件皮衣感觉又硬又重，是万隆制造的印尼货，据说也是名牌。回国携带的物品，基本上是父亲一手操办的。

当然，一定要带的，还有两把羽毛球拍。

回国之前，我来到印尼移民局设在先达市的办事处，办理签证事宜。经过一连串等待、填表、盖章的手续办理过程，我被叫到了一个移民官面前。他凶巴巴地问我："你是不是真的想离开印尼，回去中国？"

"是的！"

"你想清楚了吗？"

"想清楚了！"

不过，接下来的一幕，让我至今难忘。只见移民官拿过一张表格，指一指桌上一个紫色的印台："既然你决定了，就按手指模确认吧。你永远不能再回来了！"

我看到表格上也有一行印尼文——"永不再回到印度尼西亚"。我想，不回就不回，就用右手拇指按下一个指印。不料，移民官说，不是一个手指，是十个手指都要按！

如果说"永不再回到印度尼西亚"让人有点受伤的话，这按十个手指模的要求分明就是一种屈辱。我虽然年轻，也知道似乎只有罪犯被捕或者收监时，才要按十个手指模。当时我心里想，对美国人你们敢这样吗？对荷兰人你们敢这样吗？在当时的排华背景下，我尤能感到身为中国人受到的歧视。

年轻气盛的我，毅然按下了十个手指印，而且把我的脊背挺得笔直。

泪别先达亲人

父亲为我订的回国船期是 1959 年 12 月 29 日。我开始跟同学和老师聚餐、告别，心情看似平静却波澜起伏。在我出发的前两天，家里还为我举办了一个聚会，亲友、同学、伙伴和我留下了一张大合影。

我乘坐的“芝丽华”号客轮，是从靠近棉兰的勿拉弯港启航的。当时有两艘荷兰姐妹邮轮，一艘叫“芝万宜”，另一艘叫“芝丽华”，专门跑印尼来往中国这条航线，载客高峰期是每年的 6、7 月暑假期间。

出发那天，父亲雇车送我到港口。父母亲和几个较大的弟妹都来为我送行。我的舱位在最底层，是那种大通铺。我先上船，找到舱位，放下行李，又急忙跑到甲板上，挤在人群里寻找父母弟妹的身影。船上的乘客有 2000 多人，港口送行的人群也挤得密密麻麻。我从高大的甲板扶梯上望出去，下面的人头都是小黑点，我找啊找，好不容易才找到父母的身影。我们拼命互相挥手、叫喊，其实喊什么对方根本听不见。

这个时候，我才真正意识到，我要远离父亲母亲和弟弟妹妹了！作为家中长子，一直是爸爸妈妈照顾我的一切，我还没有跟他们好好相处呢！这次回国到底花了家里多少钱，我都一点也不清楚。还有，我的七个弟弟妹妹，最小的弟弟只有 2 岁多，我这个大哥都还没有尽到照顾他们的责任！我生平第一次从胸口迸发出一种悲凉的感觉，眼泪突然涌出，充满了眼眶。

终于，客轮鸣笛三声，缓缓启航出港，岸上送行的人影越来越小。再见了，爸爸妈妈！再见了，弟弟妹妹！再见了，先达！不知何时再相见！

“芝丽华”号上的风暴洗礼

“芝丽华”号在马六甲海峡航行，一开始波澜不惊，还不时可以看到两岸的景物。当晚，客轮在新加坡停泊装填货物。乘客不能下船，我们只能在甲板上看岸上的灯火阑珊。我的心从离情别绪中摆脱出来，开始憧憬接下来的航行和回国的情形。我料想不到的是，一场惊涛骇浪就在前方等着“芝丽华”号呢。

第二天一早，客轮离开新加坡，随即很快驶出马六甲海峡，进入浩瀚的太平洋。城市、陆地都逐渐消失了，只有天连水、水连天。我还从来没有见过如此浩瀚的海景。开始的时候，我整天兴奋地在甲板上，看碧海万顷，海鸥飞翔，偶尔还看到几条海豚追逐着客轮跳跃，这些让我大开眼界。

在茫茫的太平洋上，我们这批即将回归祖国的华侨乘客和“芝丽华”号船员一起，告别旧岁，迎来了崭新的1960年。我记得元旦前夜的那顿晚餐，格外丰盛。

然而，就从1960年1月1日开始，太平洋上突然风云变色。洋面上狂风怒号，巨浪滔天，我在底舱都能感到剧烈的颠簸。底舱的几百号人都被摇摆得只能躺着，不断有人开始呕吐。船员将通往前舱的通道都锁上了，只在后舱留一个口子通风。呕吐的人接连不断，颠簸中呕吐物又没办法清理，整个底舱的状况可想而知。乘客如此，有个别船员也不例外，一样受不了要呕吐。

后来一个船员告诉我，我是全船仅有的两名没有呕吐的乘客之一。我虽然没有呕吐，也非常难受，船舱里的味道越来越难闻。白天的时候，我冒着风浪来到船尾的甲板上，紧紧抓住一根栏杆，任自己和客轮一起在风浪中忽起忽落。狂风怒号，我好像随时要被扯下甲板，跌入翻卷的怒涛中去，我只有死死地抓住栏杆，身体随着船体，就像儿时玩跷跷板一样忽高忽低，每次上下有十几米，但这样的感觉也比在底舱里舒服得多。

我观察到，当远远一波排天巨浪涌过来的时候，客轮会调整方向，船头尽量正面迎浪而上。我似乎看明白，如果是轮船侧面被巨浪拍到，万吨巨轮在风暴中也像是“小菜一碟”，确实是危险之极。

随着客轮上下颠簸，我真切感受到了什么是“沧海一粟”。我游览印尼名胜多巴湖的时候，曾感叹过湖面的广阔。而今置身于浩瀚无垠的太平洋上，多巴湖与之相比就是小巫见大巫了。在浩渺的天海之间，感受着排山倒海卷巨澜的风浪威力，我顿悟，一个人在自然造化面前是多么渺小啊。

这次风浪旅程让我明白，人生短暂，不容虚度，但也必须保持足够谦卑。

大风浪来袭的第二天下半夜，正当船上的人们在颠簸中迷迷糊糊之际，突然有几个船员在来回急切地跑动，把我们从疲惫中惊醒。不久就听到有船员说，刚才有人跳海了。后来大家才知道，同船上有一个失去财产的难侨家庭，男人身患重病，不想连累妻儿，就趁家人熟睡不备，独自跳海自尽了。

黑夜茫茫，风高浪急，船长接报有人跳海后，也只能叫船员扔下几个绑缚了面包和水瓶的救生圈，希望跳海人能有幸得救。这个不幸华侨人家的血泪遭遇，让大家唏嘘叹息。

由于遭遇狂风巨浪，原本 4 天的航程最后持续了 7 天。一个船员告诉我们说，按常规冬天风季一般是不出航的。这一次，是由于印尼排华的形势严峻，经过中国政府机构和苏岛华侨社团的协调，才开行了本班客轮。谢天谢地，在船长和船员的英勇和努力下，“芝丽华”号最终顶住了风浪。

踏上祖国的土地

1960 年 1 月 5 日，“芝丽华”号驶入香港水域。航程后期风浪平息，即将踏上祖国的土地了，乘客的兴致高涨起来。驶过几个外伶仃洋的小岛，隐隐约约已能看到香港的高楼。过了一阵子，轮船却停了下来。

我们以为只是临时停船，不料很快听到通知，因为本班客轮没有得到港英政府进入维多利亚港停靠的批准，只能在外海停泊，须等候香港方面的小艇分批将乘客接往尖沙咀码头。

我和船上的一大批青年学生，听到通知后立即纷纷议论起来。我们并不知道“芝丽华”号不能获批在香港靠岸的具体原因，但我们都知道，香港是被英国人霸占的殖民地。本来是中华国土，却不能靠岸，船上乘客尤其是青年学生都感到一种受人欺凌的屈辱和怨气。

当时正是隆冬季节，在印尼长大的我第一次感受到寒风刺骨的滋味。我们被小艇分批转运到尖沙咀码头，上岸后又从旁边的九龙火车站转乘火车到罗湖。在罗湖桥头的香港海关前，排起了长长的人龙。毕竟这边还是在港英政府辖下，大家心中都有点压抑。

终于，我通过了香港海关。走过罗湖桥中线的时候，大家都忍不住感叹："回来了，这里是我们向往的祖国了！"在罗湖桥香港一侧，是一种压抑的安静。而我走过罗湖桥这一侧的时候，开始听到喇叭里传来熟悉的歌声——

五星红旗迎风飘扬，

胜利歌声多么响亮；

歌唱我们亲爱的祖国，

从今走向繁荣富强。

……

这一首《歌唱祖国》，我在先达的时候，无论在学校还是在华侨社团，经常听，经常唱，耳熟能详。而这一次，在我背负着父亲的厚望，第一次踏上只在我梦中萦绕过的祖国土地的时候，听到《歌唱祖国》的音乐声，是一种前所未有的激动而复杂的感受。

我的眼泪唰的一下就流下来了。

我是一个中国孩子。祖国，我回来了！

在《歌唱祖国》的音乐声中，我们这批青年归侨学生自觉排起了整齐的队伍，雄赳赳气昂昂地跨过了罗湖桥。

直到今天，无论在什么地方，每当我听到《歌唱祖国》的歌声或乐曲，我总会心潮波动，就会想起回国时第一次走过罗湖桥的情景，眼睛不由自主地就会变得湿润。

华侨补校的第一餐饭

当年罗湖桥一侧的深圳，只是一个隶属广东宝安县的小渔村。当时的我，虽然满怀着对新中国的憧憬，但无论如何不会想到，深圳在改革开放后能飞速发展成为今天如此现代化的特区大都市。

我跟同一批归侨等到行李并通过海关检查后，被安排在深圳休整了两天，然后乘广九铁路的火车到广州，在当时位于大沙头的广九车站下车。我记得，那一天是 1960 年 1 月 8 日。在大沙头火车站，我们这批归侨大部分被转送到位于北郊三元里的广州市归国华侨招待所，又从那里根据具体情况分流到全国各地。我印象中同一批回国的华侨中，只有我和十几个青少年学生一起直接进入广州华侨补校学习。

广州华侨补校，即现在的暨南大学华文学院前身，当时的全称是广州华侨港澳学生补习学校，位于广州石牌，即现在的暨南大学西门内一带。华侨补校是针对新中国成立伊始涌现的海外华侨子弟“回国升学热潮”，从 1953 年开始，在北京、广州、厦门、昆明、武汉、南宁、汕头等地逐步建立的。补校实际上是回国升学侨生进入正规中学、大学的过渡性的摇篮和桥梁。

当华侨补校的老师将我们这批十几个侨生接到学校时，已经是黄昏时分。我们见到了几排平房，便是我们的宿舍。初步安顿下来后，饥肠辘辘的我们简单洗漱之后，就被带到饭堂吃晚饭。饭堂是一个用竹木搭建的棚子，约有篮球场那么大。里面有几张 10 人一围的饭桌和凳子。偌大的棚子里只挂着几个昏黄的灯泡，光线暗淡。

每人面前有一套碗筷，我好奇这个碗，它就像在印尼吃面条的碗，比我在家吃饭用的小碗大很多。这时，带队的女老师告诉我们：“米饭在前边的木桶里，大家自己去盛饭吧。”

我们都拿着碗朝一个像大澡盆一样的木桶涌了过去，木桶里面看上去米饭还不少。我们一靠近，却有一股霉馊的味道扑鼻而来。

我们面面相觑，出乎意料，一下子不知道该不该盛饭，都愣在那里。这时老师又说：“大家快盛饭呀，我们现在吃的都是这种饭！”

我们硬着头皮盛了饭回到饭桌，三盆菜也已经端上来了。暗淡的灯光下，大家也看不清是什么菜，只能分辨出都是素菜，不见荤腥。我先尝了一口米饭，又粗又馊，我有点反胃，却不敢吐出来。我又夹了一口菜，一下子让我倒吸一口冷气，吃不出是什么菜，却又苦又涩，明显只是用盐水煮熟的。我努力平衡自己的嗅觉、味觉，逼着自己咽了一口。

这时候，我们当中最年幼的一个男生，只有十三四岁的样子，他“哇”的一声哭了出来。哭声像一道闪电，击中了所有同学的心，又有几个同学开始抹眼泪了。

我没有掉眼泪，但心里也很难过。我想起了在先达家里母亲做的饭菜，是多么美味啊。而我又是多不懂事，吃饭经常挑肥拣瘦。有时候不想吃菜，就让母亲用朝天椒切碎拌酱油，然后就大口大口吃得津津有味……现在想起来，我确实太对不起妈妈的一片爱心了。

这时，那位女老师也看出了大家的心情，问我们：“你们想家了吧？”大家一片沉默。

老师开始给我们做思想工作：“同学们，学校的饭菜不太好，是因为我们国家正好遇到了特别大的困难。大家要有共渡难关的准备！这个米饭是不太好，可已经是政府想方设法调剂过来的……”

从老师的讲述中，我开始对当下中国的国情有所了解，同时，心里对苏联的行为感到吃惊和愤怒。吃惊的是，我在印尼受到的教育一

傅汉洵（右二）与同船同学在华侨补校

直是苏联是中国的老大哥；愤怒的是老大哥竟然变质了，还来欺负中国！这种愤怒，与离开印尼时受到刁难、客轮不能进入香港内海所引发的悲愤是一脉相承的。

面对眼前难以下咽的食物，听着老师的话，我竟有一种热血沸腾的感觉。我回来就是要与祖国人民同呼吸共命运的，今后一定要为国争光。这样想着，饭菜似乎变得没有那么难吃了。

饭桌上的三盆青菜，有两种是我叫不出名字的野菜，还有一种我吃出来是蕹菜（即现在通称的通心菜）。蕹菜印尼也有，家里也常吃。

但母亲炒蕹菜是只选嫩叶嫩茎，用虾酱和辣椒炒，挺美味的。可是在补校吃到的蕹菜又老又粗，又没滋味。在补校期间，蕹菜经常是食堂的主菜，或许是因为蕹菜生长快产量大，最适合困难时期种植吧。不过，又老又粗的蕹菜杆实在咀嚼费劲，我们侨生根据印尼话的谐音，后来给它起了个外号叫“无缝钢管”。

为了不让远在海外的父母担心，我很快给他们写信报告情况。我说已平安抵达广州，请父母和弟妹放心。我并没有讲生活上遇到的困难，怕他们担心，后来给家里写信也基本上是报喜不报忧。当年，许多归侨与海外亲人联系都是这样的，目的不言而喻。

就这样，我在华侨补校待了下来。

回故乡海门拜见祖母

在广州安顿下来后，不久我就写信与潮阳县海门镇的叔叔取得联系，商定赶在大年初一前回老家海门，看望祖母，陪老人家过年。这是父亲的嘱托，也是我自己的心愿。

1960 年 1 月 27 日，是大年三十。凌晨 5 点，我乘长途汽车从广州出发，生平第一次回我的故乡——潮阳县（现在的汕头市潮阳区）海门镇西门大街，我记得门牌号码是 6 号。那时候，广州到粤东的交通还很落后，公路狭窄破旧，经历了十几个小时的颠簸，长途班车到达潮阳的时候，已经天黑。六叔在车站接到我，说祖母和家里人都在等我吃年夜饭呢。

白天坐车沿途，我已经感觉到了广州之外乡村的凋敝。多少年后

1960 年年初，刚刚回国的傅汉洵（右一）和华侨补校同学游览越秀公园

傅汉洵与广州华侨补校校友在海珠广场游览时合影。旁边中国出口商品陈列馆悬挂的横幅标语是“伟大的祖国是华侨最有力的靠山！”

回顾，我回国之际正遇上了新中国经济与民生最困难的阶段之一。有了在华侨补校粗劣伙食的“打底”，我已经不敢对故乡抱有太高的期望。我只是殷切期盼着尽早见到在海外时牵挂多年的阿嬷（祖母）。

从车站到家里，还要摸黑走好长一段路，没有路灯。祖母、叔叔居住的房子在镇上一条窄窄的老街上，所有的房子都破旧不堪。我进到家门，等我一天、已经累（饿）到躺在床上的祖母，从里屋出来。我终于见到了父亲时常跟我念叨的我的祖母，一位温和慈祥的老妇人。

“阿嬷！我是汉洵，我回来了！”

祖母眼含泪光，仔细端详着我，嘘寒问暖。她首先关心我在广州能不能吃饱饭。然后，赶紧拉我就座，吃年夜饭。

在昏暗的煤油灯下，是简陋的桌椅和一桌简单的饭菜。家乡毕竟是海边渔乡，年夜饭桌上有一些小鱼、小虾。还有一盘黑乎乎块状的东西，六叔招呼我说：“赶紧吃这个吧，猪脚！”

我用筷子一戳，奇怪这个“猪脚”怎么如此绵软。我夹起来一尝，原来是番薯。岁时艰难，没有猪肉吃，只好用番薯代替猪脚，体现一下年节的好意头。我的心头涌上一股酸楚，而祖母脸上只有第一次见到我这个孙儿的喜悦。在这个简陋的年夜饭桌上，幸好我带回了印尼亲人的消息，这是给祖母的最大安慰。

进入华侨补校吃的第一餐饭和回到海门与祖母吃的年夜饭，是我终生难忘的两餐饭。

这次在故乡，六叔等亲戚还带我游览了海门名胜莲花峰。我了解到莲花峰的名字来自民族英雄文天祥。南宋末年，抗击南下元军的文天祥曾在海门登上莲花峰，寻望帝舟。我也进一步理解了父亲痛恨日寇、热爱故园的家国情怀。

我印象深刻的是，亲戚们指点我眺望朝阳映射的莲花峰峦，宛若是两只展翅欲飞的金凤凰。我心底期盼，故乡，一定会像凤凰一般腾飞起来……

第五章 饿着肚子苦练

进入雄伟的广州体育馆

我没有忘记我回国的主要“使命”——羽毛球。很快，我打听到广东羽毛球队就在全城闻名的新建筑——广州体育馆训练。几天后，我骑着从印尼带来的洋单车，问好路线后，向广州体育馆骑去。

那时候出了华侨补校校门，石牌一带基本还是村庄农田，只有一条简易公路通往市区。一路向西骑到区庄，再经过华侨新村，才有了城市的影子。不过，当见到位于流花路上的广州体育馆后，我完全被

刚回国时，傅汉洵在广州体育馆前留影

震撼了。

广州体育馆是一座具有浓郁苏联风格的建筑，1957 年 10 月才正式建成完工。无论规模还是设备，在当时都堪称继北京体育馆之后的全国第二大体育馆。

我站在体育馆正门的四根巨石廊柱前面，仰视体育馆宏大的半圆形主体穹顶，感叹着它的雄伟。在印尼，我从来没有见过如此大型的体育馆，而无论是学校的礼堂还是我平常打球训练的韩友羽毛球场，与之相比都实在太简陋了。我在赞叹之余，并未料到这座美丽的体育馆往后将陪伴我度过青春年华。

在大门口，我向门卫说明要找省羽毛球队，他让我登记后，就放我进去了，并为我指明了方向。我沿着通道走，很快看到一个通向内场的入口，我被吸引着走进去，看到了主馆内部。层层叠叠的观众席，场内光洁的木地板让我又忍不住“哇”地惊叹了一声，宛若踏入了一个神殿。

我退回来，沿着通道继续走，一直没有见到羽毛球场，但又看到一个通向内场的入口。我走进去看，其实还是刚才看到的主场馆，只不过是换了一个角度。但我当时真的以为是进了另外一个内馆。心想，这体育馆也太大了吧，又一个！也难怪，我从来没有进过如此庞大复杂的建筑，像“刘姥姥进大观园”，晕了。

我退出来继续走，不知不觉一抬头，怎么又走到大门口了？原来我绕了一圈。门卫看到我也乐了，重新给我详细指点了路径，原来羽毛球场在主馆后面一侧的训练馆，要转弯穿过一条走廊才到。

终于，我见到了正在训练中的广东羽毛球队的教练和队员们，包括教练员徐权芳，男队员黄鸿平、方凯祥，女队员曾秀英、梁小牧、林斯卿等，他们都是归侨青年。黄鸿平和方凯祥也是一两年前才从印尼回国的，一听我也是刚从印尼回来，大家都很热情。当我报上名字后，教练就说：“原来你就是傅汉洵！广东省体委知道你的名字，欢迎你真的回来了。”原来，1958 年父亲在印尼通过马领事向国家推荐我的时候，广东省体委已记录在案。后来，我的好友符大进回国后，很快进入广东队并成为全国游泳冠军。体委领导得知他来自先达，也向他了解过“傅汉洵”的情况，想必符大进为我“美言”了不少吧。

不单是广州体育馆震撼了我，广东羽毛球队的训练方式也让我大开眼界。那种紧凑和强度，是我在印尼从来没有接触过的。即使是跟随印尼国手李宝灿训练，那种训练也是比较松散、随性的。而这里即使是女队员的训练，也激烈紧张，虎虎有生气。我在场边看他们训练的时候，越看心里越激动，觉得自己找到羽毛球的“家”了。

遗憾的是，倾洒着一代广东体育人汗水的流花路广州体育馆，于2001年在争议声中被爆破拆除了。

等待中邂逅侯加昌

第一次进入广州体育馆，第一次见到广东羽毛球队的训练，第一次参与对练，都让我兴奋不已。不过，训练结束以后，教练的一番话却给我当头浇了一盆冷水。

徐权芳教练对我说：“你的技术不错，但现在还不能招你入队。”为什么？原来，当时广东羽毛球集训队本身是否要保留，还是一个未知数。

徐教练当时只是简单地跟我介绍了情况。我后来了解到，整个国家正处于三年困难、苏联封锁时期，不仅国民经济和人民生活深受影响，也波及了各行各业，体育也不例外。不久之后，中央就提出了对国民经济实行“调整、巩固、充实、提高”的八字方针。而在我刚回国之际，国家已开始对体育系统进行调整，绝大多数行业体协在调整中撤销，群众体育出现了萎缩之势。国家也要求各省市区削减专业运动队数量，广东队的许多项目已经被叫停。而广东羽毛球队，正处于“悬而未决”状态。

教练对我说："你先每个礼拜过来几次，跟着我们训练吧。广东的羽毛球能不能保住，我们还要等明确的消息。"

也只能如此了。

我心里有点失落。我就是为了心爱的羽毛球回国的，广州又有这么漂亮的体育馆和训练场，还有这么多高水平的队友，如果广东羽毛球队没有了，我去哪里实现自己的羽毛球之梦呢？

不过，我还是按照教练的吩咐，坚持每周在没课的时候都来广州体育馆跟广东羽毛球队一起训练。很快春节过去，进入早春三月。有一天，我继续到广州体育馆训练，有一个头发乌黑、眉目清秀、有些腼腆的年轻人找到了羽毛球队。他带着特有的归侨青年的气质，就像一个多月前的我一样，他也是来争取入队打羽毛球的。他就是后来的中国羽坛名将侯加昌。

一问之下，我们得知侯加昌也是刚刚从印尼归国，他来自印尼爪哇岛的三宝垄。他得到的回答跟我一样，要等队伍去留的明确消息，先跟队训练吧。

侯加昌当时也被安排在华侨补校，我们两个前途未卜的归侨青年"同病相怜"，就更加亲近了。我了解到，侯加昌的大哥、二哥早已回国，他们几兄弟都爱好羽毛球。他的二哥作为湖南羽毛球选手参加了1959年的第一届全运会。本来，二哥是要侯加昌回国参加湖南队的。不料，湖南队一样遇到了"调整"危机。侯加昌是广东梅县人，他就放弃北上湖南，转而投奔羽毛球基础更好的广东队。

我和侯加昌一起在焦急和忐忑中训练、上课、等待消息，饱受煎熬。到了3月底，隐约传来消息说，广东羽毛球队很有希望"保住"，最后还要等省委、省政府批准。这种情况下，在广东队去上海比赛时，我和侯加昌依然坚持自己每天到广州体育馆练球。

就这样到了 5 月。有一天，同样在广州体育馆，徐教练将我、侯加昌叫到一起："我宣布一个好消息，广东羽毛球队保留住了！你们可以正式进队集训了。"

我当时激动、兴奋的心情无法言表，心头如释重负，几乎要和侯加昌拥抱起来。这个好消息，实在是姗姗来迟。回到补校，我立即给远在印尼先达的父亲写信，让家人分享我的喜悦。

广东羽毛球队最终留住了，这可谓是"天时地利人和"的结果。后来听说，广东羽毛球队在一度被列入"下马"对象的情况下，并没有自我放弃，反而一直坚持刻苦训练和比赛。同时，主要由归侨组成的教练和队员们还联名上书上级部门，请求保留来之不易的广东羽毛球的火种。而在 3 月在上海举行的全国邀请赛上，只有上海、福建、广东、河北、江苏 5 个省市的队伍参赛，而广东队取得了优异成绩。黄鸿平、方凯祥分别获得男子单打冠军和季军，梁小牧获得女单亚军，曾秀英、吴秀凤获得女双亚军等，成绩无疑也增添了保住广东羽毛球队的砝码。

当时，新中国尚未恢复联合国合法席位，体育比文艺更适合成为一种外交手段，来扩大中国的对外交往和影响。广东作为侨乡，与东南亚各国联系密切，而羽毛球运动是东南亚开展最广泛的运动项目之一。正是在这些背景下，上级部门慎重决策，广东羽毛球队得以保留。据悉，泰国归侨、参加过八路军的时任广东省体委主任陈远高发挥了重要作用。

从此，我正式成为广东省羽毛球队的一员，开始了我的新中国羽毛球生涯。

适应集训生活

入队了，我和侯加昌都搬到了广州体育馆内的运动员宿舍。在我入队的前几年里，有些队友因故离开，也有新的队友不断加入，基本的男队阵容包括黄志远、方凯祥、黄鸿平、侯加昌、周维建、徐权亨、蔡志华、詹裕梅以及我；女队员为曾秀英、林斯卿、梁小牧、吴秀凤。其中，黄志远是队长。以上队员都是归侨青年，直到 1962 年女队增加了杨太娟，她是来自阳江的一个渔家姑娘，才打破了清一色“侨”字号的成分结构。

刚入队的时候，我最大的感受是生活节奏紧张，时间不够用。每天早晨 6 点起床，15 分钟后必须下楼，按当天的计划进行早上锻炼。7 点后回到宿舍洗漱、整理内务，然后吃早餐。8 点钟开始学习或训练。队员的内务都是按军事化要求打理的。我也学会了将被子叠成豆腐干一样整齐的方块。

每周除了星期天休息，有三天是全天训练，另外三天是半天学习、半天训练。除了政治学习，还有运动创伤学等文化课。文化课的地点是在二沙岛体训基地。每周有两天晚饭后要开会学习，其中一次是“民主生活会”，经常开完会就已超过 9 点，之后才能顾上洗衣服。白天训练湿透的运动服，当然都是自己洗的。经过一段时间的磨练，我也把自己从生活不会自理锻炼成了一个足以自立的能手。到后来，连袜子破了都是自己缝补的。

1960 年，广东羽毛球队男队员留影，后排为黄鸿平、侯加昌、傅汉洵、方凯祥（从左到右），前排为黄志远、蔡志华、周维建（从左到右）

回想我在印尼的时候，每次打完球回到家，都是将衣服袜子脱下一丢就不管了，自有佣人去洗。但我对广东队这种集体住宿的崭新生活并不以为苦，反而有几分走出“娇生惯养”的自豪，这也是当年的一种时代精神吧。

从体能开始苦练

正式入队训练和之前跟队训练完全不同。一开始，我感到最大的

1964 年，广东羽毛球队男女队员合照，后排左四为傅汉洵，前排左三为曾秀英

差距是体能，跟老队员一比，实在太差了。

当时，徐权芳教练已经在摸索实施一种“专项性全面身体训练方法”，给队员进行大量的体能训练。当第一次和老队员们一起进行高强度的蛙跳、高抬腿、跳绳、折返跑、长跑训练时，我和侯加昌都有点目瞪口呆了。我们根本跟不上节奏，连女队员也跑不过。

惭愧之余，我并不气馁，并暗下决心要追上去。我抓紧时间苦练，尽早缩小跟队友的差距。我记得，队里体能最好的方凯祥，一开始跑 5000 米能将我在 400 米跑道上落下一两圈。后来，我的体能逐渐练上来，并可以跟他拼到最后的冲刺了。

那时候，我们的长跑训练主要是在越秀山体育场。当时的煤渣跑道一刮大风就会有灰沙迷眼。教练的要求非常严格，跑 10 个 400 米，要求男队员每一次必须跑进 1 分 10 秒以内。哪怕超过 1 秒，这次都不算数，必须重跑。操场边是没有饮用水供应的，只有一个自来水龙头。口渴或练到呕吐的时候，就用自来水漱一下口，有时实在忍不住就直接喝自来水了。

宝贵的钻研精神

体能要靠苦练，技术要靠苦练加钻研。广东羽毛球队的教练员并不是科班出身，回国又早，没有经历印尼羽毛球的高水平时代。我们这批归侨青年从海外归来的时候，虽然都是羽毛球爱好者，但整体技术层次还是比较稚嫩的。比起与同样以归侨为主的福建队，广东队队员的起点相对低一些。

当时福建队教练王文教、陈福寿等在印尼就已经是羽毛球名手，归国后利用跟印尼羽协比较熟悉的关系，给福建队网罗到了汤仙虎、张铸成等在印尼时已成名的高手。我们这一批广东队队员能很快形成跟福建队两强争霸的局面，侯加昌后来能跟汤仙虎拉锯竞争形成中国羽毛球十几年的“汤侯时期”，广东羽毛球队全队上下苦练体能、独立思考、钻研技术的精神起到了关键作用。

每次训练完毕，如果有什么问题或体会，我们甚至在饭桌上就会展开讨论，还会情不自禁把筷子当球拍比划。这种讨论甚至争论还会带到宿舍里，有时候为了一个细节会争得面红耳赤，有时也会沉浸在讨论中浑然忘我，错过吃饭时间。在没有机会跟世界高水平选手过招的情况下，我们唯有自己开动脑筋去探索。

后来，流传一个侯加昌因为讨论太投入，把梳子忘在自己头发上四处找不着的故事。我要补充一个细节，当时正在梳头的侯加昌，听到他的哥哥在楼下喊他，就走了出去。加昌再回到宿舍的时候，就开始到处问：“我的梳子呢？谁看见我的梳子了？”

我和侯加昌同一宿舍，我睡上铺。我清清楚楚看见梳子就在侯加昌脑后的头发上。他那时有一头又浓又密的黑发。我强忍着不笑。侯加昌转了一圈也没找到梳子，我就说：“梳子就在那里呀。”

“到底在哪里呀？”

“你对着镜子找找！”

加昌一照镜子，终于看到了自己头上的梳子，惊喜地“噢”了一声，“怎么在这里”！问题是，他第一反应不是从头上拿梳子，而是伸手向镜子里拿梳子！

这一下，我们全宿舍的人都笑到上气不接下气了。侯加昌那时候确实是一个非常专注的人，他有时候思考训练的事太多，还出现过失眠现象。

“饿着肚子冲击世界冠军”

1960年，我进入广东羽毛球队，恰恰是三年困难时期最严峻的开端。即使身为运动员，也面临吃不饱饭的问题。

我记得当时每个人的口粮是定量的，男队员每人每月35斤，女队员是25斤，已经比普通市民高了。早餐有粥和粗面馒头，再有点咸鱼、腌菜，大家就吃得很香。中午晚上的米饭，是每人定量放在

傅汉洵在广东羽毛球队时自己动手“上球拍”（为球拍穿线），以及当时手工穿线的工具

一个陶瓷盆里做“双蒸饭”。看上去蒸出来满满一大盆，吃下去却一点也不耐饿。而白水煮青菜里能有几片薄薄的肉片、鱼干，那一顿就是开洋荤了。

在大运动量训练的情况下，这样的伙食实在是杯水车薪。我们一个个都瘦削下来，面有菜色。大家经常是训练没结束就饥肠辘辘了。

由于大家都是归侨，有人打听到位于西郊罗冲围的华侨糖厂，有榨糖剩下的蔗渣可以利用，听说已经有农民用蔗渣磨粉当饭吃了。于是，队里就派人去糖厂了解情况，去了才知道以前被丢弃的蔗渣现在成了抢手货，好不容易才“抢”了一些回来，派去的队员还差点跟农民打起来。食堂用磨碎的蔗渣做早餐，那种口感，我曾想是不是就是书里看到的“吃糠咽菜”的糠的感觉。

广东的羽毛球项目好不容易保留下来，省市领导还是非常关心这支队伍的，也在尽量想办法提高我们的伙食水平。上级领导朴素的想法是，困难时期谈不上讲营养，但至少应该让运动员填饱肚子。经过协调，广州三元里人民公社答应向羽毛球队供应一部分蔬菜。当时，全国正在大力提倡“瓜菜代”，就是鼓励用瓜菜果蔬代替远远不够吃的粮食和肉食。

于是，每周三次采购运送瓜菜的任务就落在了我们男队员身上。那时候从广州体育馆往北，过了铁路（广州火车站），下个斜坡，就是郊区三元里公社的地界了。去往蔬菜站都是乡间小道，队里派一到两个男队员骑三轮车或自行车轮流运菜。菜的种类主要有苦瓜、节瓜、丝瓜、西洋菜、通心菜等，经常是有什么算什么。我的那辆“莱礼”名牌自行车也承担运菜的任务。如果遇到雨天，道路泥泞不堪，一不小心就会连人带车摔成“嘴啃泥”。

运菜归来，擦把汗，喝口水，就要下到球场接着训练。男队员的辛苦，也感动着女队员。通常，那天承担运菜任务的男生，中午他的饭碗里就会多一份女队员省下来的米饭。

在那样的困难时期，队员之间相互关爱的友情却很单纯。偶尔有海外亲人给谁寄来一些食品，都会拿出来大家一起分享。后来，食堂开始有了饭后的水果，先吃完饭的队员，拿走的水果总是最小的一个，体现着“革命同志”之间的高尚风格和感情。多少年后，我们老队员回想起这个细节，都会感到一阵温暖。

训练之余，队员还要下食堂帮厨，每天有一个人要值班参与食堂管理。所谓参与管理，其实就是登记油、糖、肉类的用量，防止被贪污和浪费。

我记得直到1962年，队里食堂的伙食才慢慢改善，不用做“双蒸饭”，早上时不时每人会有一小杯牛奶，或者一个鸡蛋，正餐的肉也多起来了。

几十年后回顾这段日子，那应该是2003年中国羽毛球公开赛的时候，我在接受电视媒体采访回顾运动员生涯时，说了一句话——那时候我们是“饿着肚子冲击世界冠军”！后来，这句话被广泛引用，也写进了队友侯加昌的自传里。

捉弄“屁王”队友

三年困难时期，不知道是否跟“瓜菜代”之类的食物杂乱有关系，大家的肠胃多多少少有点问题，我们队友间也闹出了许多趣事。当时男队员中有两个大家公认的“屁王”，一个是周维建，另一个是方凯祥。

两个“屁王”各有特点，周维建是说来就来，随时随地都能运气释放，他时常用放屁来捉弄大家。而方凯祥则是每晚上床临睡前集中“发射”，这样就苦了我和几个跟他一个宿舍的队友。

即使到了冬天，临睡熄灯之际，方凯祥也要裹着被子，把屁股伸到蚊帐外，噗哧噗哧地“污染空气”。大家就合计捉弄他一下，给他一个“教训”。那时候，后来入队的徐权亨的弟弟徐权荫也在我们宿舍。他想到一个方法来“治”方凯祥，就悄悄买回来一把塑料水枪。

在“行动”的那天晚上，我们安排完毕，都提前洗漱，上床钻进了被窝，我们睡的都是高低“碌架床”（即上下铺）。大家等待着方凯祥最后一个从洗漱间回到宿舍，看他钻进他上层的床铺，听到他开始咕噜咕噜“运气”。等他从蚊帐里露出臀部，正要“开炮”时，对面的徐权荫悄悄伸出水枪发射，一股水流射中了“屁王”的屁股。方凯祥一个激灵就把屁股缩回蚊帐里了。隔了几秒钟，就听到方凯祥急匆匆地跳下床，跑了出去。

这个过程中，大家都忍着不出声。过了一阵子，方凯祥回来了，大家假装关心地问他：“你怎么刚上床又跑出去了？”

方凯祥有点疑惑地说：“我以为我拉肚子了，去了厕所才发现没事。”

这时候，我们都忍不住哄堂大笑。方凯祥还不知道我们笑的真正原因，可能第二天他才猜到。不过从此以后，“屁王”方凯祥确实再也不敢恶作剧了。

后来，队友徐权亨承认自己也是个“屁王”，而且是他赢回来的。他入队前在学校，有一次寒假与两个没有回家又都自夸擅放臭屁的同学比赛。三人捂着被子经过几轮大战，最终徐权亨以一个“臭屁不响”的屁，力压同学，夺得“屁王”，不过他说自己也差点被自己的屁熏晕了。

关于“屁王”队友的趣事，体现了当年我们这批年轻运动员在严肃紧张之余也能苦中有乐的心态。这为我们简单而紧张的生活增添了友爱活泼的情趣，同时也是时代的一个侧面写照。

半夜练球

20 世纪 60 年代，与广州体育馆一路之隔的还有一座苏式建筑，就是当时的中苏友好大厦（后来曾改建为广交会的一部分）。大厦后面有一个露天电影场，每逢周三或周末就成了我们难得的娱乐地方，我记得电影票价是一角钱一张。

作为华侨青年集中的队伍，以教练徐权芳为代表，喜欢唱歌的人不少。周末的宿舍就会经常听到有吉他或手风琴伴奏的歌声。歌声也舒缓着我对远方亲人的思念。

那时候，中苏友好大厦每到周末都有舞会，要凭票进入。我们运动员是不会参与的。问题是，逢年过节有时候一些大型舞会或文艺表演也会占用广州体育馆，这就会给我们的训练带来小麻烦。因为舞会想要地板尽量光滑，有时候会撒滑石粉。我们羽毛球运动员最怕的就是地板打滑。我们吃过摔跤的亏后，就要在舞会后用湿拖布擦洗地板，幸好这样的情况不算太多。

我记得是在 1964 年 11 月上旬，由于捷克斯洛伐克国家体操队到访广州，我们的训练场连续一周被占用。在广州体育馆，捷克斯洛伐克国家体操队先后与广东体操队、中国青年体操队进行了两次联合表演。从安装器材、训练到比赛，体操队白天甚至晚上都会用到训练场，我们羽毛球队只好安排以身体训练为主。

连续几天不摸球拍不对练，会失去手感，影响状态。为了不影响我们的技术稳定性，后面几天队里就安排大家傍晚睡觉休息，晚上10点以后体操队撤走，我们就把羽毛球场收拾出来，进行技术训练，一直练到后半夜。

为了赶超世界先进水平，我们一直在争分夺秒。

训练之余“除四害”

我们队员在广州体育馆训练和住宿期间，男队员里有两杆“大烟枪”，一个是周维建，另一个是徐权亨。当时，运动队对队员吸烟的管理还不是很严。只要是训练间隙，他们两个就会躲在一边“吞云吐雾”。但当时香烟紧俏，也要凭票供应的，其他男队员就把自己的烟票全都让给了他们两个人用。

即使如此，能够买来的香烟还是不够这两个“大烟枪”抽。体育馆外围一带当时还有不少闲地，种有不少木瓜树。烟不够抽的时候，徐权亨和周维建不知从哪里听说的，就摘来木瓜叶晒干，然后剪碎当烟丝用。我记得有一次徐权亨在宿舍抽自己卷的木瓜叶烟，那种浓烈的味道把我们都呛出去了。

在伙食最困难的一段时期，体育馆旁边的一块闲地还被体工队开辟出来种上了番薯。20世纪60年代初，中央号召全民开展“除四害”爱国卫生运动，这块闲地就一度成为运动员灭鼠的战场。

“除四害”最高潮的时候，在广州体育馆训练的各支运动队还展开了竞赛，“除四害”具体成绩每天都被公布在墙报上。羽毛球队单在灭蝇一项上遥遥领先，大家都眼明手快，用自制的苍蝇拍打苍蝇一打一个准。但我们没有游泳队威风，他们的成绩单上每天都有被消灭的老鼠。原来他们就是在那块番薯地里抓老鼠的。有队友看到游泳队的男生找到老鼠洞后，把干草点燃后塞住洞口熏烟，老鼠跑出来后就被“人人喊打”消灭了。

游泳运动员大多是在海边或江边长大，在乡下的沙地上学到了灭鼠的本领。我和羽毛球队的伙伴不服气，也来到番薯地，学着别人燃草烟熏抓老鼠，结果我们自己被熏得眼泪汪汪，却一只老鼠也没抓到。我们不得不去游泳队请“师傅”。经过指点，我们才学会了首先看哪些洞里可能有老鼠，然后要找到洞的“后门”，围追堵截。终于，我们的成绩单上也有抓到老鼠了。

接受“工农兵”再教育

20 世纪 60 年代，即使在文化大革命开始之前，从国家到地方的运动队都有着鲜明的时代特色，以归侨青年为主体的广东羽毛球队也不例外。球队除了要勤学苦练、努力提高技术水平之外，还要讲“政治挂帅”。

在队里，训练比赛之外，大家还要学习毛主席著作、背诵“老三篇”，每天要读报学习时事。我们是一支以归侨为主要成员的队伍，在大众眼中不免会带着“小资产阶级习气”，是需要重点“改造”的对象。从我自己来说，一心想的是尽快和祖国、人民大众融合在一起。

每年队里都会安排学工学农学军活动。我们生活内务的军事化管理，就是下部队时学到的。

我们还去过广州钢铁厂体验生活，在熊熊燃烧的高炉旁边，工人师傅很不情愿让我们待在那里，主要是觉得高温辛苦，怕影响我们的身体。实际上，我们夏天的训练环境也非常闷热，接近 40℃。那时候根本就没有听说过空调。夏天的宿舍也像蒸笼，每到夜晚，我们男队员都是卷个席子，带上蚊帐，在体育馆的走廊上找个风口席地而睡。所以，我们对高炉边的温度并没有觉得特别难受。

1963 年 8 月，正值炎夏，广东羽毛球队全体到广州远郊的龙归镇农村“接受贫下中农再教育”，帮助农民割禾。收割完毕，农民要给晚造田地施肥，我们男队员就承担了一项不寻常的任务——从三元里瑶台运肥回龙归。当时，瑶台有一处堆肥区，将市区收集来的有机肥料（人的屎尿）集中发酵后，再分给各处乡村使用。那个年代农民惜粪如金。我们还听说，堆肥池不久前还发生了掏粪工失足掉落粪坑中毒的人命事故。

那天一大早，我们男队员每两人一组，每组一辆人力平板车（车上有一个巨大的长方形木斗用来装肥）就从龙归出发了。从龙归到三元里瑶台，单程要 21 公里。去的时候是空车，又是上午，对我们运动员来说感觉还不算辛苦。

去到瑶台堆肥池，我们用长柄粪勺往小车上的木斗里装半流质的粪肥。我们为农民着想，觉得大老远来一趟不容易，每辆车都装得很满。时近中午，我们连饭都没吃就接着往回赶。

回程路上，真是“赤日炎炎似火烧”，简易的柏油路都被晒化了，我们踩下了一个个脚印，每走一步都吱吱作响。装满粪肥的小车沉重起来，暴晒下的那股味道就更不用说了。每辆车的两个人轮流一个拉

20 世纪 60 年代初，广东羽毛球队来到番禺紫坭糖厂与职工交流，在轮渡上留影，前排左二为傅汉洵

一个推，头上晒，腹中饥，我们在互相鼓励中赶路。一路上，我们真切感受到农民积肥种田的辛苦！

下午三四点钟，在我们累到眼冒金星的时候，终于将粪肥运到了龙归镇的田间。每个装满的粪斗有几百斤，要四个人一起才能从车上抬下来。在我们以为大功告成之际，意外偏偏发生了：一个粪斗年久松动，抬起来的时候底部突然脱落，粪肥从我、黄鸿平、徐权亨等几个人的身上一下子漫到了下半身，我们的鞋完全淹在了粪肥中。

当时，我们却没有人在意自己腿脚的脏臭，而是在乎这车肥料。这是我们辛苦运回来的“战利品”，绝不能就这样损失掉。大家赶紧用粪勺粪铲收拾地上的粪肥，把粪肥舀到另外的空桶里，最后连手也直接用上了。

事后，我们在清洗身上的粪迹时，反复用肥皂洗了几遍。但随后的几天，我一直都能闻到手上挥之不去的粪味。

“膝头磩”的启示

1964年秋冬之际，广东羽毛球队来到广州花县（现在的花都区），参加九湾潭水库建设，和当地农民一起修筑水坝。这一次，我们都是带着球具去的，劳动之余，队里计划好要为农民进行羽毛球表演。

表演的场地，选在了大坝工地边上的一块收割后的稻田里。我们用两根竹竿架起了球网，排干水的稻田并不平整，还留有不少稻茬。边上正好是个小山坡，上百个在大坝上劳动的农民，男女老少都有，在工余赶了过来。他们绝大多数人是第一次观看羽毛球表演，有些人还从来没听说过羽毛球。

我们男、女队员轮番上阵，虽然是表演，也全情投入，好几个人救球时腿都被稻茬划出了伤口。农民们看得兴致勃勃，喝彩声不断，我听到有人说“原来羽毛球咁好睇（这么精彩）”！在当时农村文化娱乐活动极其贫乏的年代，能给山区农民带来欢乐，我们也很欣慰。

其实，我们也从这些劳动者身上学到了很多东西。当时修筑大坝的工具还很落后，主要靠人力。我们看到农民要“拉磩”夯土——一个圆形的大石墩，用八条绳索分头栓住，绳头有个木棍，八个人一起拉绳，将石墩高高抛起，靠石墩自然落体的冲力夯实坝体。

两大体育标兵队伍广东羽毛球队和八一射箭队进行交流和学习活动，后排右三为傅汉洵

我们几个男队员看到“拉硪”，觉得很好奇。趁农民休息的时候，我们凑足八个人也来“拉硪”。我们觉得体力不比农民差，不料老乡们可以很轻松地将“硪”拉到高过人头，然而我们拉来拉去，“硪”只能离地一尺，还东倒西歪。农民兄弟笑我们这些城市来的运动员中看不中用，拉得太低，是“膝头硪”，我们也觉得有些无地自容。

我们便向农民师傅请教“拉硪”的要领，原来八个人用力要节奏一致，手腕手臂要用“巧劲”。羽毛球运动员还是有悟性的，我们很快掌握了方法，“拉硪”拉得像模像样了。

通过“拉硪”，我体会到它对手指手臂的力量大有裨益，对羽毛球挥拍的发力也很有帮助。

更重要的是，深入接触到工农兵群众，确实帮助我们这批归侨青年运动员“脱胎换骨”，在条件艰苦的年代，激发了无穷的精神力量。

全国体育战线“三大标兵”之一

1963年和1964年，广东羽毛球队在全国比赛上不断取得优异成绩，并在两次迎战到访的世界冠军印尼队的比赛中表现出色，成为一支劲旅。1964年7月，省委、省政府授予广东羽毛球队“标兵运动队”的荣誉称号（详情见第六章）。1964年年底，在全国体育战线争当学习毛主席著作先进队伍的热潮中，国家体委将广东羽毛球队等三支队伍列为“全国体育标兵队”，另两支队伍是中国乒乓球队和解放军体育学院射箭队（即解放军八一射箭队）。

当时，中国乒乓球队已是屡夺世界冠军、奠定“国球”基础的王者之师，而解放军体育学院射箭队拥有多次打破世界纪录的著名女子射箭运动员李淑兰。后来，因为解放军体育学院也在广州，广东羽毛球队和八一射箭队这两大标兵进行了多次相互交流和学习活动。

广东羽毛球队作为一支地方性体育队伍，又是以华侨青年为主，能够和“国”字号和“军”字号的两大队伍一起，成为全国“三大标兵”，是具有特殊意义的。这表明，广东羽毛球队艰苦训练、勇攀高峰取得的成绩受到党和政府的认可，祖国人民是信赖和接纳我们这批归侨运动员的。身为其中一员，直到今天，我深感自豪和光荣。

第六章 冲击世界最高水平

我拿到全国冠军了

功夫不负有心人。1961 年 7 月 15 日至 23 日，在福州举行的华东区十一单位羽毛球邀请赛上，在 5 个单项中，广东羽毛球队一举夺得男子单打、男子双打和男女混合双打 3 项冠军。男单冠军是侯加昌；混双冠军是方凯祥和曾秀英；我和黄鸿平搭档，夺取了男双冠军，这也是我成为羽毛球运动员后的第一项重要赛事冠军，而且是全国冠军。

对我来说，这是一个莫大的鼓舞，也是对我回国后艰苦训练的回报。

我记得，我们在男双决赛中战胜的对手是福建队。作为东道主，这次比赛福建队一个冠军也没拿到。福建早在1956年12月就成立了我国第一支省级羽毛球队，一直是公认的第一强队，这反衬出了广东队的长足进步。后来听说这次失败被福建羽坛视为耻辱，也引起了福建省领导的关注和重视，指令有关部门将福建羽毛球队的粮食标准从每人每月36斤提高到45斤，副食品供应也给予特殊照顾。

我刚进广东队的时候，专项并没有明确。当时的主力队员方凯祥、黄鸿平、徐权亨等也都是单双打兼项的，只是各有侧重而已。而经过对我一段时间训练的观察，教练觉得我后场杀球凌厉的特点，在双打中更有优势，因此我的重点就放在了双打上。跟我一起进队的侯加昌主攻单打，也兼双打。

1961年11月，全国六省市羽毛球邀请赛在广州体育馆举行。这次比赛只设团体赛，男子有广东、福建、上海、湖北、湖南、广西6支队伍参加，而女子则由广西和湖南组成联队，共5支队伍。参赛队伍打单循环，每一轮的赛制有点模仿当年的汤姆斯杯，男子两队要打满9场，女子要打满7场。

我们广东男队五战五捷，获得冠军，其中对阵取得第二名的福建男队和第三名的上海男队，都是以7：2的大比分取胜。此时，我已经成为队里团体赛的主力队员之一了。女队方面则是福建冠军，广东亚军，湖北季军。

从1961年7月的福州华东区邀请赛，到年底的广州六省市邀请赛，实际上集中了调整后的中国羽毛球几乎所有的精英。那时候全国的羽毛球运动员也就只剩下100人出头。后来中国羽协秘书长谢朝权说，那时候中国羽毛球是靠“一百单八将”在打天下。

但这批羽毛球人的信念都是一致的，那就是尽快赶超世界羽毛球强国，冲击世界冠军，为国争光。

而接下来的几年里，国内羽坛也进入了广东和福建两支强队“龙虎相争”的年代，你追我赶，互为领先。

贺龙元帅：“三年赶超世界先进水平”

1962—1964年的春节期间，朱德、贺龙、董必武、李富春等中央领导都曾来到广州，并在大年初一上午在广州体育馆与省市处级以上干部举行团拜会。会上，除了文艺节目、杂技表演外，乒乓球和羽毛球表演一般也是指定的项目。有一年，中央首长看到节目单上没有羽毛球，直说遗憾，省里面又临时将我们羽毛球队调到了团拜现场。

我们在表演过程中，为了增加趣味性和精彩度，会穿插“飞身鱼跃救球”和后场“胯下击球”等高难度动作，往往引起全场领导和观众的一片惊叹和叫好。

节日期间，广东羽毛球队也会为广大市民带来表演赛。1962年春节，我们就参加了在广州体育馆的表演。1962年1月29日的《南方日报》有一篇报道，题为“广州节日体坛热热闹闹 成千上万群众参观了各种体育表演”。报道中写道：

参加羽毛球表演的有方凯祥、侯加昌、黄鸿平、傅汉洵等全国一流好手。方、侯组对黄、傅组的双打相当精彩。一上场，方、侯就以锐利之势向对手猛攻，黄、傅也不相让，频频向对方轻吊硬扣，迫使对方前后奔跑……

就在 1961 年春节团拜会结束后，作为国家体委主任，贺龙元帅饶有兴致地跟广东羽毛球队的领队、教练和队员聊了起来，并进一步了解了全国羽毛球发展的状况。得知广东、福建两队的主力球员主要是印尼归侨，而印尼连夺两届汤姆斯杯冠军后已是当时世界羽坛的第一强国。贺龙说：“印尼队可以拿世界冠军，我们为什么不可以——三年之内，我们羽毛球要赶超世界水平！”

作为羽毛球运动员，我们都为之振奋。

早在 1958 年，在各行各业“大跃进”的形势下，刚刚成立不久的福建羽毛球队就提出了“十年内打败世界冠军”的口号。而这一次，贺龙元帅要求中国羽毛球运动员三年内就要打败“世界冠军”，我们饿着肚子苦练的目标更加明确了。

我入选了中国国家集训队

1963 年，虽然三年困难时期结束，国民经济有所恢复，但物质条件仍很艰苦。这一年，成为中国羽毛球冲击世界最高水平的一个开端。

当年 5 月，在福州举行的全国六单位羽毛球锦标赛上，广东队整体发挥出色，获得 6 项冠军中的 4 项，包括男团、男女单打和女双。我和黄鸿平是男双的一号种子，在团体赛中发挥出色，在双打单项上却意外输给了福建队的一对新人，没有进入决赛。

随后，为了准备定于当年 11 月在印尼雅加达举行的第一届新兴

傅汉洵（右）和他的双打搭档黄鸿平（左），1963 年他们一起入选了中国国家集训队

力量运动会，以及迎战即将在 7 月到访中国的印尼羽毛球队，主要由广东和福建队员组成的中国羽毛球国家集训队在北京成立。名单如下：

教练员：王文教、林丰玉、徐权芳；

男队员：吴俊盛、张铸成、汤仙虎、林建成、傅汉洵、侯家昌、方凯祥、黄鸿平、施宁安；

女队员：陈家琰、陈丽娟、梁小牧、曾秀英、林小玉、陈玉娘。

我成为中国国手了！父亲送我回国时的寄托，正在一步一步实现，他一定为我而骄傲。

迎战印尼羽毛球队

1963 年 7 月 11 日，应中国国家体委邀请，包含一支羽毛球队伍在内的印尼共和国体育代表团一行 19 人，在印尼体育部长第一助理宋科诺率领下，经香港乘火车抵达广州，受到热烈欢迎。此时，我们中国国家羽毛球集训队正在北京集训备战。我们肩负重托，静候印尼高手的到来，迎接挑战。

第二天，印尼体育代表团乘飞机赴北京，正式开始访华第一站。这支印尼羽毛球队的正式名称是印度尼西亚体育代表团羽毛球队，虽然没有正式打出印尼国家羽毛球队的旗号，但队员中包括了 1958 年、1961 年印尼夺得汤姆斯杯的主力队员杨锦美和陈景源，他俩也是 1963 年印尼全国羽毛球双打冠军。其他队员还有 1963 年印尼全国羽毛球男单冠军翁振祥、亚军蔡瑞全、季军汪百胜等。女队员也包括了当年印尼女单的冠亚季军及女双冠军等。

在北京首站的比赛中，中国国家队、中国青年队与印尼队比赛三场，结果我方分别以 4∶1、3∶2、4∶1 取胜。首场赛后，周恩来总理接见了双方队员并合影留念。这次我基本上是以“中国青年队”队员的身份出赛的。后来转战天津、上海，中方又以国家队、青年队、福建队、湖北队等名义与印尼队较量多次，我们取得大多重要场次的胜利。

当时，中国内地特别是北方的羽毛球群众基础还很薄弱。周总理观看的那一场中印比赛，赛场主持是国家体委副主任荣高棠。我记得赛后荣高棠跟我们的领队说，想不到羽毛球这么激烈，节奏这么快！

到了8月初，印尼队的最后一站又回到了广州。8月8日和10日，在广州体育馆，广东队和中国青年队分别与印尼队进行了比赛，广东队以3∶2 获胜。在广东队3∶0锁定胜局的情况下，我和黄鸿平的男双以5∶15和12∶15负于印尼双打全国冠军杨锦美和陈景源。当时是在“友谊第一，比赛第二”的精神指导下，我们根据领导的指示有意“让球”，也好让印尼队员回去后更好“交差”。

这次迎战印尼队，抱着“向世界强手学习”态度的中国队员受到极大的鼓舞。最后在广州，我们和印尼队交流的时候，对方还不是特别服气。他们将整体失利归咎于舟车劳顿等外因，并认为中国队员在技术上还是不如印尼队全面和细腻，但中国队员的体能和速度让他们钦佩。

被当成“茶水”的人参汤

广东队这次迎战印尼队，我们队里还发生了一桩趣事。

当时，为迎战世界冠军印尼队，省市领导非常重视。毕竟，这是一次与世界级强手的较量，是检验“三年打败世界冠军”的试金石。赛前，领导问队里有什么要求，有队员说，比赛激烈的时候，感觉能量不够，要是有点巧克力就好了。后来备战的一段时间，每天每个队员都能领到一小块巧克力，听说是有关部门特意从香港买回来的。这块巧克力，与其说是补充能量，更多的是增添了我们的精神力量。

之前，我们训练用的都是国产球拍，我一直用上海的“航空”牌球拍。这一次，省里特批外汇，从香港给广东队员买回了一批英国名牌“邓乐普”的球拍。我的心情仿佛又变得同少年时用上了父亲给我买的那把名牌球拍一样的兴奋。有了那次的“摔拍”之痛，害怕挥拍时脱手，我训练时就用一根鞋带将球拍和手腕栓在一起。后来我发现，其他队员都是这么做的。

到了与印尼队比赛的那一天，考虑到这几年来运动员的“营养不良”，市里领导想方设法弄到了一点人参。领队赵景文请教了医生之后，亲手精心煲成了一小煲参汤，寄望它能给我们大补元气，发挥神效。当然，这一切都是背地里准备的，我们队员并不知情。当晚比赛之前，赵领队在我方休息室，将参汤分在了几个小茶杯里。每个茶杯里只有小半杯的样子，打算让有比赛任务的运动员上场前才喝一杯。分好参汤后，领队就查看场地去了。

而女队员杨太娟这次没有比赛任务，领导就让她帮手照顾上场队员的后勤工作。恰巧她在没人的时候来到了休息室。她看到每个茶杯里浅浅的一点参汤，以为是大家喝剩的茶水。勤快的她，将“茶水”全都倒掉了，并且把杯子洗了一遍才离开。

过来一会儿赵领队回来了。他吓了一大跳：“参汤怎么不见了！”他赶紧找到正在热身的我们，询问大家有没有去休息室喝那杯东西，大家都说没有。领队这下更紧张了，后来他说，他的第一念头不是心疼参汤，而是担心有“阶级敌人”搞破坏。

领队后来见到了杨太娟，问她：“你刚才有没有进休息室？”

“有啊。”

“你进去做什么了？”

“搞卫生啊。”

“原先杯子里的东西呢？”

"我倒掉了！"

这一下，把赵领队的脸都气白了："你知道那是什么吗？市领导好不容易帮我们搞到的……"

杨太娟当时吓坏了，也很委屈。这事当然不能全怪她。对我们上场队员来说，我们当时也根本不知道人参是什么，也不在乎。没有喝参汤，广东队还是赢了。

说起杨太娟，她是当时队里唯一的非华侨队员，是教练徐权芳特意从阳江渔村里挖掘出来的，其中一个重要因素就是在当时的时代背景下，用她来打破队里"全华侨"的成分。当然，杨太娟入队后表现很好，也取得了出色的成绩。

广东男、女队双双夺取全国冠军

1963年9月，为参加第一届新兴力量运动会而举行的中国体育代表队选拔比赛在北京举行，我记得在选拔赛的最后一天，在男子羽毛球双打比赛中，我和黄鸿平以2∶0击败了当年的全国男双冠军、来自福建的林建成和吴俊盛。新华社的报道中专门提及了这场双打比赛。但最终林吴入选，我们两个并没有入选。在最后参加新运会的名单上，中国羽毛球队的班底主要由福建队组成，广东队只有侯加昌和梁小牧入选。这其中是否有些"地方主义"的因素？或许跟新运会中国羽毛球队的领队和主要教练都来自福建有关吧。

在新运会上，中国羽毛球队获得男单冠亚军、女团冠军，男团、男双、女双、女单也都获得亚军。后来内情披露，出于外交和政治形势的考虑，中国队是在男团决赛领先的情况下，由坐镇雅加达中国驻印尼大使馆的贺龙副总理亲自指挥“放水”，以2∶3将这枚份量最重的羽毛球金牌“让”给了印尼队。中国队赛前制定的目标就是只拿两个冠军。虽然印尼队夺得羽毛球项目的另四项冠军，但中国选手心里却更加有底了。

1964年5月底到6月初，全国七单位羽毛球锦标赛在广州举行，这是历来规模最大、人数最多的一次全国羽毛球赛。广东男、女队双双战胜福建队，获得男团和女团冠军。本次比赛赛制为男、女团都打满四单一双共五盘。广东参加决赛的男队队员是侯加昌、方凯祥、黄鸿平和我；女队队员是梁小牧、曾秀英和林斯卿。

我们的老对手福建男子一队由汤仙虎、张铸成、林建成、吴俊盛组成。我们决赛中以4∶1战胜了对手。此外，我和黄鸿平还获得男双亚军，获男双冠军的是队友侯加昌和方凯祥。男团夺冠的四个主力队员——侯加昌、方凯祥、黄鸿平和我，当时被称为广东队的“四大金刚”；我们四个再加徐权亨，也被称为广东队的“五虎将”。

这次在广州的全国大赛，实际上也是全国羽毛球队员的一次大集训、大交流。特别是广东队和福建队，相互取长补短，共同提高。随后，7月在北京召开了第一次全国羽毛球训练工作会议，会议总结并明确了我国羽毛球运动“快、狠、准、活”的技术风格，制定了“以我为主，以快为主，以攻为主”的发展方向。

战胜偶像陈有福

在1964年5月，印尼队在日本东京击败丹麦队，又一次勇夺汤姆

1964 年，广东省羽毛球队在广州战胜印尼队后，时任广东省省长陈郁与傅汉洵握手

斯杯，成为名副其实的国际羽坛霸主。由于当时国际羽联“两个中国”的错误政策，中国羽毛球队依然不能参加正式国际大赛。印尼队携汤姆斯杯三连霸之威，一个月之后派出了正式的国家羽毛球队访华，想要“一雪前耻”，为自己的世界冠军正名。

印尼队此番阵中的陈有福、翁振祥、乌南、汪百胜，都是刚刚夺得汤姆斯杯的冠军队员，还有我曾经看过他打球的著名老将宋尼菲，女选手则包括新运会的女单冠军米娜妮和双打冠军莱诺等。这是印尼访华以来实力最强的一支队伍。

得知这次印尼队的阵容，最让我激动的是，我可以见到偶像陈有福了。队友侯加昌说，陈有福也是他的偶像。我一度羡慕侯加昌的是，当年他在爪哇岛，亲眼见过陈有福打比赛，而我在苏北省就没有这样的机会。

这次印尼队访华，是从广州开始第一站比赛的。6 月 22 日晚，在广州体育馆举行了盛大的欢迎和开幕仪式，5000 多个座位坐满了观众。比赛结果是，主队赢了三场单打，客队赢了两场双打，广东队 3∶2 战胜印尼队。

我和黄鸿平参加了男双，迎战我的偶像陈有福和乌南。毕竟我还是有点放不开，陈有福则宝刀未老，我们以 1∶2 告负。不过我还是很高兴，毕竟跟我的偶像同场过招了，而且我们还是赢了一局的。

几天之后，广东队和印尼队双方进行了第二场比赛，结果与第一场完全相同，主队又是 3∶2 战胜了客队，主队赢单打，客队赢双打。所不同的是，这一场比赛我打的是单打，以 2∶0 战胜了印尼名将汪百胜。第一局比分是 15∶10，第二局我越战越勇，打了对方一个 15∶0。

我不由得想起了少年时我在先达以 0∶15 输掉的那一局比赛。是祖国，让我在羽毛球事业上日渐成熟。

随即，印尼队移师北上北京，我和侯加昌等作为中国国家队选手也到了北京，双方以国家队的名义继续决一雌雄。

这一次，让我意想不到的是，我又一次有了与陈有福同场竞赛的机会。在与广东队、福建队的几场比赛中，陈有福一直和乌南搭档双打，未尝败绩。此番以国家队名义对决，由于我的搭档黄鸿平身体不适不能上场，中国队临时安排我和侯加昌打男双，对阵陈有福和乌南。

面对我们共同的偶像，我和侯加昌都很兴奋。有了在广州交手的经验，我暗下决心一定要抓住这次难得的学习机会，把自己的水平完全发挥出来，并以此致敬陈有福。

与陈有福面对面打比赛，我能清清楚楚看见他依然专注的神情，也能发现他的身形已略有发福。从他潇洒、全面、娴熟的基本技术中，还是能够领略到他巅峰时期的风采。作为印尼第一个全英赛男单冠军，这一次访华之旅，陈有福明确表示不打单打。我能跟他对阵两场双打，在我的羽毛球生涯里已经是非常值得铭记的时刻。

那一场比赛，我和侯加昌发挥出色，打破了陈有福和乌南本次访华的不败金身。我赢了，却并没有觉得自己有多么了不起，陈有福依然是我心中的偶像。

在北京的这场正式交锋，包括我和侯加昌取胜的双打，中国羽毛球队以 4∶1 完胜阵容强大的印尼国家队。这场胜利让国际羽坛大感意外，印尼羽毛球界也完全没有想到这样的结局。而我们，在极端困难的年代，终于脚踏实地实现了贺老总提出的中国羽毛球“三年打败世界冠军”的目标。

我想说明的一点是，在 1963 年和 1964 年中国和印尼的几次羽毛球交锋中，整体是在一种团结友好的气氛中进行的。1961 年以后直到 1965 年印尼发生“9·30”事件之前，中国和印尼的外交关系进入一段友好时期，中印羽毛球交流也是这种友好关系的一个体现。

从中国队员来说，当然是憋着一股劲，从向印尼队学习到战而胜之。中印队员球场上是对手，球场下都是朋友，毕竟中国选手大部分是从印尼归国的华侨。检验自己实力的同时，中国队员也遵照指示要贯彻“友谊第一，比赛第二”的精神。后来，有些文章将这几次中印羽毛球大战渲染成剑拔弩张、两方敌对、相互攻讦的氛围，并不符合当年的事实。

通过和印尼队的交锋，以及随后在 1965 年中国羽毛球队远征北欧大胜劲旅丹麦队，中国羽毛球队成为当时世界羽坛公认的“无冕之王”。

广东队荣获“标兵运动队”

从 1960 年入队，到 1964 年广东羽毛球队获得全国锦标赛的男、女团体冠军，我参与并见证了这个集体的成长，广东羽毛球队从一支主要由归国华侨青年组成的稚嫩队伍，成长为一支羽坛劲旅。

1964 年 7 月 24 日，广东省体委召开千人颁奖大会，授予广东羽毛球队“标兵运动队”称号，并号召全省体育战线“认真学习广东羽毛球队高举伟大的毛泽东思想红旗，奋发图强，勇于创造的革命精神”。

时任广东省省长陈郁出席大会并给广东羽毛球队颁奖。陈郁在讲话中说，广东羽毛球队是一支年轻的队伍，“不断进行技术革命，反对教条主义和保守思想，顽强地勤学苦练，创造了自己独特的战斗风格，成为思想红、技术硬的队伍，连续三年被评为‘四好运动队’，跃进全国和国际上的先进运动队行列”。

第二天，广东省委机关报《南方日报》在头版刊登了我们获得“标兵运动队”的消息，并配发了时任广东省省长陈郁为我们颁奖的照片。照片上，时任广东省省长陈郁在中间，左边是捧着奖状的队长黄志远，右边是捧着奖品的我。不过，我已经记不清楚奖品具体是什么了。

省体育运动委員会昨天在广州举行頒奖大会

广东羽毛球队荣获"标兵运动队"称号

陈郁省长出席大会，号召全省所有运动队向羽毛球队学习

本报訊 广东省体育运动委員会昨（二十四）日在广州市举行頒奖大会，授予广东羽毛球队"标兵运动队"称号，并号召全省体育工作者、教練員、运动員认真学习广东羽毛球队高举伟大的毛泽东思想紅旗，奋发图强，勇于創造的革命精神。

广东省省长陈郁参加了大会，并給广东羽毛球队頒发了奖品和講了話。

大会由省体委副主任杨辉图主持，省体委副主任陈远高介紹了广东羽毛球队的先进事迹。

陈郁省长在講話中，首先代表中共广东省委、广东省人委、中共广州市委、广州市人委，向广东羽毛球队表示祝賀。他說，广东羽毛球队是一支年輕的队伍。最近几年来，由于坚持学习毛主席著作，坚持阶級教育和劳动鍛炼，提高了阶級覚悟；发扬了革命精神，不断地进行技术革命，反对教条主义和保守思想，頑强地勤学苦練，創造了自己独特的战斗风格，很快从后进变为先进，成为思想紅、技术硬的队伍，連續三年被評为"四好运动队"，并在国内外的比赛中获得优良成績，跃进全国和国际上的先进运动队行列。

陈郁省长在講話中指出，**广东羽毛球队所走的道路，是一条又紅又专的道路，它給我省各运动队树立了良好的榜样。我們所有的运动队，都要向羽毛球队学习，学习他們高举伟大的毛泽东思想紅旗，奋发图强，勇于創造的革命精神，使我們的运动队，先进更先进，后进迅速赶上先进，成为思想紅、技术硬的队伍，在国内外的比賽中，为国家和我省爭取更大荣誉。**

广东羽毛球队队长黄志运在会上講話，他表示一定要戒驕戒躁，再接再厉，在今后的訓練和工作中，爭取更大成績，来报答党和人民的关怀和培养。

出席大会的还有中共广东省委宣传部副部长黄施民、广州市副市长鈡明和省、市体委負責人和各运动队的教練員、运动員等一千多人。（編者按：广东羽毛球队先进事迹见今天本报三版）

昨日，广东省体育运动委員会举行頒奖大会，授予广东羽毛球队「标兵运动队」称号。广东省省长陈郁出席了大会，并向广东羽毛球队頒发了奖状和奖品。 本报記者 黄冠琪摄

細迫兼光等日本客人离穗回国

本报訊 日本社会党和平同志会代表团团长細迫兼光，团員山田长司，于二十三日自北京乘飞机抵达广州，广州市副市长罗培元等前往机场欢迎，并于当晚設宴欢送。細迫兼光等于二十四日乘火車离广州經香港回国。

日本著名书法家四人离穗回国

本报訊 日本著名书法家丰道庆中、西川宁等四人，于二十三日从北京乘飞机抵达广州，并于昨日乘火車离广州經香港回国。前往迎送的有：中国人民对外文化协会广州分会副会长侯甸，广东省书法篆刻研究会主任委員秦过、副主任委員胡根天、杨存章等。二十三日晚，中国人民对外文化协会广州分会副会长許崇清曾設宴欢送日本客人。

貝专納客人波比·馬克离穗

本报訊 出席第二次亚洲經济討論会的貝专納客人波比·馬克，于二十二日自杭州乘火車抵达广州，并于二十三日乘火車离开广州前往香港。二十二日晚上，中国国际貿易促进委員会广州分会副主席盧鲜輝曾設便宴招待貝专納客人。貝专納客人是在出席第二次亚洲經济討論会后，应中国国际貿易促进委員会邀請前来我国訪問的。

1964年7月25日，《南方日报》在头版刊登了广东羽毛球队获得“标兵运动队”的消息

在同一天的《南方日报》第三版上，还用了大半个版的篇幅刊登广东羽毛球队的事迹，大标题是“一支革命化的体育劲旅”，赞扬广东羽毛球队“从国际第三流水平一跃为世界羽毛球坛第一流水平，为祖国赢得了很大的荣誉”。回过头看，这篇文章带有那个年代“又红又专”的语言特色，但其中还是真切总结了广东队的许多宝贵经验。

文章说，广东队的教练和队员们一起研究，并不断进行试验，突破了外国和本国一些运动员那种“拉拉吊吊，打四方球，伺机扣杀”的传统消极打法，整理出一套“快、狠”的打法来：

经过两年的实践，一次又一次地证明了他们的“快、狠”打法和与它相适应的一套身体全面训练法是行之有效的。这就使得他们在后来的训练中信心百倍，不断改进，逐步形成了一套比较完整的打法和技术风格——“快速、凶狠、准确、多变”。

这八个字可以说是后来北京会议提出的中国羽毛球运动“快、狠、准、活”技术风格的一个雏形。

随广东队访问香港

不知道算不算一种“奖励”，荣获“标兵运动队”一个月以后，有关部门批准广东羽毛球队应香港羽协邀请访问香港。参加者有：领队梁克寒、教练徐权芳、队长黄志远；男队员有侯加昌、方凯祥、黄鸿平、傅汉洵；女队员有梁小牧、曾秀英、林斯卿、杨太娟。

8 月 24 日，从九龙火车站下车开始，我们就受到了香港各界人士的热烈欢迎。香港《大公报》社长费彝民和夫人、香港知名人士何贤等名流也来到车站迎接。作为一名光荣的中国羽毛球运动员，这一次踏上香港的土地，跟我上次回国途经香港的屈辱感受完全不同。

接下来的几天，我们先后和香港的男、女羽毛球运动员在修顿球场进行了三场友谊赛和表演赛，在港岛掀起了一股羽毛球热潮，连香港电视台也实况转播了其中一场赛事。我们在香港羽坛见到了不少老熟人。其中，当年在先达和我一起被苏迪曼先生看中的黄广源，当时也移居香港了（他曾回国在广西队待过短暂的时间）。而香港队中刚刚获香港女单和女双冠军的彭月梅，五年前还是我们广东羽毛球队的队友呢。

1964 年，广东羽毛球队出访香港时在罗湖桥受到香港羽毛球界人士热烈欢迎

何贤先生还邀请我们全体成员登上他的私家游轮，在维港海上游览（后来成为澳门特首的何厚铧，就是何贤之子），并安排在香港著名的“珍宝海鲜坊”设宴款待我们。这次访港促进了粤、港两地的体育交往，不仅建立了两地羽毛球界的友谊，也扩大了新中国在香港的政治影响。

重返先达

1964 年年底，中国羽毛球队应邀出访印尼，这一次我入选了。中国男女羽毛球队一行 14 人，11 月 18 日乘坐周恩来总理的专机从北京飞赴雅加达。我们的领队是当时的广东省委宣传部副部长戈枫，副领队是薛允明，教练员徐权芳和杨人燧，男队员是我、汤仙虎、侯加昌、徐权亨和颜存彩，女队员是陈玉娘、梁小牧、曾秀英、杨太娟和陈丽娟。

离开印尼、离开先达近五年，我终于回来了。我终于可以见到爸爸妈妈，还有弟弟妹妹们了。

当我们到达苏北省首府棉兰的时候，我家所在地先达就近在咫尺。因此，代表团专门安排我们到先达市进行“友好表演赛”。由于行程很紧，当天表演赛一结束，先达市羽协和侨团专程安排我们直接赶到风景秀丽的多巴湖游览，并特地安排我们住在苏加诺总统的别墅里。第二天中午，我途经先达时才短暂回到了家里。

我见到了爸爸妈妈，他们眼中的我长大了，变强壮了，更让他们自豪的是我穿上了胸前绣有中国国徽的运动衣。我见到弟弟妹妹们都长大变样了。在我的影响下，几个弟弟也都喜欢打羽毛球。

那一天，我家里热闹非凡。我在先达长大，成为中国国手后重回先达，是当地侨团的一件大事。许多侨领，还有我的老师、同学、朋友都来看我。时间非常短促，大家都来不及详谈，但我们都沉浸在欢乐之中。我和队友们当天就赶回了棉兰，准备比赛。

第二天，我们在棉兰与印尼选手进行了比赛，父亲专门带着我的三弟汉平观赛。赛后，父亲和当地羽协人士一起在中国驻棉兰领事馆跟中国羽毛球代表队交流。我们的副领队薛允明，感谢父亲对我的培养。父亲指着身边的傅汉平说：“我这个儿子，也在努力练球，想向哥哥看齐呢。”

薛领队一听，很感兴趣。他找队员跟汉平对练了一下，发现汉平的条件和技术很有基础。他笑着对父亲说：“傅先生，你这个儿子我

访问印尼时，傅汉洵（右一）、汤仙虎（右二）搭档代表中国队打男双

们也要了，你什么时候把他送回国呀？”

这次谈话，又是一次“祖国的召唤”，为一年后父亲带上汉平一起回国埋下了伏笔。

榴莲的故事

这次访问印尼，中国代表队先后在棉兰、泗水、三宝垄、万隆、马吉冷、雅加达等地与印尼选手进行了7场友谊赛，我们整体占据优势，

6 胜 1 平。每到一处，我们都受到当地民众和华侨的热烈欢迎。

原定的最后一场比赛是 12 月 6 日晚在雅加达体育馆进行的，印尼体育部高官和中国大使姚仲明都到现场观赛，观众达到了 15,000 人。我队男选手比赛全部获胜，女选手 2 胜 3 负，整体 7∶3 获胜。后来，我们应印尼方面的请求又加了一场比赛，双方战成了皆大欢喜的平局。

这次访印，队里发生了不少趣事。在侯加昌的出生地三宝垄，加昌的父亲也是当地一位侨领，他热情地给队员送来许多榴莲，放在各自房间里。我们这些华侨队员都嗜吃榴莲，唯独杨太娟从来没吃过也没见过。

刚开始，杨太娟说房间里怎么会有“猫屎”味呢，后来才知道是榴莲。我们狼吞虎咽的时候，她避之不及，躲得远远的。我们百般诱惑，她说“打死也不会吃”。不料隔天后，杨太娟的室友发现房间的榴莲好像少了，大家百思不得其解——直到我们抓住了“现行”，原来是杨太娟在“偷吃”。她想弄明白为什么我们吃得那么香，就开始尝试，不料一发不可收，越吃越香。怕我们取笑，她是躲起来吃的。

备战访欧和全运会

1965 年，中国迎来了全运会年，第二届全运会定于 9 月在北京举行。

当年，国家体委还决定用欧洲强队来进一步检验中国羽毛球的实力。这是因为经过几次较量，中国羽毛球已经证明了对印尼队占有强大优势。包括印尼在内的国际舆论认为，印尼队虽然打中国吃力，但印尼队通过汤姆斯杯已确定了对欧洲队的优势。而中国羽毛球队，未必是欧洲强队的对手。

在当时的外交环境下，中国队一直没有和欧洲强队交手的机会。于是，国家体委就安排中国羽毛球队出访跟新中国关系比较友好的丹麦，参加在丹麦举行的国际羽毛球邀请赛。而丹麦一直是老牌羽毛球强国，在 1964 年的汤姆斯杯决赛中，丹麦队仅以 4∶5 输给印尼队。

出访丹麦的时间定在全运会闭幕后的 10 月。为了备战出访丹麦，中国羽毛球队从 7 月就开始集训，队员依然是以广东、福建为主，我和双打搭档黄鸿平都在内。

这一次的国家队集训，我和广东队的队友都感觉到有些异样。虽然说出访丹麦的名单要到全运会后才公布，但似乎某个省份的队员更受青睐。而我，在训练中明显受到了“歧视”。

队内分单打和双打组。我虽然分到了双打组，却经常被教练抽到单打组做陪练，而且，我陪练最多的是国家队也是福建队的男单一号汤仙虎。当陪练，经常就只能按教练或陪练方的要求“喂”着打，为什么让一个主攻双打的广东队主力给一个福建队的单打主力当陪练？作为双打选手，和搭档练得太少肯定不行，何况全运会也要来了。我心里有点不是滋味，搭档黄鸿平也觉得无奈。虽说如此，我还是尽力按照教练和领队的要求做好陪练工作。

训练赛单打赢了汤仙虎

说起汤仙虎，我在印尼时就听过他的“大名”。他少年时获得过印尼青年冠军，一度有“小陈有福”之称。我跟李宝灿训练途经雅加达时，

1965 年全运会期间，广东羽毛球队部分男队员和教练在北京合影。后排左起分别为方凯祥、徐权亨、黎志成、徐权芳，前排左起分别为侯家昌、傅汉洵、周维健

就看见过汤仙虎在跟随印尼国家队训练。侯加昌在印尼时也认识他。

1960 年夏，进入广东队后的一天，我正在广州体育馆训练，看到场边来了一个有点面熟的年轻人，原来正是汤仙虎。我记得他说是刚刚随中国政府从印尼接难侨的客轮回国的。汤仙虎的籍贯是广东花县（现广州市花都区），广东队当然想留下这个很有天赋的青年人。汤仙虎看了广东队训练后，似乎也动心了，但后来他还是去了福建队。据悉是因为福建队的教练跟印尼雅加达侨团关系密切，了解到汤仙虎在印尼时已崭露头角，早早就联系好让汤仙虎去福建队。汤仙虎也没有辜负福建队的苦心，成长为福建队的领军人物。

以当时汤仙虎的单打能力，我当陪练是非常辛苦的，刚开始经常被他打得“满地找牙”。不过，陪练当久了，我也摸到了他的一些球路。

到了集训后期的一天，队里要搞一次内部训练赛。我记得时任国家体委球类司副司长牟作云、羽毛球处处长谢朝权等都被请来观赛。比赛按正式比赛一样计分。我不太理解的是，仍然安排了我和汤仙虎打一场单打。当我和汤仙虎上场后，我看到汤仙虎的教练跟领导坐在一起，谈笑风生。我纳闷，找我当对手，是为了突出汤的强还是我的弱呢？

我想，我单打输给汤仙虎是正常的。不过，正好当陪练憋着一口气，不如就拼一下，我不怕输。比赛开始，预想中我一边倒的被动局面并没有出现，我怀着不服气的倔强跟汤仙虎“死缠烂打”。他感到很难受，我的发挥反而越来越神勇。我的比分紧紧咬着汤仙虎，这是他完全没有想到的。

我很多时候能预见汤仙虎的球路，打出了精彩的防守。后来旁观的队友告诉我，我和汤仙虎的这场训练赛比许多正式比赛还扣人心弦。在领导的注视之下，汤仙虎一点也没有想到会出现这种局面。打到中后局的时候，有一个球他怎么也打不死我，打了有几十个回合，他失误下网了。

此时，汤仙虎脸涨得通红，突然站在场地中间发出“啊”的一声大吼。这不是振作自己的吼声，而是一种情绪失控的发泄。场边他的教练被吓坏了，赶紧进场围住汤仙虎询问情况。我在场地的另一端，也有点莫名其妙。经过教练安抚，汤仙虎表面才平静下来。比赛继续，但他的情绪已经乱了。

这场队内单打比赛，我意外地赢了汤仙虎。

按单打水平，我应该不是他的对手。这场比赛也启发我，如果扬长避短、准备充分、抓住对手弱点，不被看好的一方也完全是有取胜机会的。我后来成为教练员，也会用这样的心态来帮助运动员。

我成了全运会团体赛“奇兵”

很快，1965 年 9 月，全运会到来了。不出所料，全运会羽毛球男子团体冠军争夺战就是在广东和福建这两个“老冤家”之间展开。男子团体是双方最看重的一块金牌。

比赛在晚上进行。当天上午，队里开准备会时，没想到横生“变故”。我们的第一单打侯加昌，突然因身体不适，提出他没有信心打单打，不仅打不了老对手汤仙虎，连福建的第二单打薛从良也没把握赢。这一突如其来的情况，使广东队从教练到队员一下子都蒙了。

本来，广东队和福建队双方的主力阵容可谓知己知彼。侯加昌是广东男单的绝对一号主力，方凯祥任第二单打，我和黄鸿平肩负双打。当时的团体赛制是四场单打一场双打，其中双方的一单和二单要交叉对抗。

按原计划，侯加昌和方凯祥的实力都在对方二号薛从良之上，另外侯加昌论实力是可以跟汤仙虎拼一下的。拼下来广东就赢了，即使拼不过，单打战平，就靠双打争胜。我和黄鸿平打对方的林建成和吴俊盛，我们也是老对手，实力相当，胜负要看临场发挥，但我有信心赢。如果侯加昌连对方的二单也打不过，广东队岂不是败局已定？

由于当时侯加昌再三表态自己确实没把握，无奈之下，教练和领队最终决定改变阵容，将我这个主力双打选手改打单打。方凯祥就成了我队第一单打，他再兼项跟侯加昌打双打。

临危受命，我只能接受。不过我明确提出，虽然我在训练赛上赢过汤仙虎，但从实力看，这次不能再存奢望。我只有全力拼对方的二单，赢下来就算完成任务。

比赛前，当上场名单交到对方教练手上时，福建队也全都愣住了：广东队这是怎么啦，竟然排出这样一个不符常理的“奇兵怪阵”？福建队全然不知这是广东队的无奈之举，他们的赛前准备只有应付方凯祥的对路，其他都错了，反而十分紧张。

第一场男单，方凯祥对汤仙虎。广东教练给方凯祥的布置是能拼则拼，不行就节省体能，为取胜薛从良和拼双打留力。

第二场就是要我上了，我开始在后场做热身准备。我心里也是有点紧张的，毕竟是大赛，我又是“冒充”顶替单打。我感觉自己还没有活动开来，就看到裁判跑进来喊我们：“准备上场，第一场单打结束了。”

我心想，怎么会这么快？原来，方凯祥速败给了汤仙虎。不知哪里来的一股力量，我把心一横，不考虑那么多了，硬着头皮也要上。顿时，我反而没有那么紧张了。薛从良毕竟是二号单打，我是可以跟他一搏的。因此，我一上场就兴奋起来了。

我发挥自己双打进攻强的特点，不跟对方打多拍，前后突击，以

1965 年全运会赛场，傅汉洵在场上搀扶对方受伤球员薛从良。这张照片先刊登在《体育报》，后来又登上当年 11 月的《广东画报》

攻为主。因为战术对路，我怎么打怎么有。不仅薛从良被我打蒙了（他也紧张），队友们也意想不到，他们为我的每一个球都狂喊助威。第一局，我以 15：1 的悬殊比分获胜。

第二局，对方有所适应，而我刚才拼得太凶了，体能极点早早到来，被对手扳回一局。第三局决胜，我咬紧牙关上场，当时感觉双腿已经发麻了。决胜局一路比分咬得很紧。我应该是领先一分时交换场地的。随即，我们打到了 13：11，还是我领先。

接下来的一个回合中，我判断对方像是要扣杀进攻，就有意往后站位，结果对方是个假动作，实际上将球拦吊到了网前。我拼命挣扎着又往前救球，在即将触球的一刹那，我用余光看到薛从良也在全力从后场往前奔，我就急中生智改变球路，勉强来了一个挑球，这一下也出乎对手的意料。薛从良也来了个急停转身，弯腰后退，在没有到位的情况下，薛从良的起跳杀球没有太吃上力，角度却很刁，我在被动情况下一个侧身跨步，将球救过了球网。球落在了对方场内，我得分了！

14：11，我拿到赛点了！我非常兴奋，场外我的队友们更是欢呼雀跃。可是我往对面一看，发现薛从良躺在地上，蜷着一只脚起不来了。原来，刚才勉强救球的他，失去平衡，落地时拉伤了左脚跟腱。

我几乎出于本能地跑过去，他已经坐在地上，痛苦地捏着自己的左脚。我关切地问他怎么样。这时裁判也过来了，我和裁判一起将薛从良扶到了场边，接受治疗。很快5分钟过去了，按规则受伤一方没有完成治疗，就应该判弃权，我则获胜。裁判问我的态度，我大度地表示可以再等。一方面确实是出于“友谊第一，比赛第二”的精神；另一方面是我领先3分，又是赛点，我觉得拿下比赛应该没有问题。

那个年代的运动员，确实个个拼搏精神过人。经过打封闭止痛治疗，薛从良又回到了场上。这时我多少有点松懈，而他却是孤注一掷，连续打出了几乎压线的刁钻杀球，结果我连吃他3个几乎同样的杀球，比分被追到了14平。

要加赛3分决出胜负。

这时候，我的心头一震，开始紧张起来，知道不容再失。我全心投入，最终顺利连得 3 分，有惊无险地获得这场单打的胜利。

单打的走势确实如广东队赛前预料一样，最后要靠双打决出胜负。侯加昌跟方凯祥一直以来也是一对双打搭档，而且很有实力，拿过全国冠军。但这一次备战，他们各自主攻的是单打。此外，在我战胜薛从良的比赛中，性格火爆的方凯祥看到我发挥出色，他在场下又喊又跳，有点兴奋过度。上场后，方凯祥明显没有双打比赛的状态，变得不会打球了一样。最终广东队输掉了双打，也痛失全运会羽毛球男子团体冠军。

被照片定格的“风格”

对广东队来说，全运会团体冠军当然是最具分量的冠军。这场失利也影响了整个广东羽毛球队的表现，结果一块金牌也没拿到。

而我在场上搀扶对方受伤球员薛从良的瞬间，被一位叫陈重远的记者拍摄下来。作为对赛场新风的表彰，这张照片先刊登在《体育报》上，后来又刊登在 1965 年 11 月的《广东画报》上，图片说明最后一句是“这种良好表现受到观众的称赞”。

我还记得第二天，当时的广东省委书记来到广东团在北京的驻地新疆饭店，看望和慰问广东运动员。这位领导在讲话中，专门讲到了我搀扶受伤对手一事，表扬我“赛出了风格”。回到广东后，省委、省政府表彰全运会先进，我在广东羽毛球队中唯一被记二等功，应该主要考虑的也是我搀扶薛从良的举动吧。

我只是做到了体育精神要求做的而已。当然，广东队没能取得冠军，我心中更多的是遗憾。

在中国羽毛球没有机会参加正式国际大赛的年代，全运会毕竟是我们最重要的比赛。我没有想到，这也是我羽毛球运动员生涯的最后一场重要比赛。

当时的我更没有料到，半个月后，一场血雨腥风即将降临印尼，深刻影响了成千上万像我这样的印尼华侨家庭。而几个月后的1966年，另一场风暴席卷神州，百花摧残，中国的羽毛球事业也难逃浩劫……

第七章

妻子曾秀英的故事

爱情悄悄降临

广东羽毛球队带给我的人生财富，除了羽毛球事业，还有后来成为我妻子的曾秀英。她从队友变为我的人生伴侣，也是我一路以来的事业搭档。

1961年年初，我正式进入广东羽毛球队的时候，曾秀英已经算是“老队员”了。我怀抱着羽毛球理想回国，进队之后就全身心投入艰苦的训练和比赛之中。我与曾秀英的爱情，是什么时候，又是从哪里萌芽的呢？

曾秀英在广东羽毛球队训练中

回想起来，我并没有一个准确的时间概念。我只记得，1963 年中国羽毛球集训队成立，我与曾秀英双双入选。到北京参加集训的时候，我们之间的“爱情火花”似乎已经点亮了。男女队员训练、比赛、生活基本都在一起，又都正当青春年华，相互产生好感很正常。秀英比我入队早两年多，一开始肯定给了我很多指点和帮助，她主动接触我更多一些。慢慢地，我也喜欢上了这个直率、刻苦、勤快的女队员。

那时候，队里给羽毛球拍穿线（我们叫“上球拍”），都是男队员动手完成的。当时的穿线器还很落后，是个力气活。我上球拍的技术不错，找我穿线的队员挺多。其他男队员基本上也会穿线。但秀英回想起来，她觉得一直都是我在为大家上球拍，不管是谁，我都笑着有求必应。反正她说她的球拍后来都是给我穿线的。也许她就是在找我穿线的过程中喜欢上我的吧。

秀英说当年对我的印象是文静、开朗、脾气好、人缘好。她记得训练之余的我，不是帮人上球拍就是帮人修补球拍。那时破损的球拍绝对不是说换就换的，都会修修补补，能用就用。万能胶、铁丝等，都是我修补球拍的配件。

秀英的“李公公”

我们两个在广州都没有什么亲人。秀英父亲有一个曾经一起教书的马来亚老朋友，名字叫李挺一，早先回到了广州。听说他是被马来亚当局“驱逐出境”后回到广州的。有关部门安排他住在广州华侨旅行社的员工宿舍里，秀英称他为“李公公”。受秀英父亲之托，李伯和秀英建立了联系。秀英在华侨补校的时候，周末有时间就会去探望李公公，开始秀英还没有助学金，几乎身无分文，李公公每月会给她3元零花钱，秀英用来买肥皂、牙膏等日用品。

后来，秀英有时也会让我陪着她去看望李公公。我记得李公公夫妇住在人民中路的一栋旧楼里面，房间逼仄简陋。但热情的两夫妇总会留我们吃饭，虽然限于条件，只能是粗茶淡饭。秀英在广州没有亲戚，时不时去探望一下李公公，成了她的一个精神寄托。“文革”期间训练停顿的时期，我们去探望李公公的次数就更多了。

谈恋爱挨批

慢慢地，从队员到教练，都知道了我和曾秀英之间不同一般的关系。在当时“政治挂帅”的年代，强调事业为重，队员谈恋爱是违反纪律的。我记得明确规定是25岁前不准谈恋爱的。当时，男女队员之间擦出火花、产生情愫的还有其他人，但他们之间的火花似乎来得快去得也快，没有被领队盯上。而我和曾秀英之间的好感，细水长流，专一持久。很快，我们两个人就成为队里生活检查会的“靶子”。

队友侯加昌在他的回忆录《挚爱》中写道：

队里有一对恋人，每周的生活检查会上都备受批评，他俩也常做自我检讨。其实他俩各方面表现都非常优秀，因为谈恋爱，却不能加入团组织。对我这个新人，这无疑是一个警戒信号……不可以触及谈恋爱这个“禁区”。

侯加昌书中没有点名的这一对“恋人”，指的就是我和曾秀英。只是，我俩当时就觉得很“冤枉”，我们没有做什么出格的事，只是正正经经“拍拖”而已。由于有好感，我们生活中主动接触多一点，相互关心，并没有影响训练和学习。

秀英算是老队员，偏偏又是个直脾气，她不服气的时候还会顶撞一下领导，所以批评的火力主要落在她的身上。但她挨了批还是我行我素的样子。

秀英的女队友林斯卿，后来谈恋爱就比秀英“乖”很多。林斯卿入队的时候，还是秀英跟她打测试练习的，两人的关系一直很好。林斯卿经过“组织同意”谈恋爱的时候，每当男朋友来队里找她，她从来不是找个偏僻地方说悄悄话，而是一定把男友带到众目睽睽的食堂，两人一本正经地说话。

岳父的“两万五千里长征”

在和秀英的交往中，我也慢慢知道了她的家庭故事。

秀英出生在马来亚，她家的情况跟我一样，她父亲也是年轻时为生计所迫离开祖国家乡，下南洋成为华侨。

秀英的父亲，即后来我的岳父，名字叫曾希能。岳父的家乡在福建省思明县（现厦门市）的曾厝垵。这是一个依山傍海的渔乡，“曾”是当地大姓。在20世纪初，曾厝垵已有不少华侨家庭建造了红砖古厝和南洋风格的“番仔楼”。曾厝垵现在是厦门著名景点之一，有中国“最文艺的渔村”之称，许多遗存下来的华侨建筑被开发成了漂亮的民宿和酒吧。

如今，在马来西亚芙蓉市，在秀英的弟妹们为纪念父亲而建立的“希能堂”中，仍保留着岳父的中学毕业证书。证书内容为：

学生曾希能系福建省思明县人，现年十八岁，修毕本校初级中学，考查成绩及格，准予毕业。

颁证学校是“思明县私立双十中学校”，“校长黄琪华”，时间是“中华民国廿三年（1934年）十二月廿日”。

据岳父本人说，他在19岁时离开了故乡曾厝垵。那么，他就是在初中毕业后的第二年，即1935年出门闯荡的。海滨的曾厝垵，古时又叫“曾家沃”“曾家湾”，对面就是金门岛，自古以来就是渔港，行

傅汉洵岳父曾希能的初中毕业证书

船便利。让人意想不到的是，最后下到南洋的岳父离家时并没有走海路，而是完全凭双脚，走的是陆路。

岳父很小的时候就没有了父亲。当岳父和两个年纪相仿的青年结伴离开曾厝垵的时候，只有母亲含着眼泪送行。当岳父走远了又忍不住回头的时候，他看见母亲仍在挥手，喊着：“儿啊，你要回来呀！”

“妈，我会回来的！我会回来的！”岳父忍泪，告别母亲。

母亲的那声“儿啊，你要回来呀”，成为岳父心中永远的痛。因为，当他多年以后再次踏上祖国的土地，他的母亲早已离开人世了。

秀英告诉我，岳父在世的时候，总会跟子女说起他与祖母离别的这一幕。没能再见到母亲，没能再回到厦门，是岳父一生最大的遗憾。

多年以后，直到我到新加坡执教之际，才听到秀英的弟弟讲起岳父“万里长征”的故事。岳父讲，当年，他是徒步走出国门的。

岳父和两个同伴离开厦门，一路沿海往西南方向走，从福建进入广东，经过汕头、广州后，继续往西走到了广西。他们一路打零工，一路步行，从广西又穿越国境进入越南，然后辗转进入泰国，又继续沿着中南半岛一路南下，最后落脚到了马来亚的马六甲一带。在这一年多的时间里，一个伙伴掉队了，另一个伙伴病死在途中，只有岳父曾希能顽强地坚持到了马来亚。

某种意义上，岳父用双脚完成了自己的“两万五千里长征”，他勇敢活了下来，并且只身在远离故土的异国他乡成家立业。

秀英回国之前，要帮着母亲照顾幼小的弟弟妹妹，岳父也忙着谋生，她跟看上去很严厉的父亲并没有太多交流。她并不知道父亲当年离家谋生的具体原因。我和秀英一直遗憾，没有在岳父生前问个清楚。岳父能够初中毕业，想必家境曾经不差，为何要徒步离家？他们三个伙伴到底是生计出了问题，还是有了什么别的麻烦？他们出发前，究竟是走一步看一步，还是一开始的目标就是要下南洋？

这些问题，或者永无确切答案了。但岳父的“长征”，却写下了一个华侨不畏艰辛、排除万难的血泪传奇。

曾秀英的童年

曾秀英从小对父亲的印象就是两点，一是性格刚烈好强，二是家国情感炽烈。她的父亲戴着眼镜，看上去文质彬彬，却脾性倔强，在家里也不苟言笑。

20 世纪 60 年代末，曾秀英在马来亚的父母和弟妹一家，当时曾秀英已回国

1941 年，秀英出生在马来亚的万里望。她童年最早的记忆，就是父亲在乡村学校里教书为生，母亲在家照看她和陆续出生的弟妹。家门口后面有过一把长矛，父亲说是准备“杀日本人”的。

她的印象是，似乎两三年就搬一次家，父亲就要换一个地方教书。但教书的地方都在农村或者偏僻乡镇，学生都是中国人的孩子。每次搬家，家里几乎没有什么物件，一辆小小的三轮货车就把全家大小和家当全部装下了。

在秀英七八岁能记事的时候，她的家搬到了一座山下，周围是成片的橡胶林，而父亲就在后山腰的学校教书。家里住的是用木头和竹板搭成的房子，屋顶是茅草。父亲上课之余，还在房子周围开辟菜田，围起猪栏鸡舍。

秀英作为老大，要带着弟弟帮着家里喂鸡、喂猪。而每天父亲放学归来，就要打理菜地、种番薯。秀英记得，父亲培育鸡苗有自己独到的方法，用温水孵蛋，竟然有很高的成功率。而每到过年，家里的猪养大了，就会杀猪卖肉，补贴家用。许多华侨乡亲会来买肉，自家就只会留一个猪头，当过年的大菜。

有文化、能教书的岳父，娶到了一个当地有钱华人的女儿作妻子，就是秀英的母亲郑金莲。秀英长大以后了解到，当年父母亲的感情有点眉目的时候，许多人嘲笑我的岳父："一个没有家的穷光蛋，怎么可能娶富家女，简直是癞蛤蟆想吃天鹅肉！"要强的岳父偏偏不服气、不信邪，上演了穷书生迎娶富家女的佳话。而秀英的母亲，一个出身富家但没有上过什么学的姑娘，甘愿跟着岳父东奔西走、简朴度日，并且养育了一大堆孩子。秀英 1957 年回国的时候，她后面有 4 个弟弟 1 个妹妹。而后，她又有了 5 个弟弟妹妹。岳父岳母总共生了 11 个孩子。

秀英小时候，虽然家境贫穷，她父亲却谢绝一切来自母亲家里的资助，他宁肯自己多打几份工。父亲也不喜欢母亲带孩子回娘家太多，其中一个原因是母亲家里，特别是秀英的外婆比较迷信，有神台香烛之类的。可见，岳父是一名无神论者。他崇尚个人奋斗精神。

在山下茅屋居住的时候，秀英印象最深刻的事，就是经常有家长来找父亲，问他家的孩子哪里去了。她那时还小，不清楚到底发生了什么，只隐约从大人谈话中知道，父亲不断将他的学生“送”回了中国。许多学生是背着父母回国的，秀英也不知道父亲最后怎样跟那些家长解释。她还记得有一个学生被送回祖国后，他的自行车留在家里好几天，后来被找上门的家长领回去了。

那时候，正是新中国刚刚成立的年代，印尼、马来亚、菲律宾都有大量的华侨青年向往着参加社会主义新中国的建设，有些甚至背着父母，踏上了回国之路。许多志愿回国的华侨学生先到新加坡，然后再辗转回到祖国。

秀英记得她快读完小学的时候，家里又一次搬家。父亲带着她先搬到了马六甲。过了一段时间，全家人才都搬了过来。这一次，父亲不再教书，而是在一家印刷厂当经理。秀英一早要出门买早餐，她最记得买回来白白的豆腐，点上酱油吃就很美味。而白天，她要到印刷厂帮工，包括帮着工人捡字排字。有时候就拿些纸袋回家跟母亲一起糊，挣些散钱。晚上，秀英就去读夜校，那一段日子她上学是断断续续的，但她还是拿到了小学毕业证书。这个证书，后来也影响了她的人生命运。

过了一阵子，父亲不在印刷厂干了，又开始教书。秀英要陪着父亲到郊外的橡胶园里，给那些橡胶工人们的孩子上课。父亲要教高、低不同年级，有时忙不过来，就让秀英去教低年级学生简单认字识数。晚上，父亲将作业批改出一个范本，还会让秀英依照范本帮手改作业。十三四岁的秀英，成了父亲的小助教。

大约在 1955 年，全家又搬家了，这一次搬到了芙蓉市。岳父这次又在一家小学校教书。年纪不大、思想简单的秀英也弄不清楚父亲为什么搬来搬去，难道是因为父亲的倔强脾气吗？这一次，住家就在学

曾秀英（中）在马来亚读小学时，获得学校体育比赛第一名

校楼上。一楼是课室，二楼就是教师宿舍，住着好几家人。一个大房间，没什么家具，大人小孩都睡在木地板上。而秀英上初一了，每天要坐小巴，到 12 公里以外的中学读书。

岳父决定女儿三天后就回国

秀英在马来亚的时候，并没有受过正规的羽毛球训练。她跟我一样，也是先看父亲和别人打球，然后喜欢上了打羽毛球的。我当老师的岳父，也是一个羽毛球爱好者。

秀英从小能跑能跳，勤快好动，帮助家里干家务也是一把好手。在学校，她什么运动都喜欢尝试。举行校运会时，从 100 米到跳远，许多项目都有她的参与。搬到芙蓉市后，所住学校的门口有羽毛球场，一般都是些富家子女在打球。忙碌的父亲偶尔也会去打上一场。秀英看着看着，也开始学打羽毛球，并打下了一些基础。

与我不同的是，我父亲安排我回国，是早有预备并明确我是为了羽毛球事业回国的。而妻子曾秀英的回国，以及她能成为一名专业羽毛球运动员，更像是一场偶然。她在懵懵懂懂中承受了这一切。

1957 年 3 月初的一天，岳父突然对秀英说起，以前的邻居谁谁，还有同事某某，他们的女儿要回中国。他对秀英说："你也回国吧，行不行？"

16 岁的秀英一直是个思想简单不谙世事的女孩，作为孝顺的长女，父亲的话就是天，她和弟弟妹妹们对父亲的话从来就是言听计从的。她答应了父亲。

秀英那时对"回国"到底是什么其实都不懂。不过秀英从小就知道，故乡和中国是父亲心中最美好的地方。而"新中国"，父亲容不得有人说一句坏话，他听到了就要跟人争辩。即使是小孩子触犯了，也要挨他训斥。

受父亲的影响，秀英对遥远的中国也有着朦胧的美好憧憬。父亲拿回家的一本中国出版的杂志，介绍了新中国的各项发展。其中一个专题是海滨城市青岛，秀英至今印象深刻，觉得那是好美好美的地方。

当时，在马来亚能买到中国出口的大米和罐头，大家都觉得比马来亚当地的大米还好吃。新中国的成就，在爱国华侨的心目中，有着耀眼的光环。

看到秀英答应了，父亲说，好吧，你准备一下，三天后就出发！父亲还安慰了她一句："你先回去，过段日子我们全家都会回去的。"

就这样，三天之后，岳父乘火车，将女儿秀英送到了新加坡的一个小客栈，那里还有一批同样要回国的华侨学生。由于还要上课，岳父当天就回去了。秀英只有一个小小的旧皮箱，里面是一包胡椒粉，几件衣物，还有父亲特意为喜爱运动的她买的一双胶底篮球鞋。她最贵重的物品和我回国时一样，是家里凑钱买的一辆自行车。当时回国的华侨基本都会带上一辆自行车。

秀英跟随着一大批青年人，从新加坡登船，驶向中国。她后来一直说，当时 16 岁的她，对怎么办手续、坐什么船、具体到什么地方都是"糊里糊涂"的。反正船票是最低等的，挤在无窗的船舱内。回国的旅途历经七天七夜，除了睡觉，她大部分时间都是和其他学生一起在甲板上吹海风，看海浪。

幸运留在华侨补校

秀英回国乘坐的那艘客轮，最终抵达的是汕头港。客轮驶近汕头，还没靠港的时候，迎接她的却是此生从未遇到过的寒冷。那是 3 月初的凌晨，广东沿海乍暖还寒。对于在热带出生长大的秀英来说，可怜身上衣正单！她的包裹中没有厚衣服。一身单衣的秀英冻得脸青唇紫，瑟瑟发抖。直到船长发现，怕她冻坏，才借来一件“军大衣”让她穿上了。秀英至今还记得大衣上厚厚的毛领子。

从汕头下船后，有专人接待这批华侨青年。小住几天后，她又跟随队伍，乘汽车来到广州，她被分配住进了广州华侨补校。除了天气，16 岁的秀英发现一路上看到的“中国”，跟在马来亚时憧憬的中国并不完全一样。很长时间后，她才理解和接受了这一点。

在广州华侨补校，校方对这批青年进行了甄别分类。其中一项是文化考试。让曾秀英记忆最深刻的一道试题是，问“现在世界上有多少个社会主义国家”，秀英想我哪里知道呀，她写的答案就是简单的一个“中国”。还有很多题目内容，她在马来亚从来都没有听说过。

考试让她对自己的去向担忧。但在填个人情况表的时候，秀英拿出了她在马来亚的小学毕业证书。正是因为这个小学文凭，华侨补校决定录取秀英在校学习。其他华侨青年，考试不达标或文化程度不够的，有些就分配去了各地的华侨农场。

带着几分幸运，秀英开始了在华侨补校的学习生活。可以想象，一个 16 岁的女孩，远离父母来到一个完全不同的环境，她对父母的思念是多么强烈。秀英说过：“开始几个月，每天早上我洗衣服的时候，听到学校喇叭里开始放音乐，我就会想爸爸妈妈弟弟妹妹，就会掉眼泪。”

除了思亲的难过，还有经济的拮据，物质的贫乏也是出乎她预料的。许多同学会收到海外家人的汇款，但秀英家里没有办法寄钱来。她家里弟妹多，负担重，经常到小商店购物都是要赊账的，要等到月底父亲领了薪水后才能还上，为此，她和弟弟们经常遭人白眼。

1958 年的广东羽毛球集训队，基本以华侨子女为主，曾秀英（前排右一）入选

刚开始的时候，秀英给马来亚的家中写过一封“叫苦”的信，谈到当时国内生活物资的紧缺和艰苦。结果，她等来了父亲一封措辞严厉的信。父亲写道：苦什么苦，你有我当年苦吗？我当年连粥都吃不上！过了几个月，秀英在信中又告诉父亲，有好几个同学受不了这边的“苦”，要求离开，想要回到海外父母的身边。她等来了又一封父亲严厉的回信——别人离开是别人的事，你绝对不能离开中国！

深知父亲脾性的秀英，后来给家里写信就一直是报喜不报忧。

带来的那辆自行车很快变卖掉了。父亲在马来亚曾经说过，回到这边“政府什么都会包的”，这并没有成为现实。不过，秀英后来在学校申请到了每个月 9 元钱的助学金。一度彷徨的秀英开始安定下来。

误打误撞进了广东羽毛球队

还好，华侨补校聚集着从世界各地回来的华侨学生，有着集体的温暖。除了白天上文化课，侨生相对来说更加活泼活跃一些，晚上经常有联欢晚会。曾秀英和几位来自老挝、泰国等地的女生，结下了持续至今的友情。

许多来自东南亚的侨生喜欢打羽毛球，当时，只有新建成的广州体育馆有正规的羽毛球场地。下午课程少的时候，秀英就会跟几个女生球友去广州体育馆打羽毛球。当时，从地处郊区的华侨补校到流花地区的广州体育馆，路途“遥远”，交通不便。几个女生要雇上一辆三轮车过去。经常打完球已是夜晚，回到补校的时候校门已经上锁，这些女生不得不爬墙进去。

就在这几个华侨女生在广州体育馆快乐地打羽毛球时，她们不知道，旁边另一块场地上同样打球的几个人，悄悄盯上了她们。那些人是广州最早的一批羽毛球运动员，其中一个就是后来成为广东羽毛球队教练的徐权芳。徐权芳也是印尼归侨，当时在广州体育馆担任助理教练。他正在参与组建广东省羽毛球集训队，为 1959 年将要举行的第一届全国运动会做准备。

1958 年 10 月，广东羽毛球集训队在广州体育馆成立，徐权芳担任教练，曾秀英和几位一起打球的华侨补校女生都被吸收进去试训。

最初集训的男女队员多达 28 人，基本上都是来自各行业的归侨青年，训练要分时段进行。

到了年底，秀英在华侨补校的补习学业结束，面临去向分配。她牵挂着羽毛球，在填写分配志愿去向时写的是“广州”。最终，她如愿留在广州，被分配到广州市第六中学（以下简称“广州六中”）继续求学。

广州六中位于广州“河南”的海珠区，比邻著名的中山大学。秀英去学校看过，虽然比较偏远，但环境优美，她挺高兴的。学校有宿舍，报到之前，她已经将部分个人用品搬过去了。就在这时，她听到了更高兴的消息——经过集训选拔，她凭借顽强的作风和出色的身体素质，正式被广东羽毛球集训队录取。在同一批集训的女生中，只有她一人留队。她略有遗憾地作别了还没有正式去报到的广州六中。

就这样，曾秀英成为广东羽毛球队的第一位正式女队员。羽毛球从此成为她的正式职业。回国后无依无靠的她，很快就吃上了“公家饭”，她一直为此感到幸运。到了 1959 年，梁小牧、林斯卿、吴秀凤等其他女队员才陆续入队。

羽毛球是我俩的“红线”

这就是后来成为我妻子的曾秀英，在与我相识之前的故事。她出身贫寒、从小就能吃苦。她全力投入到训练之中，从一个回国时懵懵懂懂、只有一些业余羽毛球基础的小姑娘，成长为一名优秀的羽毛球运动员。后来她打起球来，被大家公认有一种男性化的风格。

到了 1960 年 3 月，在上海举行的全国邀请赛上，曾秀英就和吴秀凤获得女双亚军。1961 年 7 月，曾秀英又和方凯祥搭档获得华东区十一单位邀请赛混双冠军。1963 年 5 月，在福州举行全国羽毛球锦标赛上，她还跟梁小牧搭档获得女子双打冠军。她也是广东队 1964 年夺得全国羽毛球女子团体冠军的主力队员。

当我和妻子回首往事的时候，我们发现了我们两人的许多共性：我们都是第二代华侨；我们的父亲虽未能叶落归根，但都有极其强烈的爱国热情；我们的父亲都喜欢打羽毛球，也都从事过印刷行业；我们在同一年出生，又都是家中的老大……直到后来我们同为广东羽毛球队队员、同为广州市业余体校教练，又一起成为广州羽毛球队的专业教练。

冥冥之中，一根红线通过羽毛球将我和妻子的一生连结在一起。而当初我父亲为了让我回国，对苏迪曼先生说“汉洵的女朋友在中国，他们要在那边结婚”，这个善意的谎言最终变成了现实。

第八章 动荡岁月家国情

父亲回国了

1965 年暑假的时候，我正在北京参加国家队的集训，准备全运会和访欧集训。我很早就收到父亲的来信，他告诉我一个好消息：作为印尼华侨观礼团的一员，父亲将参加今年国庆的北京天安门庆典活动。离开家乡几十年后，父亲终于能够再次踏上祖国的土地了。何况，他对新中国一直充满了向往。

9 月初，父亲乘坐的“光华号”客轮抵达广州黄埔港。这一次，跟随父亲一起回国的，还有我的三弟傅汉平和另一个先达青年梁启徽。梁启徽是我中学同学梁启恒的弟弟。他们两个就是1964年我随中国羽毛球队访问印尼时，被我们领队看中的两个后起之秀，已经联系好将进入广东羽毛球队集训。

随后，父亲抓紧时间回到潮阳海门看望了已82岁高龄的我的祖母。到了9月下旬，我父亲和其他参加国庆观礼的华侨从广州赴京。而我弟弟和梁启徽就留在广州，加入广东羽毛球队，成为我的新队友。

父亲到北京后，住在华侨大厦。接到电话后，我专门请假去看望父亲。父亲见我的第一件事，就是将那张他和印尼队夺得的汤姆斯杯的合影送给了我，背后是他的题字“试问中华好儿女，何时问鼎夺金杯”，落款是“一九六五年八月廿七日，写于光华轮上”。我当然明白父亲的期待。

我向父亲表示，虽然全运会结束了，但由于有出访任务（当时出访丹麦的名单尚未公布），训练任务重，不能常来陪他。父亲理解，他让我专心训练，他们也有许多参观活动，不必我陪。

据资料，1965年国庆期间，印尼有大大小小28个团组共500余人集聚北京，有印尼外交代表团，也有印尼华侨观光团。自发回国观光的华侨就更多了。

1965年10月1日，是新中国成立16周年国庆庆典，父亲参加了天安门广场观礼，我和广东羽毛球队的队友，还身穿统一的运动服，在体育方阵里参加了长安街群众大游行，接受毛主席等中央领导的检阅。

国庆过后，出访丹麦的名单也公布了，我没有入选。我正好可以在北京陪父亲几天，但父亲等一批印尼侨领当时已听说雅加达发生政

1965 年秋，父亲傅高宾和傅汉洵（右二）、曾秀英（右一）、傅汉平（左二）、梁启徽（左一）在广州

变。往印尼的电话已很难打通，而中国报纸上开始一直都没有印尼局势的报道，父亲他们只能通过收音机听国际广播来获悉来自印尼的点滴消息。

父亲滞留广州

1965 年 9 月 30 日，印尼雅加达发生政变，酿成后来影响深远的“9·30”事件。

由于印尼国内事态的严重，父亲以及其他许多侨领无法按原计划返回印尼。我后来知道，当时滞留在国内的先达侨领还有我的母校华侨中学的郑子经校长等人。

因为我在广州的关系，经有关部门安排，1965 年 10 月下旬，父亲和我一起回到了广州。因为我和弟弟都在广东省羽毛球队，父亲被安排在广州体育馆边上的广州市体委宿舍暂住。

那是一座四层小楼。父亲跟体工队的一个队医住在一间房子里。那时我们羽毛球队员从体育馆里搬了出来，也住在这个小楼里。那一段日子，父亲表面还算平静，实际上心里非常焦急。我们这批华侨球员也在牵挂着印尼的形势，因为大家几乎都有亲友在印尼。

到了 11 月，中国政府已经多次向印尼政府递交照会，抗议印尼连续发生迫害华侨的严重事件。先达家里的情况怎么样了？父亲更加心急如焚，归心似箭，却无法回去。后来终于有消息传来，说是我们家人尚好，只是我的大弟弟被印尼当局抓起来了，实际上是“意在沛公”，想逼父亲回去。

就在父亲的焦虑中，时光跨进了 1966 年。

父亲的“三大罪状”

1966 年 7 月，我跟随中国羽毛球代表队去缅甸访问。父亲此时牵挂印尼先达的家人，经过省委有关部门的协调和帮助，他获准返回印尼。父亲订好了从香港飞印尼的机票，时间正好是在我出访期间。有关出境签证也办好了，他过境香港的时间只有 3 天。我和父亲提前话别，我想我出国再回到广州的时候，父亲应该已经回到印尼家中了吧。我只祈盼父亲一路平安，印尼家中一切安好。

十天之后，我结束访缅返穗。回到广东羽毛球队，我在楼下意外地又看到了父亲。我赶忙问他：“爸爸，你不是回印尼了吗？”

父亲苦笑了一下：“我去了香港，却没有能回印尼。”

安顿下来，父亲才跟我讲了详情。原来，父亲按计划，在预订航班起飞的前一天来到香港。好几位他熟知的先达华侨，当时也在香港。父亲得知，第二天正好有另一批先达华侨从印尼乘飞机过来，其中也有熟悉的侨团负责人。父亲就提早去机场，准备在回印尼前先接一下这批先达乡亲，正好也问问情况。

在香港机场，当那批来自印尼先达的华侨见到父亲时，也感到意外。其中一个是父亲在先达华侨总会以及韩江同乡会的搭档、另一位侨领张谷和的太太庄兰女士。她惊讶地问父亲：“你怎么会在香港？”

父亲说是途径香港，已经买好机票，明天就要飞回印尼。

张太太神色大变，说：“你千万不能回去！你不知道，印尼的报纸《文报》头版头条登了你的三大罪状，当局正在通缉你呢！”

这让父亲大吃一惊，他虽然知道事态严重，却没有想到自己竟然成为“通缉要犯”。

父亲一方面哭笑不得，另一方面也无奈地知道当下确实不能回印尼了。稍令父亲欣慰的是，他从张谷和的太太口中知道，先达家中情况还好，靠我母亲独自操持家里的一切。我的大弟弟虽然被军警关押起来，但应该没有生命危险。

父亲只好跟着张太一行，又离开了香港机场。父亲得知，张谷和先生也在东躲西藏。后来，张先生也来到香港与妻子团聚。

大约十年之后，父亲从先达带回国加入广东羽毛球队的梁启徽，也辗转落足香港。然后，梁启徽有缘成为张谷和夫妇的女婿，成就了人在异乡的一段佳话。

而当时的父亲既不能回印尼，在香港的逗留期又只剩下一天了。他随即从香港打电话给广州市体委领导，反映了自己的困境。工作组领导说他们决定不了，须请示省委统战部。父亲又赶紧打电话回广州，联系上了省委统战部张泊泉部长。经请示并得到有各方面批准，同意我父亲第二天再转回广州。否则，三天的“期限”后父亲就要被港英当局“驱逐出境”，不知该去哪里了。

可是，第二天父亲经过罗湖口岸时，还是被我方边检拦住了。原来，因为父亲本来是要回印尼的，已经没有了入境签注。父亲说明情况后，边检部门又打电话向省委有关部门核实，父亲才被放行入境，回到了广州。

后来，经过省侨委一名姓陈的专员的协调，父亲这一下在广州又待了一年多。幸好，还有两个儿子在他身边。那时候我和曾秀英的恋爱关系也公开了，秀英也经常帮着照料他。

“华侨的国就是中国！”

父亲待在广州，每天都在看报。一方面是关注印尼的消息，另一方面也在努力了解内地的形势。父亲当然有很多困惑，他一度真挚地认为，这一切都是为了国家更好。

有一天，我和弟弟训练回来，发现在宿舍楼下，父亲站在一张长条桌上，正在墙上用毛笔写“语录”，下边围着几个学生模样的人。原来，我们居住的体委宿舍楼也有中学生们来写标语。父亲闲着，就看他们往墙上写字。看着看着，他觉得这些学生的字实在不怎么样，就毛遂自荐，替他们在墙上用毛笔写起了标语。

有一个星期天，父亲去华侨新村看望他的几位华侨老友，这些华侨前些年响应国家号召，归国在华侨新村居住，算是华侨中比较富裕的阶层。不料，父亲刚进一位朋友家，一批中学生就进门了，将所有华侨“请”去了华侨小学的大操场，开始“批判”和训话。

散会之后，父亲他们走出来的时候，有个学生一副义愤填膺的样子，指着父亲呵斥：“你们这帮华侨，滚回你们的华侨国去！”

父亲停下了脚步，平静地反问：“小同学，你让我们回我们的华侨国？你知道我们华侨的国是哪里吗？”

那个小红卫兵一下子被问住了，脸上露出疑惑的神情。

父亲依然平心静气地说：“我们华侨还是中国人，我们的国，就是祖国，就是中国啊！”

花果山下的简陋婚房

1970 年的五一劳动节，是我和秀英结婚的日子。我们并没有刻意选择结婚的时间，而是正好找到了可以当结婚住房的宿舍，结婚也就水到渠成。

那时候，运动队从南海农校回来了，秀英已经退役，担任了广州体育馆业余体校的教练，但也要不时到花果山广州射击场（现在的广

在花果山宿舍外，曾秀英和女儿朝晖

州市射击俱乐部）边上参加劳动。当时，环市路以北、过了铁道的花果山射击场一带，已经属于郊区了。射击场边上有一栋附属于射击场的两层综合办公楼。

1970 年年初的一天，劳动之余，大家散步到了这座综合楼下。当时二楼住着射击队的教练和队员们，一楼原本是办公用房，当时却有几间屋子是空着的。正好，她看到身边的广州市体委人事处处长毕敬清，就问：“毕处长，这些房子能不能住人呀？”

“能呀，你要不要？”毕处长笑着说。他当然知道曾秀英和我早已到了结婚的年龄。

“要！当然要啊！”心直口快的秀英马上答应，但她当时以为毕处长是在开玩笑。

“你真的要？”毕处长反而认真起来。后来，他就让我们以结婚的名义打住房报告申请，很快获批。我们终于有了单独的住房，可以结束住集体宿舍的日子了。在我们最困难的日子里，毕敬清（后来曾任广州市体委副主任）等领导给了我和秀英很多关照。

简单的婚礼

我们在射击场综合楼分到的结婚住房，位于一楼，只有一间。刚进去看的时候，空空荡荡，还有一张陈旧的办公台。结婚之前，我不得不着手将房子改造一番。

我请木工用“三合板”，修起一道并没有到顶的隔墙，将这间20多平方米的房间隔成前、后两间。里面一间当卧室兼客厅，外面一间算是餐厅兼客房。我们新婚的“大床”，就是两条长凳架起了一张床板而已。厨房是另外搭建在楼房后面的，厕所当然也是在楼道公用的。

1970年，我和曾秀英结束了恋爱长跑，领证结婚。领了结婚证，才可以凭证购买几斤糖果。5月1日算是我们正式结婚的日子，当天，领导和队友们来我和秀英新建起来的小家“参观”一下，吃吃喜糖，一起调笑一番，就是我们的婚礼了。当时的广州市体委副主任常荣，担任了我们两个的证婚人。

花果山，听起来浪漫丰盈的名字，现实中却一点也不浪漫。我们的“新房”就在这个小山丘下，房子简陋自不必说，当时花果山一带草木丛生，颇为荒凉，蚊虫肆虐。除了蚊帐必不可少外，我们不得不在房门和窗户上安装自制的纱门和纱窗。在外面的小厨房煮饭，蜂窝煤和柴火并用，有时候木柴不够干，浓烟滚滚，远远看去真以为是失火了。

这个简陋的宿舍，后来见证了我们两个女儿的出生。我们在这里一直住到了 1988 年。

父亲赴港

我的父亲傅高宾，因印尼“9•30”事件滞留国内，归途无着，又遭逢“文革”爆发，他待在广州百无聊赖。大约是 1967 年年初，父亲得知一批留在香港的印尼侨领，已经在香港立足谋生。当时也有一批早年回到国内的印尼华侨，因各种原因需要离开内地，也办理手续去到了香港。

我和弟弟收入微薄，又没有住房，没法好好照顾父亲。到了 1967 年下半年，广东省有关部门也批准父亲赴港，加入了“香港美加净化妆品公司”工作，该公司正好是父亲熟知的几位华侨在经营。

父亲离开广州，一下子就在香港待了十几年。他一时不能回印尼，好在还可以经常回广州，见一下我和弟弟。后来我和秀英结婚，还有他的两个孙女的出世，都给了父亲很大的安慰。

岳父回国

到了1972年，我的岳父也终于获批回国探亲了。徒步“万里长征”下南洋三十多年后，岳父回国，唯一“亲”的就是他的女儿秀英一家了。

从马来亚回国探亲的岳父，只能跟我们挤住在射击场那间宿舍里。那时，我的长女朝晖已经出生一年多了，还在嗷嗷待哺、牙牙学语中。木板隔开的饭厅兼客房，就是岳父的栖身之所。岳父并没有抱怨我们居住条件的简陋，他多次恼怒说起的，是回国“入关”时受到的粗暴冷遇。

但即使这样，岳父却不许我们有所抱怨。秀英见到父亲，当然很高兴，也很愧疚。她说了一句：“爸爸，我们这里很艰苦，没有什么好招待你的。”

这句关切的话，却让岳父勃然大怒：“招待什么？我回来又不是享福的。人要有点精神的！”

我终于面对面地领略了岳父性格的刚毅。

那次回国，还未满60岁的岳父的身体已经不是太好，膝盖疼痛让他走路很困难。但岳父安顿下来后提出的第一个要求，就是去瞻仰黄花岗七十二烈士墓。

我是用自行车后座搭着岳父，推着车去到黄花岗的。秀英跟着，搬着一个板凳。在当时略显荒凉的七十二烈士墓园，岳父走走停停，停下来就坐在板凳上细看烈士碑铭。他一边看，一边给我们讲许多义士英烈的事迹。他熟知其中的许多名字。我后来想到，岳父毕业的中学叫“双十中学”，“双十”正是孙中山先生缔造中华民国的纪念日，岳父读书时一定受到许多辛亥革命英烈事迹的教育，塑造了他强烈的“驱除鞑虏、

1972 年，双方父亲到广州探望傅汉洵夫妇及其大女儿时的合影

振兴中华”的信念。这应该就是他一定要去瞻仰黄花岗烈士墓的原因。

那次回国，岳父先在香港见到了我的父亲傅高宾，两亲家相见十分欣慰。回到广州，岳父见到了女儿女婿还有外孙女，他还见到了一起在马来亚奋斗过的老战友李挺一，感慰之余，也有两大遗憾。

岳父在家乡厦门已没有亲人，下南洋没能再见到母亲是他心中的最痛。这一次，他本来还想回故乡曾厝垵看看，但当时厦门属于对台“前线”，国内人士也不能随意前往，又何况一个海外归侨。

岳父的另一个遗憾是，他本来想回国寻找到一些他多年前从马来亚送回祖国的学生，在当时也未能如愿，这个愿望直到他 1985 年回国时才得以实现。

乱世慈母坚强心

1973 年，印尼国内“排华”潮稍有平静，但我父亲还是不能返回印尼。我的母亲将先达家里安顿好后，终于想办法离开印尼，在不敢声张的情况下，悄悄到香港看望父亲，然后再借道澳门到广州看望我们一家。

我不能想象，从“9·30”事件后，多少次百转千回、夙夜兴叹，八年没能见面的父亲母亲在香港相见，该是怎样的一种无语凝噎！父亲在饱受煎熬之中，一定感激我的母亲陈丽娟，这位没有读过书的潮汕家庭妇女，却在艰难困苦中独立支撑起一个儿女众多的华侨家庭，熬过了那段最黑暗的日子。

从母亲口中，我们后来了解到“9·30”事件后家里的情况。我的大弟弟被印尼军警关押了近一年才释放。当时，我们家印刷厂里的一个华侨助理，不久就失踪了，生死至今未明。

就是在这样恶劣的环境下，我那目不识丁的母亲，从一个原来只会照顾子女饮食起居的家庭妇女，开始四处奔波联络，解救我被关押的大弟弟。她又千方百计承担起维持“新光印务公司”运作的重任，保证一大家人的衣食之需。

当时，在我们家先达住所周围，很长时间都有暗探日夜盯梢，想抓捕我父亲。或者是自顾不暇，或者是怕受牵连，许多亲戚朋友一度都不敢公开和我们家来往，也不敢跟“新光”做生意了。真不敢想象母亲是如何支撑下来的。当丈夫流落海外不能归家的时候，她又独身来到香港看望丈夫。我的母亲陈丽娟真的很了不起。

1973 年，傅汉洵夫妻和父母、弟弟傅汉平难得地在广州相聚，他们的大女儿朝晖也已出生

我们第一次“违背母命”

1973 年 5 月，母亲探视过在香港的父亲后，从香港去到澳门，从澳门口岸通过一个特殊手续进入广东。

母亲来到广州，只能和我们挤住在射击场的宿舍里。条件无疑是让她失望的。勤劳的母亲还要帮我们煮饭。风雨无常，我们不想让她到楼外面的厨房去，就在饭厅里弄了一个煤油炉。炉子用起来不是很顺手，我和秀英都觉得很愧疚。

儿行千里母担忧，更何况我这个小家庭简陋的生活状况，大大出乎母亲的意料。有一天，母亲问我的工资收入，我说：“30 多块吧。”

母亲有点惊讶：“一天有 30 多块？”

我惭愧地说：“我们是月薪，一个月 30 多块。”

母亲说：“我们印尼家里的佣人，工资也比你高呀。”

母亲已经流露出想把我们“带出去”的想法。我告诉母亲，马上就要成立广州市中心体校了，我和秀英是仅有的羽毛球教练，任务很重。母亲听了，就执意让我们带她到即将成立的新单位——广州市中心体校看一下。

当时，筹备中的广州市中心体校是接收了位于瘦狗岭的原广州第五十六中学的校舍。我们羽毛球的场地就是学校原来的礼堂。由于几年前“武斗”的原因，礼堂的门窗全部被砸得片甲不留，只剩下一片凄凉的景象……

看到这些，母亲深深地叹了一口气，说：“这就是你们要来上班的地方？”

我和秀英只能默默地点点头，低声说：“是。”

回到家里，母亲告诉我，虽然“9·30”事件以来，家里也损失惨重，但在她的努力下，加上几个大的弟妹也开始能独挡一面，家里的境况已经有所好转。所以她这次才能出来看望父亲、弟弟汉平和我们一家。她现在最担心的是我这个家中的老大。她从香港父亲那里得知，好些受“9·30”事件影响的印尼华侨后来都去香港发展了，当时香港政府对接纳这些人士也“网开一面”。

最后，母亲说：“我希望你们一家能申请去香港！”

我非常理解母亲爱子心切的心情，但为了当年回国的初衷，我没有任何想离开中国的打算，秀英也是一样。我们很委婉地跟母亲沟通，表明自己的心迹。一直到母亲将要离开广州的时候，她还是没有说服我们。最后，我母亲只好含着心疼的泪水告别了我们。

三弟汉平和梁启徽赴港

1965 年我父亲傅高宾回国的时候，带回了我的三弟傅汉平和另一个先达青年梁启徽加入广东羽毛球队，但后来，傅汉平和梁启徽也都移居香港了。

汉平和梁启徽回国时跟我当年一样，都是满怀着为中国羽毛球事业做贡献的青春理想。而作为梯队建设，梁启徽、侯宏昌（侯加昌的弟弟）、傅汉平、沈少波、单建华等一批年轻人成为广东羽毛球队的后备力量。

可惜的是，这批年轻人入队后正赶上十年动乱，训练和比赛极不正常，他们报国无门。我的弟弟汉平尤其不幸，后来因为生活条件不佳，还感染了肝炎，只能放弃训练去养病。

1974 年年底，傅汉平经申请获批到香港定居。让他去香港，一方面有助于调养身体，另一方面也方便他来照顾也在香港的父亲。

汉平身体恢复后，继续在香港展开了羽毛球事业。他于 1975 年、1976 年连续获得香港羽毛球男双冠军；1977 年，汉平和陈念慈合作，代表香港获得第一届世界羽联锦标赛混双冠军；1978 年的新德里亚运会，汉平还获得了羽毛球男双铜牌。

而梁启徽在 1972 年，与方凯祥合作代表广东队参加全国五项球类运动会，获得了羽毛球男团冠军（两单一双赛制）。但因为“成分”问题，他却看不到进国家队的希望。1975 年，梁启徽也去了香港。经过多年奋斗，他后来成为一名成功的企业家。

命运的安排就是这样蹊跷，父亲和他带回来的两个年轻人，三人最后又在香港聚首了。

华侨的“周总理情结”

在那段迷茫的岁月中，我庆幸自己脑海中还有一个信念——“周总理”。新中国成立后，周恩来总理在海外华侨心目中享有崇高的威望，特别是在印尼。周总理在 1955 年 4 月带领中国代表团抵印出席了亚非国家首脑会议，即现代史上著名的“万隆会议”，印尼许多华侨还有幸亲眼目睹了周总理的风采。

周恩来总理在万隆会议期间的杰出表现，为新中国，也为他赢得了崇高的国际声望。就我的亲身感受来说，周总理更成为广大华侨心目中新中国的“形象代表”。他的政治智慧和人格魅力令人敬佩，也深受海外华侨崇敬和爱戴。

周总理对羽毛球事业也非常关心。1963 年 7 月，中国羽毛球国家集训队在北京迎战来访的印尼羽毛球队，我和秀英当时都在队里。当赛前得知周总理会前来观看比赛时，我们从领导、教练到队员都很兴奋。

比赛中，未上场的队员都会不时张望主席台上的周总理，总理的音容笑貌、他为双方队员精湛技艺鼓掌的独特姿势，都深刻地烙印在我的记忆中。

赛后，周总理亲切接见了双方全体队员，这对我们羽毛球人是极大的鼓励。位于前排的梁小牧、曾秀英等女队员，周总理都跟她们握了手。后来许多时候，秀英都会骄傲地提起："我当年跟周总理握过手呢。"

所以，即使在身处干校的动荡岁月，我始终从新闻里关注周总理的消息，我当时脑海中的一个信念是——只要周总理健在并工作，我们归侨就有希望，这也是我始终对祖国不离不弃、甘苦与共的坚定精神支柱之一。

1972 年 4 月 9 日，周总理专门到广州二沙岛视察广东省体工队。在当时依然复杂的政治环境中，他的视察是对全国体育界的鼓舞。在上百名运动员中，周总理认出了梁小牧。总理招手让梁小牧走过去，亲切地问："梁小牧，你为什么没有去国家队，这些年，你还好吗？"

这句问候让梁小牧一下子感动得哽咽起来。当晚，周总理还让人请她到休息的小礼堂，专门询问了许多羽毛球发展中遇到的问题。正是在这次视察中，周总理提出了在二沙岛为羽毛球队修建一个专门的羽毛球馆。随后不久，在周总理的关心下，全国五项球类运动会举行，极大促进了包括羽毛球项目在内的中国体育事业的复苏。

周总理接见梁小牧的事，很快就在我们这批归侨老运动员中传开了。这体现着周总理对归侨羽毛球工作者的关怀和肯定。当时，我和妻子曾秀英已经在广州体育馆体校担任羽毛球教练。对于正在努力培养中国羽毛球后备力量的我们来说，这也是一种巨大的激励和动力。

第九章 业余体校生涯

我的腰怎么了

到了 1969 年年底，广东羽毛球队的训练终于恢复。省体委决定将所有运动队集中到二沙岛基地训练。我们羽毛球队和省乒乓球队一起从广州市体育馆搬到了二沙岛训练基地。

恢复训练的时候，广东男、女羽毛球队也吸收了一批年轻队员，已经 28 岁的曾秀英就提出了退役。正好，为了培养后备力量，省市体委决定恢复广州市体育馆业余体校羽毛球队，退役的曾秀英就成为这个体校羽毛球队的筹办人和最早的教练。

傅汉洵在二沙岛体训基地

而作为一名男队员，我格外珍惜恢复训练的机会，希望能够尽量延长自己的运动员生涯，取得更多的成绩。即使在 1970 年结婚以后，我一如既往认真而刻苦地训练，我们那批老队员也都是这样的。

但从 1970 年下半年开始，我就感到腰部疼痛。我开始并没有太在意，依然带伤坚持训练。后来，腰疼得越来越厉害，下肢也开始疼痛，不时还有发麻的感觉。

我不得不来到广州市第一人民医院，请一位跟我们运动队相熟的骨科医生诊治。他详细检查了我的腰伤，最后的结论是第四、第五腰椎滑脱移位，属于严重的运动伤。医生强调，我不能再承受大运动量训练了。这意味着我必须退役。

医生的结论，对我简直像五雷轰顶。我一下子真的接受不了！我还不到 30 岁。我当初回国投身羽毛球事业，立志为国争光的初衷还远远没有实现。而当时在周总理视察过二沙岛后，体育队伍的正常训练刚刚开始恢复，我心里重燃希望，不料却听到了伤病的“噩耗”。

但医生明确告诉我，我的腰椎滑脱移位已经压迫到神经，治疗后也不能完全根治。再进行大强度训练就会导致移位加剧，最坏的后果有可能瘫痪。第一次听到医生这样说的时候，我有两三天都吃不好睡不好。

运动员有伤病在所难免。但当年困难的训练条件和落后的恢复手段、运动员的忘我拼搏苦练，还有三年困难时期的营养不良，无疑增大了我们伤病的概率。

最终，我不得不接受了现实。想到父亲寄托在我身上的梦想，也是我回国时就抱定的目标，实在心有不甘。但是，受影响的其实是整整一代中国羽毛球人。国际羽联对中国席位的排斥、“文革”发生的冲击与耽误，然后就是年龄与伤病，使得一批羽毛球精英即使赢得了“无冕之王”的美誉，却并没有能够真正在世界羽坛为祖国争金夺杯。

夫妻搭档办体校班

在我不得不因伤退役之际，我妻子曾秀英筹办的广州体育馆体校

广州体育馆门前，傅汉洵在指导小队员的挥拍动作

羽毛球班正面临人手短缺、招生困难的问题。我当时也有别的工作选择，但我还是不愿意离开羽毛球事业。我最后的决定是当这个业余体校羽毛球班的教练——其中最大的原因是，我想要努力培养新一代羽毛球人才，寄望他们能完成我没有完成的代表中国站上世界最高领奖台的使命。

就这样，我和秀英夫妻搭档，共同办起了广州体育馆体校羽毛球班，主要针对少年儿童招生。我是1971年1月正式成为这个体校羽毛球班教练的，妻子比我的“资格”更老。从此，我们两人共同承担起推动广州羽毛球事业发展和培养后备人才的重任。

广州体育馆体校羽毛球班开办的时候，可谓百废待兴。当时许多中小学校也是刚刚恢复上课，几乎找不到有羽毛球基础的少年儿童。前几年体育系统也受到政治风暴的很大冲击，许多家长对业余体校存有偏见。开始招生的时候，我们面临的不是“谁会打球”的问题，而是“谁愿意来打”的问题。

我和妻子商量后，觉得首先要把小学校的体育老师动员起来，把羽毛球的种子撒下去。

我们这样做是有的放矢的。“文革”前，广东羽毛球队在广州体育馆训练比赛的时候，发展了一批对羽毛球感兴趣的中小学体育老师当羽毛球裁判和工作人员，其中许多也是归侨。如果他们能把各个学校的羽毛球开展起来，体校的招生不就有米下锅了吗？

所以，我在体校的第一批“学生”，主要是这些来自广州老城区小学校的老师。我从基础开始培训，从握拍到基本步法，力求培养一批基本功扎实的基层羽毛球师资。

早在我妻子曾秀英接手筹办体育馆体校班的时候，她就开始跑学校了。她最早的三个学生，就是从东风二路小学招来的。我加入后，我们继续有空就往下面的小学跑，苦口婆心加亲身示范，动员学校领导支持老师开展羽毛球运动。其实最主要的还是经费问题。体育馆体校经费不足，各个学校更是捉襟见肘，何况羽毛球算是个“贵族运动”。但许多学校还是表示支持我们，因陋就简划出了羽毛球场。

当时我们去得比较多的学校有沙面小学、荔湾南小学、乐贤坊小学、十五甫正街小学、东风二路小学、中山五路小学、回民小学、盘福路小学，还有稍偏远的滨江路小学、先烈东小学、向群二小等。后来，其中许多学校成为羽毛球特色学校。

每周有一天，这些老师来广州体育馆接受我的培训。培训完毕，他们都要顺便捡一堆我们体校队训练打坏的残旧羽毛球，拿回他们学校让同学们练习使用。如果用现在的眼光看，那些残缺不全的旧球早该丢弃了，可当时的这些老师都如获至宝。后来听说，还有老师动员学生从外面捡鸡毛、鸭毛回来，引起家长怀疑，其实这些是捡回来交给老师修补羽毛球。就是在这些基层老师的配合下，广州小学校的羽毛球活动在艰难条件下逐渐开展起来。他们也推荐了许多好苗子上来。

在广州体育馆体校羽毛球班开办之初招进的学生中，后来产生了世界冠军吴迪西、关渭贞，还有成为亚洲冠军的何尚全，其他如张新广、何一鸣、杨新芳等队员后来也在国际国内比赛中取得了出色成绩。

当几十年后广州的群众羽毛球蓬勃发展，实现举办世界羽毛球大赛大满贯之后，我们一定要记住，正是当年这批基层学校的羽毛球教练，为广州这座“羽毛球之都”奠定了基础。

何尚全的故事

说起何尚全，他进入体校班的时候，还是荔湾区乐贤坊小学的四年级学生，也是学校的“小霸王”。

乐贤坊小学的一位老师，有一天带来了他们学校几个学生，都是很想学习羽毛球的，让我来看一下。其中有一个个头不太高，但轮廓很结实的男孩，就是何尚全。一试之下，何尚全的身体素质和灵敏性都不错，特别他还是左撇子，我就吸收了他。不过他的老师告诉我，何尚全很顽皮，经常在学校打架，要看紧一点。当时体育馆体校的学员还是走读，每天下午课后前来训练。

但何尚全在体校的表现并不差，看得出来他很喜欢打羽毛球，每次上场都满场飞跑，情绪高昂，经常救球太猛摔一跤也不当回事。

他刚训练没多久，有一次来到体育馆的时候，脸色很不好，我一摸他的额头，滚烫滚烫的，他发烧了。我让他回家休息，他不肯。当天，我安排小学员们和前来观摩的各校体育老师打训练赛，我就让何尚全坐下来看比赛。我走来走去，安排场地，指点各个小队员比赛。可我每次回头，都看到何尚全不出声地跟着我。

“跟着我做什么？你发烧了，坐下看比赛！”

“傅指导……你也让我上场嘛！” 小小年纪的他，这句话在他心里憋了半天。

“你发烧，看球就好了。”

“我可以打的，我没事！”

他近乎哀求的声音，让我不忍拒绝。我安排他上场，他拿起球拍立即活蹦乱跳起来，早把发烧抛在脑后了。这种痴迷，让我看出了一种潜质。

过了一段时间，何尚全却连续几天缺课，没来训练。开始，他的同学都不敢告诉我原因。我追问之下才得知，何尚全因为打架，校长不让他来训练了。

我心里始终放不下何尚全。过了几天，我决定到乐贤坊小学探个究竟。当我骑着自行车来到校门口时，门卫问我的来意。我说我是体校教练，要找我的一个学生何尚全。不料，门卫一听何尚全的名字，就惊讶地对我说："何尚全？这个打架大王，你们体校也要？"

我还真不知道何尚全在学校这么"有名"。我找到校长，才知道缘由。何尚全一直在学校里散漫顽皮，而且在一帮捣蛋的男生里面颇有号召力。这一次，他领着一帮男生，竟然和高年级的男生打架，把教室的光管也打烂了。不得已，校长才叫停了何尚全去体校训练，让他好好写检查。我给校长讲述了何尚全对羽毛球的痴迷，表示不希望浪费掉这个好苗子。

晚上，我和妻子决定对何尚全进行家访。在西关老街的一条巷子里，我们找到了何尚全的家。他的父母很热情地请我们进去，但家里非常简陋逼仄。何尚全的哥哥给我们搬来木凳，我们就坐在了大门口。何尚全知道我们来了，也知道自己犯了大错，不敢出来见我们，躲在家里一个角落里。他的父母都是普通的体力劳动者，平日顾不上管教孩子，对于我们的到来，有点惶恐又非常感激。

就这样，我们和学校、家长达成共识，一起帮助何尚全认识和改正错误。我亲身到访学校和家里，一定也触动了何尚全。他不仅训练更加刻苦，也在努力改正各种缺点。在体校期间，少不了我妻子曾秀英对他的苦口婆心。在小学毕业之前，曾经是打架大王的何尚全，终于加入了少先队，戴上了红领巾。

后来，何尚全成为一名优秀的羽毛球运动员，入选过国家队，退役后担任广东羽毛球队的教练。他后来尤其对曾秀英指导毕恭毕敬。当他也成为教练的时候，曾经教训小队员们："你们跟谁顶嘴都行，就是不能跟曾指导顶！"

中心体校的筚路蓝缕

1973年下半年，广州市体委决定在沙河瘦狗岭原市第五十六中学的校址，成立广州市中心业余体育学校。羽毛球是该校最早设置的项目之一，我和妻子曾秀英双双担任中心体校羽毛球班的教练，开始也只有我们两个羽毛球教练。又一场创业开始了。

原五十六中的礼堂被安排为羽毛球和乒乓球两个项目的训练馆。如前面所述，这个礼堂的“惨状”，让我回国探亲的母亲看到后觉得无法接受。这里的条件，跟广州体育馆可谓天壤之别，我也觉得落差极大。门窗千疮百孔，水泥地面粗糙不平，头顶是简陋的石棉瓦。去规划场地的时候，正好是冬天，礼堂里面也是冷风呼啸。我向学校提出来，在学生进来之前，至少要把门窗修好。

过了一段时间，学校领导说门窗修好了，我们赶紧去看，却禁不住苦笑出来。原来，迫于经费不足，只是简单地用砖块水泥将破烂的窗户都封了起来。原来掉下来的一扇大门被找了回来，装上去后勉强可以使用。

我用尺子量了一下，边上留出乒乓球场地后，馆内勉强可以划出四片羽毛球场地。我犯愁之际，忽然看到了礼堂的舞台。我上去一量，舞台上正好也能划出一片场地，这算是意外之喜。即使是这样，三十几个学员，五片场地，也实在捉襟见肘。

小队员们刚到这个简陋的礼堂训练的时候，还是凉爽的冬春季节。随着天气的转热，馆内的艰苦程度就变本加厉了。门窗都被封死，最大的问题就是不通风、闷热。由于基本没有了自然光，要靠大功率电灯照明，当时的灯泡都像小暖炉。到了夏天，馆内的温度至少超过了40℃，空气的闷热污浊可想而知。几年之后，才加装了一台大功率的鼓风机来通风。

关渭贞曾回忆说，在闷热的环境中训练累到没胃口，那时候要从家里带榨菜、辣椒什么的，逼着自己多吃饭。她还记得当时发的运动鞋很单薄，不裹脚。训练的时候，她要用绷带将脚包扎起来，像“裹蒸粽”一样。

直到后期，中心体校的经费才有所改善。记得后来有了“营养费”，我就不时给每个队员买一支炼奶或粉状葡萄糖加强营养。在体校的宿舍里，我有一个煤炉，夜晚就会用来帮队员煮“牛奶蛋”或者面条来当宵夜。

面对这样的条件，我和秀英唯有将我们当队员时“饿着肚子冲击世界冠军”的艰苦奋斗精神，灌输在这批小队员身上。令我们欣慰的是，这些年龄在10岁到15岁的小队员，都承受住了考验，磨练出了坚强的品质。

分批训练与养猪、挖洞

当时我和曾秀英作为教练最大的苦恼，就是训练场地不够用的问题。许多羽毛球的专业技术训练必须要在羽毛球场上进行，我就绞尽脑汁，让三十多个学员分批来使用五片羽毛球场。

当时的中心体校学生全部住校，上午文化课，下午训练，晚上做作业，课余还要参加劳动。我和妻子最早在下午1点半，就安排第一批年龄较小的学员进场训练，他们最多只能练习半个小时，就要把场地让给更大的学员了。即使是主力学员，每个下午最多能保证一个小时的使用场地时间。这样最多要分成四批来“轮训”，由我和秀英分头管理。不能进入场地进行有球练习的队员，就根据情况在场外进行体能、长跑或步法等训练，一样被安排得满满当当。

正因为使用羽毛球场的时间很宝贵，要见缝插针，所以队员们都很珍惜。上场之前，大家的准备和热身运动都特别认真，上场后对于我们教练布置的练习，一个个争分夺秒，不敢懈怠。

在那个“备战备荒”“深挖洞广积粮”的年代，体校挖防空洞也有羽毛球班队员的份。他们不比那些年龄体格都更成熟强壮的篮球队、足球队学员，一个个稚嫩的身躯还要挖土提土，让人心疼。

羽毛球队的小队员，还承担了体校养猪的任务。全校师生都指望逢年过节靠两个猪栏养的几头猪，来加菜改善营养呢。所以，小小队员们也要分几班轮流去喂猪。多少年后，成为世界冠军的关渭贞回想起她在中心体校的岁月，印象最深的就是在一个台风袭来的凌晨，狂风暴雨冲垮了猪舍，只有 12 岁的她跟着队友们一起在风雨中找猪抓猪的故事。

我是补鞋匠，也是理发师

在水泥地面上训练羽毛球，孩子们的胶鞋很快就磨损磨烂了。每个小队员每年配发两双“蜻蜓”牌或“回力”牌运动鞋，对于常年训练的他们来说是远远不够的。磨破的鞋子拿出去修修补补，就成了常事。回想当年在广东队的时候，我们的鞋子也不够穿，每到周末也要出去补鞋，第二天就要拿回来，否则就没鞋训练了。

帮小队员们补鞋，就成了我周末的任务。周六下午大家回家之前，我就把坏鞋收集起来，装在一个袋子里，用自行车带到一个相熟的补鞋匠那里修鞋。星期天晚上，我再抽空去将补好的鞋拿回来。后来，这个任务也会交给一些年龄稍大又会骑自行车的队员完成。

每双鞋都会补到不能再补。到了只剩一只鞋能穿的时候，大家就把它扔在训练馆门口的一个大纸箱里。后来再遇到只有一只鞋能用的情况，大家就会来这个纸箱“配对”，找到一只配上的鞋就又能多穿几天。这是今天只穿名牌运动鞋的孩子无法想象的吧。

我最记得的是男队员邓建成，当时个子小小，但速度奇快，满场飞奔，他的鞋磨损得特别快。他就经常在门口的纸箱里翻还能将就穿的球鞋，套在脚上就又飞奔回去打球了。

除了鞋子，我和秀英对羽毛球本身也是格外珍惜。当时经费有限，每个月能保证用球的定量就谢天谢地了，不敢苛求什么冬季用球还是夏季用球，只能动脑筋自己加工改造，适应训练。我和秀英每天训练结束后的最后一项工作，就是仔细检查每一个羽毛球，不舍得放过任何一个还能用上的“残”球。

说起来，我从广东羽毛球队带到中心体校的传统还真不少，另一个就是自己动手理发。

在广东队的时候，我们男队员都是互相理发的。理发技术相对较好的除了我，还有黄志远、黄鸿平和徐权亨，那时男队员基本都剪平头。

记得有一次，我刚刚给别人理发完毕，正好女队员梁小牧走过。她心血来潮，让我也顺便帮她剪个头发。我说我可从来没有帮女同志剪过，她说不要紧，反正只要短点就行。这样，梁小牧就成了我为女子理发的第一个“实验品”。

一试之下，我才发现给女子剪发和男人理平头大不相同。我只好硬着头皮，小心翼翼地左边剪一点，右边再剪一点，总是觉得两边不平衡，就这样剪来剪去两边折腾，最后梁小牧也不耐烦了，一直催我快点。用了好长时间，我也觉得不能再剪了，才草草收工。

等到梁小牧洗完澡，一照镜子，才发现头发都竖起来了，她自己也吓了一跳，原来是我剪得太短了。等到吃晚饭的时候，她的最新发型和我的手艺同时遭到大家的嘲笑。

不过到了广州中心体校时期，我的理发手艺早已非常熟练。小队员不分男女，他们的头发基本上都是我理的。男孩子清一色短短的平头，女生也是统一的运动型短发，整齐而精神。秀英是决不允许她手下的男、女队员留长发的。

在拉出去参加全国性少年体校比赛的时候，我们这支广州中心体校队的精神面貌独树一帜。比起一些外省队伍，这批广州的孩子整体个子虽然不高，却虎虎有生气，一上场就活力四射，每球必拼。一个外省教练私下对我说：“我们队员一看到你们广州队，还没交手就被震住了。”

我问：“为什么？”

“你看你们的‘光头队’，一出来就杀气腾腾的呀。”

艰苦到别人不相信

在我和秀英的引导下，这批队员勤奋刻苦，克服简陋艰苦的训练

傅汉洵教练在悉心指导中心体校学员

条件，是出成绩的最大保障。很快，在全国、全省的各级青少年业余比赛中，广州中心体校羽毛球队开始不断取得优秀成绩。

而我们作为教练，除了从一开始就严格细致地提高小队员的技术和基本功，更重要的是一直强调培养他们艰苦奋斗、不怕困难的意志品质，这一点，应该是从我们当运动员时的“基因”里传承的吧。

在羽毛球场地紧张的情况下，我们把带球训练当成队员完成好文化课学业的一种奖励。每天晚上，秀英会检查学员的作业，完成快的学生就可以到训练场加班训练了，结果大家都是抢着写完作业，抢着加班训练。

出外比赛之余，各地小队员私下交流，我的队员们羡慕别人的条件都比广州体校优越。许多外队教练听说我们的训练条件后，都将信将疑，因为从广州队员场上的表现看，不敢相信是在一个水泥地面的破旧礼堂里训练出来的。

我记得是在 1975 年的夏天，上海羽毛球队教练蒋永谊专门来到广州，向我带的广州中心体校羽毛球班“取经”。蒋永谊跟我是同一时代的上海羽毛球运动员，也是在 1970 年退役后执教，当时正在抓上海青少年羽毛球的培训工作。后来，蒋永谊培养出张爱玲等名将，担任过上海羽毛球队总教练、全国羽协副主席等。

当我把蒋永谊带到体校“礼堂”的羽毛球训练场后，他有点傻眼了，他不相信成绩出色的广州中心体校羽毛球队就是在这样简陋的地方训练。他问我：“你们就在这里训练？你不是在骗我吧？”

我笑了：“我们就是在这里训练呀。”

体育馆里闷热无比，蒋永谊进去几分钟就汗如雨下，我就赶紧带他出来了。他在大门口又问我：“真没有别的地方了吗？这怎么受得了！”

最后他感慨地说：“我之前真的不敢相信，你们体校这么艰苦！我们的队员肯定受不了的。”

广州中心体校羽毛球队在全国同行中赢得名声后，就成了许多专业队伍选材的目标。当然，我们首先要向我的母队广东羽毛球队输送人才。我们最早向省队输送的队员包括男队员高军、李英明，女队员陈小英、余江红、梁少莲等。在 1975 年第三届全运会上，中心体校培养的选手李英明，就代表广东获得了青少年组羽毛球男单冠军。

20 世纪 70 年代，部队系统的体育运动开展比地方更加活跃。为了准备全军运动会和全运会，许多军队单位来到广州中心体校羽毛球班招人，最远的来自兰州和昆明，许多崭露头角的好苗子就被“抢”走了，张新广、陈家良、何尚全等，后来都被特招入伍。

1975 年，只有 13 岁的吴迪西，被福州部队招入，后来成为我弟子中的第一个世界冠军。那次福州部队参与招人的一位政委，也来到广州中心体校，他对招到的队员很满意，对我们简陋的训练条件却大表不解，连说“这么艰苦，想不到！想不到”。

家庭、工作两煎熬

1971 年 8 月，秀英生下了我们的大女儿傅朝晖。我们晚婚晚育，秀英都算大龄产妇了。她即使在怀孕时也是一心扑在工作上，当时普遍营养又差，她生下女儿后健康状况并不太好，几度因为发高烧而住院。

我要照顾妻子和襁褓中的女儿，也要管理体校的几十名孩子，一下子感受到了生活的压力。我和秀英都没有老人在身边，刚开始，是一名老队友潘祝英的母亲帮着我们照顾朝晖的。

广州中心体校成立时，我们双双要到瘦狗岭体校这边带队员，刚刚 2 岁多的朝晖怎么办？许多领导和同事都知道我们夫妻的窘迫。市体委的一名军管干部，主动帮我们物色到一位他朋友闲居在家的母亲，让我们把朝晖“全托”在她那里，以解我们的后顾之忧。那位阿姨喜欢小孩，也体谅我们的忙碌，很爽快就答应了。

那位阿姨家住在大沙头广九车站附近。每个星期天晚上，我用自行车送朝晖过去，星期六再接她回家。我和秀英平时要照顾学生，也住在体校宿舍里。每个星期三晚上，我就抽空一个人骑车到阿姨家，仅仅就是看一眼朝晖。到了星期六傍晚，学生们放学回家，秀英先回我们在射击场的家中收拾房间，生火烧水做饭，我就骑车到阿姨家接朝晖回家。

那时候，我在单车后座上绑上了一个椭圆的塑料盆，里面垫上一块大毛巾，让小小的朝晖躺在里面，这就成为她的“专座”。到了冬天，还要搭上一块纱巾挡风。我一边骑，一边要留意后座朝晖的动静，一边还要留神路上有没有警察查车——不是查汽车，而是查自行车。当时，骑自行车不许载人，查到要罚款的。

到了 1977 年，我的二女儿傅朝华出生。我骑自行车接送女儿的日子又持续了很长时间，后座上的人从朝晖变成了朝华。

在朝华还没学会走路的时候，我们两夫妻在中心体校训练馆里训练队员，就把朝华放在一个大木盆里，上面罩一块薄纱防蚊，任她一个人兀自牙牙学语。

我们当然对女儿疼爱有加，但我和秀英同时又面临着体校繁重的工作。在两个女儿的童年时期，我们身为父母，跟队员在一起的时间远远超过跟女儿在一起的时间。这是我们永远愧对女儿的地方。

那段日子，已经在香港工作定居的父亲，利用假期也不时回来广州，看望我和秀英，更是看望他的孙女。他心中始终牵挂的还有我的羽毛球事业，他经常来到训练场边，静静地坐在一张藤椅上，看我们带小队员训练。

他关爱着这些小队员，经常会从香港带来一些进口糖果和饼干给孩子们。这些零食在改革开放前的广州是稀罕的，给许多小队员留下了美好的回忆。

不拘一格选苗子

20 世纪 70 年代，我在业余体校选拔羽毛球苗子时，资源远远不如改革开放以后丰富。那时，一方面靠我和秀英自己跑基层，另一方面依靠基层学校的体育老师们为我们推荐人才。在具体挑选队员时，我自己也逐渐形成一套被实践证明行之有效的准则。

第一，注重全面素质，不唯身材论，不轻易放过小个子队员。所以，身材高大的关渭贞、比较矮小的林燕芬都拿到了世界冠军。当时我手下还有一批队员，像女队员林彬，个子比林燕芬还矮，但打球特别灵巧肯拼，特别“鬼”。还有男队员何尚全、何一鸣、谢有明等，个子都不高，曾一度受到别的教练的非议，但他们后来都成为很优秀的羽毛球专业选手。

第二，从全队出发统筹队员的构成，特别留意左撇子选手，这可以丰富队内不同类型的打法，有利于相互促进共同提高。

第三，注重队员的品质和对羽毛球的热情。“刺头”何尚全对羽毛球的痴迷打动了我。吴迪西小时候也是，她当时的身体条件并不是太好，但一心热爱羽毛球，打球有灵性。

我退休后，高军成为广州市羽毛球队总教练，他当年加入广州体育馆体校，是被我“看”进来的。

当时，我带队员训练的时候，每天下午都会看到训练馆的玻璃门外，有一个大男孩趴着看里面的训练。他几乎天天如此，就引起了我的注意。有一天，我特意绕出馆外，走了一大圈路，找到了趴在玻璃门前的男孩，他就是高军。一问之下，高军说他是广州市二十七中的学生，

傅汉洵与广州市体育馆体校羽毛球班的部分学生，包括吴迪西、何尚全、何一鸣等

很想练羽毛球，所以每天来看，但又不敢进去。我带他进去测试了一下，基础还不错，就吸收他进队了。

教球与育人

作为体育学校的羽毛球教练，从竞技体育的角度，我们最大的目标当然是培养冠军。但是，受各种条件和因素影响，能够成为世界冠军哪怕是全国冠军的都是凤毛麟角。我和秀英都是专业运动员出身，也都拿过全国冠军，切身明白成为冠军之不易。所以，一方面，我们在尽力挖掘和培养冠军苗子；另一方面，我们认真培养每一个吸收进来的孩子，他们中的绝大部分与冠军无缘，但只要能培养一颗拥有体育精神和追求冠军的心，就是人生的宝贵财富。

进入广州中心体校后，学员住校，每周跟教练待在一起的时间比跟父母的都长，我们深感责任重大。对于这些正值青春期的少男少女来说，教练对他们人生道路和世界观的影响，起着非常关键的作用。当有学员离队的时候，不论是升入更高级别运动队，还是告别体育专心学业，或者是参军或走上社会工作，我们都会尽量举办一个简朴又热烈的送别会，为他们艰苦的体校生活画上一个温暖的句号。

所以，我们教球，更注重育人。

有一次，秀英到一个名叫阿冰的女队员家中做家访，发现家里的老奶奶就睡在门后的一块木板上。其实，那也是当时住房紧张的无奈之举。秀英回来后跟阿冰谈起来，就引导她要孝敬老人。后来，我们再去阿冰家见到老奶奶时，老人家拉着秀英的手说，你们培养得阿冰真懂事。原来，阿冰周末回家，都会用省下的零花钱买东西孝敬奶奶。

许多年以后，当时体校的女队员宋芳玲已经成为一名事业有成的商界人士。她总是说，体校时期的艰苦锻炼，是她一生中最宝贵的精神财富。

宋芳玲和关渭贞都是先烈东路小学的同学。她的父亲是军人，因此宋芳玲的自觉性很强。她天分普通，却是训练最认真、最刻苦的队员之一。我印象最深刻的是，当时大家练跳绳，只有个别男队员可以做到“三飞”（起跳一下可以挥绳三圈），宋芳玲是唯一能跳“三飞”的女生。后来，宋芳玲的父亲调动到湖南工作，宋芳玲在关渭贞家里寄居两年之后，也回到了湖南。她从湖南给我们写来一封信：

亲爱的傅、曾指导：

……回顾四年来的成长，你们对我，思想上像父母那样严格要求，生活上像保姆那样爱护，技术上是手把手教。我有缺点，你们耐心帮助，热情鼓励；有点进步，你们看在眼里，乐在心里。想到这里，我热泪盈眶……任何东西都无法阻挡我对你们的思念！（引自报告文学《祖国在他心间》，《广州文艺》1979 年第 6 期）

后来，宋芳玲并没有在专业羽毛球道路上走得太远。她在湖南参加高考，考入广州体育学院成为一名学习体育心理学的大学生。她毕业结婚后经商创业。曾经有一段时间生意不顺，几乎到了破产的边缘，但她最终挺了过来，生意走上了正轨。

谈到最困难的日子，宋芳玲后来告诉我：“在做生意走投无路的时候，我几乎要崩溃。就在那个关头，我猛然想起在体校时的艰苦锻炼。心想我为什么要放弃？体校那样艰苦的环境，我都熬过来了，我一定要坚持！”

后来，也正是靠着在广州中心体校的艰苦奋斗，我们创造了“业余队打败专业队”的佳话，奠定了广州羽毛球队成立的坚实基础。

体校耕耘收获荣誉

1978 年 11 月，全国业余训练和推行《国家体育锻炼标准》工作

1978年，当时的国家体委主任王猛（右一）和获颁“体育运动荣誉奖章”的傅汉洵（左二）握手

会议在山东烟台举行，国家体委在大会上授予在业余训练工作中做出优异成绩的四名体校教练员“体育运动荣誉奖章”，我作为广州中心业余体校羽毛球教练，成为获奖者之一，另外三人分别来自上海、哈尔滨和洛阳。

在11月17日的《体育报》头版，刊登了我和其他三位获得奖章的教练员的头像和事迹简介。对我的介绍是：

1960年，傅汉洵怀着发展祖国羽毛球运动的强烈愿望，从印度尼西亚回国，参加了广东省羽毛球队。1971年起，他担任羽毛球教练，他严格要求、严格训练，勇于创新，成绩卓著。经他训练的运动员每年参加全省业余比赛都获得团体冠军。他的学生已有27人参加过省以上集训队，其中3人代表我国出国访问，1人获得亚洲邀请赛少年男子单打冠军。他还利用业余时间编写了《少年儿童业余羽毛球的训练》一书。

据当时报道，全国从事业余训练的专职和兼职教练员有几万人，我能脱颖而出，荣获国家“体育运动荣誉奖章”，对我是莫大的鼓励。

不久之后，随着广州市羽毛球队的成立，我也从业余队的教练员成为专业队的教练员，进入事业的另一阶段。而这枚“体育运动荣誉奖章”，成为对我的业余体校教练生涯最好的总结。

第十章 耕耘广州羽毛球队

“业余队打败专业队”

“业余队打败专业队”是怎么回事？要从头说起。

进入20世纪70年代后，国家体委采取系列措施，逐步建立起青少年的训练和比赛制度。从1974年开始，举行全国青少年羽毛球比赛，全国的业余体校系统每年也都会举办比赛。我执教的广州中心业余体校队成为一支劲旅，在青少年系统的比赛中成绩优异。

1977年年底，全国羽毛球赛由广州主办。作为给东道主的优待，大赛特意允许广州可以多派一支队伍参赛。按惯例，参加全国比赛的都是省级专业代表队，广东已经有广东羽毛球队参赛。当时，广州并没有独立的羽毛球专业队，广州市体委一开始也没有派队伍参赛的想法。

但国家体委主管羽毛球项目的谢朝权处长向广州市体委建议说，广州中心体校羽毛球队这支队伍很不错，机会难得，又是本土比赛，为什么不在这次全国比赛上锻炼一下呢？这次全国赛，除了男女团体和各单项比赛外，还设置了少年组男女团体比赛，广州中心体校队正可以参加少年组的比赛。谢处长同时也是中国羽协的秘书长，对全国羽毛球状况非常了解。

当时，十年动乱已结束，全国的羽毛球界都精神焕发。这次全国赛规模庞大，有21个省市自治区和解放军等队伍参赛，运动员达到335人，都为历来之最，其中少年运动员有176人。广州中心体校队就组队代表广州，参加了少年团体比赛。我的老队友侯加昌和方凯祥，这次仍在“老骥伏枥”，代表广东队参赛，而我以少年队教练的身份与许多老朋友重逢。

本来少年男女队各有七支队伍参赛，都是福建、广东、上海、湖北等传统羽毛球专业强队里的少年二线选手，加上我们广州少年队，正好组成八支队伍。不过由于广州少年队这次“业余”组队的特殊性，我们并不计算名次。

但我和队员们都非常珍惜这次大赛机会，因为可以跟来自全国各地的专业队员交手。正是在这次比赛中，“广州中心体校队”成为一个现象，引起了所有参赛队伍的关注。

少年团体赛的赛制采用单循环，每轮打满5场（3单2双）。本来，业余队的训练条件、比赛装备、伙食保障等方面，都远远不如专业队，我们开始是没有被其他队伍放在眼里的。我们也是抱着学习和练兵的态度，力拼每一个对手。但随着赛事的进行，广州市中心体校队男女队员在艰苦条件下磨练出来的精气神，令其他专业队伍刮目相看。

尤其是我们的少年男队，在团体赛中先后击败了上海、福建、湖北等强队，前六轮六战六胜。我带领的这批小队员生龙活虎，不畏强手，几乎每场比赛都打到了决胜盘或决胜局。参赛的队员是谢永祥、林海明、邓建成、何一鸣、何立夫和谢有明。

最后一轮比赛，我们男队的对手是广东队。广东少年队里的好几个队员，其实就是从广州中心体校选拔上去的，也是我的学生。这场团体赛打得非常激烈，我记得每一局的比分都是2∶1，最后的盘数是2∶3，我们惜败。

我们虽然不计名次，但在羽毛球界引起了很大震动。许多老朋友过来祝贺我。福建队的领队周修黎专门找到我说：“真没想到，广州的体校生这么厉害，业余队能打败我们专业队！”

1978年12月1日的《广州日报》在本次全国羽毛球赛的报道中，写了这样一句：“广州市少年男女队也参加了本次比赛，虽然不计名次，他们敢打敢拼，也取得了很好的成绩。”

广州羽毛球队成立

正是因为广州中心体校羽毛球队在1977年全国羽毛球赛上的突出

表现，中国羽协秘书长谢朝权向广州市体委和国家体委有关部门建议：广东羽毛球实力和基础雄厚，可以考虑在广东羽毛球队之外，在广州中心体校羽毛球队的基础上，由广州市单独组建一支市级专业羽毛球队。

经过近一年时间的酝酿、申请和审批，1978 年 12 月，广州市羽毛球队正式成立。这开了中国市一级单位成立专业羽毛球队的先河，远远早于后来的厦门和青岛等地。

这是广州羽毛球史乃至中国羽毛球史上的一件大事，开辟了一个新的时代。不过，当时既没有举办成立仪式，也没有记者采访登报，到现在几乎找不到任何文字资料了。

广州市羽毛球队成立时是有严格编制限制的。我和曾秀英正式调离广州中心体校，担任广州市羽毛球队的教练。队员的名额是 5 男 5 女。第一批队员是——

男队员：谢有明、谢永康、何一鸣、林海明、徐伟文；

女队员：关渭贞、张爱华、陈敏华、杨新芳、朱穗华。

广州市羽毛球队成立之后，队伍就搬回广州市体育馆集训。我和秀英开始全力以赴，致力于将广州队打造成一支技术精湛、作风过硬的队伍。

谢朝权的贡献

如前所述，广州羽毛球队的成立，与当时中国羽协秘书长、同时也是国家体委羽毛球处处长的谢朝权的支持密不可分。谢朝权从 20 世

1978 年年底，傅汉洵、曾秀英夫妇与广州羽毛球队的第一批 5 男 5 女运动员

纪 50 年代末就担任中国羽协的秘书长，我在 1960 年加入广东队后，特别是入选国家集训队后就跟他熟悉了。长期以来，他跟我们这些归侨队员和教练之间也没有丝毫隔阂。

1978 年广州羽毛球队成立，进入 20 世纪 80 年代我又兼任中国青年羽毛球队（以下简称“中青队”）教练等职，我和谢朝权的接触就更多了。谢朝权一直在中国羽协工作到 1992 年退休。中国羽毛球发展史上两次重要的羽毛球训练工作会议，都是由谢朝权主持召开的。在我看来，谢朝权是中国羽毛球事业最重要的幕后英雄之一。

从 20 世纪 80 年代开始，当中国羽毛球开始在国际大舞台上异军突起之际，谢朝权意识到培养后备力量的重要性，就提议并开始设立中青队。后来我带中青队出国比赛的时候，他也担任过领队。

我在北京执教训练中青队队员的时候，有时周末，谢处长还领我到什刹海体校打网球，他虽然主管羽毛球，却也是个狂热的网球爱好者。

就在 20 世纪 80 年代初，为了能长期保持中国羽毛球的优势，谢朝权在中国羽毛球队率先提出并实施了“科研”。中国羽毛球队申请经费购买了一台摄像机，每逢重大比赛就架起来拍摄比赛资料，然后带回来分析录像，这一举措一度让许多外国强手队伍感到新鲜。针对国外著名选手，会组织专人进行针对性的技术分析报告，为教练组进行针对性训练提供参考。

对于能带队出国参加国际赛事的教练员，谢处长还给他们布置了任务，那就是回国后必须提交一份最新的“技术报告”，而且要在举行全国比赛期间，向地方队教练宣讲，弥补了地方队教练对国际羽毛球发展趋势了解不足的缺失。几十年来，谢朝权做了许多这样的铺路石工作，为中国羽毛球做出了重要贡献。

赴澳大利亚教授羽毛球

1978 年夏季，在广州羽毛球队成立之前，身为教练员的我接到了第一个外派教学任务。国家体委派我和汤仙虎、林丰玉，作为中国专家去澳大利亚展开为期一个月的羽毛球教学，指导澳大利亚的羽毛球训练。这是中国再次向世界打开大门之后，与澳大利亚一次双向体育交流活动的一部分。

汤仙虎当时 36 岁，已淡出赛场，但还没有正式退役；林丰玉是福建羽毛球队的老教练，而我是广州市中心业余体校的羽毛球教练，正在筹备建立广州羽毛球队。我们三个都是印尼归侨，加上翻译徐增武，组成了这个教练团。

对我来说，已经有十多年没有踏出国门了。中国改革开放的时代即将来临，我也迫切想了解一下外面的世界。当时，出国经费是非常有限的。我们到北京集中时，出国的西装都是向国家体委外事部门借的。

我们从北京飞赴澳大利亚，中间先后在香港和新加坡转机。事先，妻子曾秀英已经通过国际长途电话将我在新加坡的转机时间告知了她在马来西亚的家人，家人们说是一定要赶到机场见我一面。确实也是，我们结婚八年了，妻子的娘家人我除了见过岳父，其他人只是见过照片。

当我在新加坡下机中转时，首先让我眼界大开的是新加坡樟宜机场的宏大豪华，跟当时陈旧的北京首都机场形成了鲜明对比。我走进候机厅后，隔着落地玻璃幕墙，我很快找到了专程从马来西亚赶来看我的岳父岳母一家，包括我的几个妻弟妻妹，差不多有十个人。我不能出去，他们不能进来。隔着一道玻璃墙的空间，我们拼命招手，却听不见对方讲话。后来，他们一直用手指着像电话亭般的设施，我走过去，才发现机场有专门用于这种情况下对话联系的“内线电话”。

我拿起话筒，问候了岳父岳母，其他弟妹也向我这个“姐夫”问好。我第一次见到岳母等亲戚，竟然是在机场隔着玻璃墙的匆匆一瞥。但半个小时的匆匆之中，我们都感到了极大的幸福，毕竟我们见到面了。

我们在澳大利亚的第一站是珀斯。珀斯当地羽协官员接待我们的时候，开始的态度明显很轻慢，他们一定很多年没有了解过中国羽毛球的状况了。我们第一次给他们的队员上辅导课时，感觉像走过场。课后，羽协官员主动提出来，他们平时也有来自印尼的教练带队训练，不知道我们的水平跟他们比怎么样，能不能跟这些印尼教练打一场比赛？他还专门强调，有两个曾是印尼国手，他似乎想看我们的笑话。

我虽然腰部有伤，但自我感觉打一场训练赛还是能应付的。我担心的是汤仙虎，因为那段时间他的肝部不适。但汤仙虎表态说，他可以打。想必他也忍受不了珀斯羽协的傲慢。

我们问那几位印尼前国手的名字，都是当年有所耳闻，甚至还交过手的，确实非平常之辈。于是，两对中国和印尼前国手的羽毛球双打比赛，在澳大利亚珀斯上演了。棋逢对手，我和汤仙虎在场上打得很过瘾，比赛确实也很激烈。印尼对手比澳大利亚人更了解我和汤仙虎，憋着劲想赢我们。但双打是我的强项，汤仙虎虎威犹存，我们拼尽全力，展现出一流的技战术水平，经过激烈比拼，终于击败了对手。这是我们在退役之后的一场“国际比赛”，我们再一次为国争光。

我们用比赛的胜利，给了澳方羽协人士一个下马威。他们对我们的态度立刻恭敬起来，他们发现原来这些中国教练是“有料”的。一个当地球员赛后向我请教：“你们比赛中的发球很有威力，到底是怎么发的？”

这下轮到我“傲慢”了，我说：“之前我们给你们上辅导课的时候，不是讲解过发球吗？难道你没有认真听吗？”

谢绝澳方的挽留

但是，感受到澳大利亚当地发达的经济发展水平后，我们几个中国人的心里一点也“傲慢”不起来。现代化的城市建筑、繁华的商业、漂亮的住宅和运动场，让我们眼界大开，甚至目瞪口呆，也进一步认识到国内的种种落后。

珀斯羽协的一名官员，本身是一个建筑开发商。在珀斯的最后一天，他专门开车，带领我们去参观其公司开发的房产项目。那些住宅分 A、B、C 几个级别。最低的 C 级住宅，也是占地数百平方米、带前后花园的大别墅。我们被告知前面的花园只能种花，后面的花园可以栽种其他植物或修游泳池。等到参观 A 级别墅时，我第一次目睹了什么叫奢华。装饰美轮美奂、有好几个独立浴室和厨房，配备各种现代化的电器，我印象最深刻的是客厅里的一大张洁白的羊毛地毯，我心中忐忑：这是给人踩的吗？

这位官员兼开发商问我们的感想，我们当然表示了赞许。他说，普通的澳大利亚人就能买得起 C 级住宅。然后我们就听到了他给我们的暗示：你们羽毛球水平这么高，不如就留下来当教练吧，就可以住这样的房子了。

说真的，拿我在广州射击场边上的简陋住房跟眼前的豪宅别墅相比，确实太寒碜了。

但我们还是对这位官员微微一笑，回绝了他的“好意”。我们三个教练私下议论，深知我们必须完成羽毛球教学交流的任务，这是国家的使命，要做好抵制诱惑的准备。身为归侨，我们这次也体会到国家对我们的信任。就我而言，中国当时虽然比澳大利亚落后很多，但我能感觉到自己国家已经有了百废待兴的新气象。

在短短一个月的澳大利亚行程中，我们先后在 11 个城市进行了羽毛球交流活动，包括珀斯、悉尼、墨尔本、黄金海岸等城市。每个地方长则三天、短则两天，不但要进行教学，还往往要打表演赛或训练赛。到了后面几站，我和汤仙虎都已经“拼上老命”了。我们当时的朴素想法就是，不能丢中国羽毛球的脸。

我们圆满完成了一个月的教学任务，我们所展现的中国羽毛球高水平的技术和理念让澳大利亚羽毛球界折服。我们的最后一站是澳大利亚南端的塔斯马尼亚，那是一个美丽的海岛，碧海蓝天，繁花绿树，宛如人间仙境，给我留下了难忘的印象，当地人休闲富裕的生活方式更是让我内心羡慕。出国前，我们确实没想到他们发展得那么好。

最后仍有澳方人士私下向我和汤仙虎许下以优厚的待遇挽留，我们予以谢绝，并义无反顾地如期回到了祖国。

第二次违背母命

在我和曾秀英投入到广州市羽毛球队事业中的时候，我们的家庭情况也随着时代的浪潮而变迁。

1979 年年底，我的父亲傅高宾仍然滞留在香港工作，我的三弟也定居在香港了。那一年，母亲又从印尼到香港看望父亲，也很想见到我们已经 2 岁多的女儿朝华，想让我们过去香港探亲团聚。当时广州队的训练比赛任务很重，我无法脱身，就让秀英申请了赴港通行证，独自带着年幼的朝华去香港。

秀英牵着年幼的朝华去到深圳罗湖口岸时，没有预想到口岸的混乱，第一天根本没有挤进去。原本约好我父亲在香港那边等她，当时也联系不上。以为能够顺利过关的秀英，身上都没有带钱，幸好遇到一位好心人，秀英向他借到了 15 元钱，带着朝华先住进了一个小旅店。

而我父亲在香港那边一直等到赴港人员通道关闭，仍然没有看到秀英和朝华的身影，情急之下，他就过关进入深圳寻找。深圳当时还是个落后的渔农小镇。当时已是深夜，父亲雇了一辆三轮车，沿着深圳唯一的主街向每一家旅店一路打听，终于问到了“曾秀英”。这一幕，至今让秀英感念。第二天，父亲和秀英母女才一起过关到了香港。

母亲见到秀英和 2 岁的孙女朝华后，一方面欢喜，另一方面又担心我们在内地的清贫生活。特别是，秀英告诉母亲我们仍然住在她 1973 年去过的铁路边射击场的简陋宿舍里时，母亲又劝说我们“出来”，说不能回印尼，来香港也好呀。当时，港府出于劳动力短缺及其他目的，对逃港者采取放松管制政策。

母亲还出主意说，我们一家过来可以先跟我弟弟汉平住在一起，秀英推脱说不想跟汉平一起住，母亲就表态说，她愿意回印尼凑钱，帮我们在香港买房子。后来，母亲还专门把汉平叫来，一起开“家庭会议”商谈此事。

秀英当然理解母亲的心思，母亲只是不想长子一家“受苦”。秀英没有听从母亲的话，她知道这也是我的想法，我们两个都认定自己的事业在中国。秀英向母亲解释了我俩在广州羽毛球队事业虽然刚刚开始，但发展很好。秀英还说现在的中国改革开放了，与母亲 1973 年见到的中国已完全不同，我们在内地一切都会好起来的。母亲最终也理解了我们。

秀英申请来港探亲的时限是 30 天。期满那天，秀英依依不舍带着朝华告别爷爷奶奶，从罗湖口岸过关回广州。又一件意料不到的事发生了。一名中国的边检人员拦住了秀英，并拿着她的通行证左看右看，有些奇怪地问：“别人想出出不去，你们真的是要回来吗？”

原来，那一年类似秀英这样能获批赴港探亲的内地人并不多，而其中许多人又乘势留在香港不再返回内地，据悉后来都能顺利拿到香港居留证。所以这名边检人员觉得奇怪，甚至怀疑秀英另有所图。边检部门特地打电话向广州市体委求证，确认曾秀英的身份后，才放行她和朝华过关。

我和秀英在广州羽毛球队的事业，确实才刚刚开始。

执教中青队与 1986 年印尼行

从 1981 年起，我除了担任广州羽毛球队教练外，还兼任中青队教练，遇到重大国际赛事时也参与过国家队的教练组团队。

1983 年，我还被国家体委外派到新加坡，担任新加坡国家羽毛球队外籍主教练，率领新加坡队在东运会上取得了历史性突破（下篇专门叙述）。

中青队的构成并不完全固定，也不是常年集训，而是针对一些国际赛事临时组队并进行短期集训，目的是让更多优秀的年轻选手接受国际大赛的锻炼，尽早成熟起来。集训地点也不是固定在北京，还包括南京、福州、成都等地。来自广州队，后来成为世界冠军的关渭贞、劳玉晶等，都曾代表过中青队出国比赛。

我身兼中青队教练直到20世纪90年代中期，在1991年1月，我还正式被国家体委聘任为中青队女队主教练兼教练组组长，任期3年。身兼地方和中国青年羽毛球队两份教职，外出集训与比赛就成了家常便饭，我照顾两个女儿的时间就非常有限了。

那段时间，也是中国羽毛球开始叱咤国际羽坛的日子。1982年，中国队首次参加汤姆斯杯赛，在决赛中以5：4反败为胜，从印尼队手中夺得汤姆斯杯。我父亲17年前在照片上题写的中华健儿捧杯心愿，随着中国进入改革开放的新时代，终于实现了。1984年，中国女队又把世界女子羽毛球团体赛冠军的尤伯杯捧了回来。但在同一年，汤姆斯杯又被印尼队夺了回去。

1986年4月22日到5月4日，第十一届尤伯杯和第十四届汤姆斯杯决赛先后在印尼首都雅加达举行，最后男女决赛的对手，又是中国队和印尼队，但印尼队占据着主场之利。出征印尼前，国家体委对这一次双杯决赛格外重视，早早就开始了选拔队员和集训，我也被抽调进入教练组。当时中国队的教练组成员为侯加昌、杨人燧、黄益冲、傅汉洵、陈福寿、陈玉娘和邱玉芳，几乎全是印尼归侨。到达雅加达时，中国代表队除了官员、教练和队员，还有一支由11个人组成的调研组。而我妻子曾秀英，也是这个调研组成员的之一。

阔别印尼十几年后，我和秀英又一次踏上了印尼的土地，感慨万分。不过，这次我们已不再是运动员，而是中国的羽毛球教练员，而我们身后的中国，与十几年前相比，正在发生着翻天覆地的变化。

在先进行的尤伯杯决赛中，中国女队实力明显高出一筹，轻松战胜印尼女队蝉联冠军。令我和秀英自豪和骄傲的是，中国女队冠军成员中的吴迪西、关渭贞、劳玉晶，都是我们带过和正在带的来自广州的队员。

而随后进行的中国和印尼的汤姆斯杯决赛，成为汤姆斯杯历史上最经典的比赛之一。中国男队靠赛前的“烟雾弹”和决赛排兵布阵的奇招，在印尼人近乎狂热的魔鬼主场气氛中，顶住压力以 3∶2 险胜，将上届失落的汤姆斯杯重新夺了回来。中国男、女羽毛球队双双夺杯凯旋，成为当年中国体育界的盛事之一。

那一次，我和妻子都全神贯注投入赛事中，赛后就随队迅速回国了，没有时间和机会回先达看望母亲，但我的一个弟弟和一个妹妹代表全家来雅加达看望了我们。比赛之余，我在雅加达也见到了不少先达的乡亲，这让我弥补了一些不能回先达的遗憾。

这一次中国羽毛球队群策群力，夺取双杯，对全国人民和中国羽毛球界都是一个巨大鼓舞。我们回到北京后，集体受到了当时党和国家领导人的接见并合影留念，包括万里、习仲勋等。当时的中共中央书记处书记习仲勋也是中国羽协的名誉主席，他勉励中国羽毛球人戒骄戒躁，努力再创辉煌。

感受海外华人浓情

在 20 世纪 80 年代带队出国比赛时，我和队员们经常都会感受到海外华人华侨对我们的关爱，背后是他们对祖国新气象的浓情。当时

傅汉洵在印尼羽毛球界有许多朋友，这是他和印尼羽坛名将梁海量在一起

还没有“追星族”一说，但我们之间结下的友情，远比所谓的“追星”深沉醇厚得多。

1982 年年初，我带领中青队一批男、女队员，来到英国伦敦参加英国公开赛并进行访问，队员中包括来自广州队的关渭贞和陈敏华，教练员还包括我当年的队友、时任广东羽毛球队教练的徐权亨。在英国时，队员只能分散住在当地志愿者家里，因为言语不通闹出过许多笑话。

我还记得的一个小插曲是，训练场边有免费饮品供应，其中有可口可乐。那时候可乐在中国内地还很稀罕，我的队员们训练期间就猛喝可乐。我们当时还不太明白可乐并不适合当运动饮品。一个英国教练看着奇怪，还专门问我，为什么中国队员训练时只喝可乐？我只好含糊回答说，他们在国内喝惯了。

在英国比赛，我领略到了这个羽毛球发源地观众的风度。当运动员发球时，全场鸦雀无声，安静得仿佛掉一根针也能听见。我在场边指导比赛时，与徐权亨谈论场上队员的情况，我们互相说的是广州话。由于赛场很安静，我听到侧后方观众席上有一个低沉的声音也说了一句粤语：“咦，怎么中国队的教练是讲广州话的？”

我忍不住回头一看，发现说话的是一名中年的中国人，我们目光交会，互相微微一笑点头示意。我专注于指挥比赛，但不时能够听到这个讲广州话的同胞在给我的队员大力鼓掌呐喊。

赛后，他主动到场边与我打招呼，我们用广州话交流，有一种他乡遇故知的惺惺相惜。他自我介绍名叫冯绍棪，是 20 世纪 50 年代从香港移民英国的华人。冯先生非常兴奋，他说来伦敦 20 多年，他从来没有看到过中国运动员的羽毛球比赛。他主动问起我们在伦敦的生活情况，得知队员们每天主要靠汉堡热狗之类填肚子时，他当即表态：“明天中午我给你们带中餐过来！”

其实，冯先生家离球馆挺远的。第二天，他开车一早去中餐馆订好了一批中餐盒饭，中午时送到了球馆。热气腾腾的饭盒里，有炒粉、炒面、青菜、炒饭等，让吃腻汉堡的小队员们吃得狼吞虎咽。在休息室，冯先生就笑眯眯地看着队员吃饭。我们让他一起吃，他还是笑眯眯地说：“你们吃！你们吃！我今天好开心。我终于在英国看到中国人打球了，而且你们打得那么好！我好开心！”

1990 年，傅汉洵带队在日本比赛期间，与关渭贞、冯绍棪在一起

接下来的几天，冯先生一直来观赛，并且自费照顾着大家的饮食。每当中国队员获胜，他就格外兴奋。冯先生和大家都结下了深厚的友情，尤其是我们几个来自广州的教练和队员。关渭贞开始不时用粤语跟他开玩笑。

分别之际，我们和冯先生依依不舍。冯先生表态说，以后我带关渭贞这批队员去哪里比赛，他都会尽量赶过去为我们助威。

冯绍棪先生真的说到做到。后来，我们在德国、泰国、日本等地有比赛时，都在场边见到了冯先生。我和队员都熟悉了他的一句口头禅，每当中国队员拿到赛点，胜利在即，他就会高喊一声“埋单”，鼓励中国选手尽早发力拿下对手。

我、关渭贞等和冯先生的友谊一直维持到了今天，他笑称关渭贞是自己的“契女”。有一段时间关渭贞在国家队遇到困难、处于低潮期，冯绍棪先生专门从海外写信鼓励关渭贞振作起来。

在我和关渭贞离开羽毛球赛场后，我们和冯先生又多次在香港、广州等地相聚，畅叙友情。2017 年年底，我在香港又一次见到了年过八旬但依然精神抖擞的冯先生。

我和队员在海外参赛以及我后来到新加坡执教时，都不断感受到海外华侨华人对祖国体育健儿的关爱，冯先生就是他们当中的一个典型代表。

相别父辈泪纵横

1985 年年初，我的岳父以抱病之躯，继 1973 年后第二次回国探亲。这一次，祖国面貌已大不相同，但岳父的身体却更加孱弱了，很多时候要靠轮椅代步。岳父这次是由秀英的一个弟弟和弟媳陪同回国的，除了看望长女一家，也是要了却压在他心头多年的一个夙愿。

原来，岳父获知了一个当年由他从马来亚“输送”回国的华侨学生的下落。这个学生也姓曾，岳父送他回国的时候是背着小曾父母的。小曾回国完成学业后，就加入了中国国防机构的一个保密单位，所以失去了联系。在岳父多个回国的学生中，因为感觉到对小曾父母的愧疚，岳父最牵挂的就是小曾。这一次，岳父专门到北京见到了已成为祖国栋梁之材的学生小曾，他的心终于放了下来。

这次离开中国途中，岳父就发病了，他不得不在新加坡住院治疗。

1990 年，傅汉洵回到印尼先达探亲，与父母和七个弟妹大团圆合影

病情稍微稳定后，家人将岳父接回了马来西亚。妻子秀英也赶了回去，陪伴她的父亲走过了人生的最后时光。1985 年 5 月 12 日，我的岳父曾希能在马来西亚病逝，享年 70 岁。

而我的父亲傅高宾，因 1965 年印尼“9・30”事件滞留香港，直到 20 世纪 80 年代后期，由于印尼局势的缓和，他才得以重返自己在印尼先达的家，与妻子儿女团聚。

回到了自己的家，对父亲的晚年而言当然是一大幸事。他足以欣慰的是，他见证了他深爱的祖国开始改革开放，走向富强；他看到了他的儿子傅汉洵为祖国培养出了羽毛球世界冠军，中华体育健儿开始叱咤国际赛场；先达家中的子女也都长大了，妻子将家里打理得井井有条。但多年的海外漂泊，也影响了父亲的健康。

1992 年 3 月 11 日，我的父亲傅高宾在印尼先达家中安详去世。身为爱国侨领和羽毛球爱好者，父亲一生给我的最大财富，第一就是爱国情怀，第二是羽毛球事业。

2013 年 9 月 22 日，我的母亲陈丽娟也在先达仙逝，享年 93 岁。

我的父亲母亲，愿你们在天堂安息！

妻子的病与退

在 1978 年广州羽毛球队成立之际，和在市中心体校羽毛球队一样，只有我和妻子曾秀英担任教练。到了 1988 年，我曾经的学生高军、李英明从省队退役后，也加入广州羽毛球队，成为我和秀英的助理教练。

在 20 世纪 80 年代，广州羽毛球队已成为国内羽坛的一支劲旅，取得一系列优秀成绩。尤其是广州女队，在 1988 年和 1989 年，连续两次夺得全国羽毛球锦标赛的女子团体冠军。在历年的全国单项比赛中，男队员谢有明、谢永康、何一鸣、张新广，女队员关渭贞、劳玉晶、林燕芬、杨新芳、陈敏华、张婉玲、周倩民等，都多次取得冠亚季军的优秀成绩。

我在 1985 年和 1987 年，两次荣获“广东省劳动模范”称号。而在我心目中，我觉得妻子曾秀英与我同为广州队教练，她的付出和贡献其实在我之上。

秀英属于那种一心扑在工作上，回到家又对样样家务亲力亲为的人。我兼任中青队教练后，外出集训和比赛时间就更多了。我不在的时候，广州队的训练，还有家中两个女儿的照顾，担子都压在她一个人的肩上。秀英在生育两个女儿的时候，由于工作分心和劳累，身体状况并不太好。身为丈夫，我当时也不太懂照顾好她，她两次都因为发高烧而住院。

我们两个都是事业心很强的人，我们从事的又是一样的职业，带着同一批队员。即使晚上回到家，我们两个吃饭时也忍不住讨论队伍训练中遇到的问题和羽毛球技术的细节。在一些具体环节上，秀英比我更加痴迷。小女儿朝华长大后，还记得她幼时的一个印象：她从睡梦中朦胧醒来，看到天花板上人影乱晃，感到害怕。等她定下神来，才发现是妈妈还没睡，正拿着羽毛球拍在房间里比划训练计划里的步伐。

在队伍管理上，秀英比我更加严格细致，尤其是对女队员。我们形成了很好的配合，这使我可以花更多的精力思考教学和训练。

然而，1990年的一次例行体检中，曾秀英被查出怀疑子宫上有肿瘤，需要进一步确诊。这个消息让我非常担心。为此，我专门陪秀英到中山医科大学肿瘤医院复查，挂到了该院著名妇科肿瘤专家李孟达教授的专家号，确诊是子宫癌。在李教授诊室，我们发现另外一个医生进来的时候，好像特意多看了我们几眼。我们当时也没有在意，一心挂念的是接下来的治疗方案。

回到家后，我们接到了一个电话，他自报也是中山医科大学的妇科教授，叫陈焜田，就是在李教授诊室看到我们的那个医生。我跟他聊起来，原来我不认识他，但他认识我。陈教授说他年轻时是游泳运动员，后来也是羽毛球爱好者，经常跟球友去体育馆打球，他看到过我和曾秀英带广州队训练，所以认识我们。他是从李教授那里拿到我们的电话的。

陈教授说，我们选择李孟达教授很正确，他和李教授都会尽力为秀英的手术和住院提供便利，会做到最好，说这也是为羽毛球事业做贡献。我和秀英非常感动，秀英的心也定了许多。

身患癌症是不幸的，但幸运的是曾秀英遇到了李孟达教授和陈焜田教授这样的好医生。秀英的手术非常成功，完全根除了癌细胞。出院一年之后，她又可以上场教球打球了。

但就在秀英出院回家调养期间，一个看似“关心”的消息，却给了秀英很大的打击。当时的广州体工队的主要领导来到我们家，探望手术后的曾秀英。一阵寒暄之后，这位领导却说了一句出乎我们意料的话：“曾指导还是调养身体要紧，是不是可以考虑办理提前退休了？”

对于正在病假中的妻子，我想她需要的是大家的关怀和安慰，而不是“调整”她的工作。况且，如果真正了解秀英的个性和事业心，是不应该在她刚刚动完手术后，就劝她提前“病退”的。秀英回味过来以后，内心十分难过。因为第一，她觉得自己是能够恢复如前的；第二，她真心舍不得丢下羽毛球教练事业。

但既然领导发话了，1993 年，我妻子曾秀英正式办理了提前退休手续。作为广州体工队的超级元老，她静悄悄地“退休”了，没有任何仪式。

与黎家父子的缘分

1990 年 9 月 16 日，一名刚从广州市体育学院毕业的大学生，来到广州羽毛球队向我报到，这个小伙子叫黎汉伟。

黎汉伟并没有当过专业羽毛球运动员。他是参加体育高考并以当年广州体院高考状元的身份进入广州体院体育教育系就读的。但黎汉伟出身于羽毛球世家，有着很好的羽毛球基础。

黎汉伟的父母也是印尼归侨。说起来，我与黎汉伟的父亲黎志成在印尼时就认识。比我年长好几岁的黎志成曾经获得过 1955 年印尼全国羽毛球男双冠军，1959 年他来棉兰打表演赛时与我相识。他同时也是一名机械技工高手，是 1960 年年底印尼“排华风潮”后回国的。

回国后，黎志成在韶关工作，利用业余时间在山区开展羽毛球活动。1964 年，他在广东省运会上获得两项冠军，就借调到广东羽毛球队担任女队教练。1965 年北京全运会期间，黎志成也随广东羽毛球队一起赴京，兼当女队的教练和男队的陪练。

到了“文革”开始后，新婚不久的黎志成谢绝挽留，还是回到他的故乡韶关，在一个地质队当汽修负责人，倒也地偏心自安。工作之余，他继续施展羽毛球才华，几乎是用一己之力，在广东相对落后偏僻的韶关地区带出了一批羽毛球人才。

我看中黎汉伟，不仅因为其父黎志成前辈的关系，更重要的是，黎汉伟作为广州体院的高考状元，文化理论水平较高，我培养他当广州羽毛球队的教练，是想改进一下教练员的知识和人员结构，适应时代的发展。当时，队里除了我和妻子曾秀英，另外几名教练如高军、李英明、杨新芳等，他们基本是我以前的学生，都是从专业队退役后走上了教练的道路。

黎汉伟报到后，我安排他先到市体校羽毛球班任教，在基层锻炼。

1973 年，傅汉洵和黎志成（右一）在广东省青少年业余羽毛球比赛大会上

1992 年，他还到上海体院教练班进行了进修。到了 1994 年，他正式进入广州羽毛球队担任我的助教，跟我和秀英一起带女队。他刚进入广州队的时候，一度面临其他教练甚至部分队员的质疑："业余的能教专业的吗？"

连我妻子曾秀英当初看到他给女队员"喂球"后，也说过："小黎啊，我看你是当不好教练的呀。"后来黎汉伟说，他在跟曾指导的几年里，也打下了扎实的技术框架基础。

我当时不为质疑所动，我相信他能给球队和球员带来不同的东西。2002 年，黎汉伟辞职，在羽毛球培训领域创业，他打造的德迅阳光俱乐部如今颇具影响力。有羽毛球媒体采访他的从教之路时，黎汉伟谈到他当年在专业队“被质疑”的经历。

他说：“傅指导当作没听到，从来不在乎这个。他相当信任我，给我以足够的时间去学习和积累经验；我有什么新想法，他都让我积极去尝试。还有他们夫妻对羽毛球像生命一样的热爱，都对我造成了很大影响。我感恩至今。”

“抢”来的张洁雯和谢杏芳

1994 年前后，广州羽毛球队面临着新老交替的问题。我打算在兼顾中青队工作之外，将更多精力放在带好广州羽毛球队的女队上。

我其实一直都在留意广州队后备力量的培养。从 1994 年开始，隔一段时间，我就要去广州中心体校看少年队员的训练。有三个女队员给我留下了深刻印象，她们就是谢杏芳、张洁雯，还有一个女生叫凌婉婷。

因为当年年底有广东省运会，体校队员有代表广州市比赛的任务，我出于体校教练利益的考虑，打算到省运会后再抽调这三个队员进广州队集训。我早早就此事跟她们在体校的教练涂朋芳打了招呼。涂教练答应了我。后来有一段时间，我几乎每周都会下体校一次，观察这三个小队员的训练情况，有时也略加指点。

如我所料，在第九届省运会上，谢杏芳、张洁雯和凌婉婷都有出色发挥，不仅为广州夺得羽毛球女团冠军，谢杏芳还夺得女单冠军，谢杏芳和张洁雯搭档获得女双冠军。

省运会庆功完毕，时间已进入 1995 年。年初的一天，我又来到广州中心体校，向涂朋芳教练提出让谢、张、凌三人去市队报到的事宜。我却发现，涂教练的脸色有些异样，说话吞吞吐吐。

我说：“我们不是早就说好了吗？现在省运会结束了，她们三个可以进市队了吧。”

这时涂教练才对我说：“傅指导，不好意思呀，她们三个和其他几个队员都被省队要了，而且明天就要去报到。”

我愣了一下之后说：“你不是明明答应我了吗？而且，这一年来我每周都过来，跟你一起布置她们的训练，怎么会突然变卦呢？”

涂教练支吾地说：“省队要人，我们不敢不给，而且校长也答应了。”

早就说定的事情竟然临时变卦。爱才心切的我很不是滋味，我对涂教练说，既然你拿校长说事，我就要向市体委主任问个清楚。

随即，我就打电话向当时的广州市体委主任汇报了此事。主任认同我的立场，答应全力协调，让我等他的电话。我说：“省队明天就要让她们三个报到了，这事不能拖呀！”

直到当天晚上，我才接到市体委主任的电话。他告诉我，广州中心体校和省羽毛球队的有些操作确实不妥，但考虑到省、市体委的关系，我们还是妥协一步吧。最后的方案是张洁雯、谢杏芳、凌婉婷三个队员中市队可以留下两个，并且让我先挑，另外一个队员就给省队。

事已至此，我几经考虑，最后选择了将张洁雯和谢杏芳留在广州队。所以说，我教练生涯晚期的这两大女弟子，是我“抢”过来的。

我记得非常清楚，1995 年 2 月 15 日，是张洁雯和谢杏芳到广州队向我报到的日子。她俩一样的年纪，从小一起练球，来自同一间小学和中学，一样高大灵活，后来都长成了 1 米 75 左右的身材，天资骄人。

曾经有别的教练问我，她们两个是从北方引进的吗？我自豪地告诉他：“不，阿雯、阿芳都是土生土长的广州妹！”

有点愧对凌家父女

这次从体校抽调队员为什么会横生变故？我也一直不解。体校的涂教练是从湖北调过来的，当年办理调动时市里还征求过我的意见，我表示欢迎。当时的省队教练里，也有来自湖北的教练。我后来还听到一种说法，体校教练为手下学员的“出路”考虑，有时会以搭配“打包”为条件向更高级别的运动队推销更多的队员，这也可以理解。而我，为广州队挑选的当然首先是我看中的优秀苗子。

我最终挑选了张洁雯和谢杏芳，实际上对另一个队员凌婉婷是“忍痛割爱”。凌婉婷的技术风格与张洁雯和谢杏芳不一样，但很有特点，我认为她在单打上是有潜力的。受她父亲影响，凌婉婷可能是最不想去广东队而想留在广州队的一个。凌婉婷的父亲也是个羽毛球迷，很关注女儿的成长，我去体校的时候，经常在场边遇见凌父，后来就相熟了。凌父知道我有意将凌婉婷招入麾下，非常高兴。

只能选两个，我出于对谢杏芳和张洁雯还有配对双打能力的考虑，最后“放弃”了凌婉婷。谢杏芳和张洁雯后来搭档获得过世界青年羽毛球赛的女双冠军，从专业角度看，事实证明我的想法是对的。

当凌婉婷收到去省队报到的通知后，凌父来找我。他很不解，被我看中的学员里，为什么单单凌婉婷要去省队。我向他解释了前因后果，并尽量安慰他说，省队的条件比市队更好，也是强队。但凌父说：“我们全家都办好了移民美国的手续，我还让婉婷在国内打球，就是看中了傅指导你会做她的教练。”

他还告诉我，他私下也去省队考察过，并感觉当时省队管理的氛围并不适合女儿。他说：“如果不能留在市队，我就只好把婉婷一起带出国了！”

凌父的一番话让我很难过。而如果凌婉婷不能打下去，我感觉实在可惜。在我的极力劝解下，凌父最终答应让女儿到广东省队试一下。我心里稍微松了一口气。

不料几个月后，凌父专门来向我辞行，说是他们两夫妻马上要去美国了，“婉婷不在省队练了，也会跟我们去”。我有些伤感，却无能为力。

又过了半年，凌婉婷去了香港发展，而我的学生何一鸣已经在香港羽毛球队担任教练，经我牵线，凌婉婷加入了香港羽毛球队，并一度成为主力队员，并在尤伯杯等比赛中与她昔日的队友谢杏芳、张洁雯等多次交手。不过，当时香港的羽毛球水平和气氛都不尽如人意，凌婉婷也很快离开香港队，另外开始了新的事业。

我不能断言假如凌婉婷留在我执教的广州队会取得怎样的成绩，但想到凌家父女，我至今还是有隐隐的愧意。

曾秀英的“义务执教”

接手张洁雯、谢杏芳这批女队员后，我甚至跟队员们也讲过：“你们这批应该是我带的最后一批队员了。”征战羽坛多年，疏于照顾家庭和女儿，妻子已经退休，我也开始接近退休的年龄等，都是我这样想的原因。我之所以告诉队员，是想让她们和我一起珍惜这一段时光。

我想尽力为广州羽毛球队站好这一班岗。但开始的时候，我仍身兼国家青年队的教练工作。平日我带的这组女队员的训练，就要由助教黎汉伟承担，而实际上，从一开始，已经“退休”的妻子曾秀英就退而不休，继续在我的教练团队里工作。她当然是在帮我，但更主要是因为羽毛球是她一生的事业，是她的生命，她离不开羽毛球。只要跟队员在一起，她就有精神，有寄托，这也是她事业的延续。

秀英就像她退休前一样，承担起了一个全职教练的工作，甚至比一般的教练更加投入。在队员心目中，她就是曾指导，不会感觉到她是退休后来义务执教的。

开始的时候，广州羽毛球队还在天河体育中心训练，我分配的住房和当时的运动员宿舍是前后两栋楼，都在体育西路上，与天河体育中心一路之隔。我们家是 1988 年才告别射击场宿舍搬过来的。秀英不仅白天盯着队员训练，而且早、晚也在监护着这批小队员的生活起居。像张洁雯、谢杏芳刚进队的时候，都才只有 14 岁。她有时候还会盯队员盯到饭堂，怕有些队员不好好吃饭而影响训练。

秀英对训练和教球的痴迷程度，使得我们家门口的一块铺装了木地板的门厅也成为训练场。有时候天气不好，秀英就让队员在宿舍楼跑楼梯练体能；或者在我家门厅练动作、练步伐、练瑜伽，后来门厅的木地板硬是被踩坏了。

当时，宿舍楼里晚上的一景就是曾指导的喊声。秀英想到训练

1996 年，曾秀英带着广州羽毛球队一批女队新队员在家中做游戏，右一为谢杏芳

中的什么问题，就会走出家门向手下队员住的宿舍方向大喊，“阿雯——”“阿芳——”……“你们过来一下——”……

秀英和队员在我们家中举办的业务讨论会经常会演变成“歌舞会”，秀英也在尽力给这批队员营造一种轻松快乐的气氛。她还会经常教育这批以独生子女为主的队员：“你们的师哥师姐，被我们练得苦多了。我不会像以前那样练你们，所以你们要更自觉。”

话虽如此，秀英抓起训练来一点也不马虎。只要出现在训练场，她从来不会迟到。她总是提前至少半小时来到场边，坐下喝一杯咖啡，吃两块点心，等待队员的到来。而训练开始后，她就不会再坐下。

而 1996 年后，广州羽毛球队搬到了位于天河长洲的伟伦体校集训，偏离了市区。秀英依然风雨兼程，像一个全职教练一样上班。开始的时候，她早上要转三趟公交车才能到伟伦体校。后来，助教黎汉伟买了摩托车，有时就骑过来接她过去。一个“老太太”搭摩托车上班，一直都让两个女儿和我提心吊胆。

说起来，刚搬去伟伦体校的时候，我这一组队员的训练条件非常差。我当时还在中青队没有回来，队里并没有安排我的宿舍。而我这一组女队员的训练场，被安排到通风和照明最差的一个边角。在这样的条件下，张洁雯、谢杏芳等队员还是脱颖而出，其中秀英付出了大量心血。

已经成为“编外”人员的秀英，连休息的床位也没有。晚上，她经常要等到9点钟，才能乘体校的班车回家。有时候，她参与值班管理队员，连班车也错过了，就会在女生宿舍和队员们一起挤着搭铺过上一夜。

对一个动过大手术的退休人员来说，曾秀英这样做完全是自发自觉的，她太爱羽毛球了，跟队员在一起她就快乐。她没有任何额外的补助、津贴，更没有什么“返聘”手续。作为建队元老，曾秀英全身心地继续在教练岗位“义务”工作，但当时的市体工队主管领导对此似乎“视而不见”，没有主动予以任何协助，曾秀英的一些老弟子都觉得如此未免不近人情。但曾秀英并不在乎这些，她几十年来的作风一直是自强不息，不计个人得失，她的心全在队员身上。

或许在外人眼里，曾秀英带队管理严格，是急性子，颇有“女强人”作风，当初许多队员私下是很怕她的。但我知道，她心里有非常柔软的一面，是真心爱队员的。外人所不知的是，妻子不仅在教练工作上是我的左膀右臂，家中女儿的教育和家务等主要也都是她承担的。

广州羽毛球队刚成立时，傅汉洵在老广州体育馆训练队员，头顶晾有衣服的阁楼就是当时的宿舍。这张照片也展览于广东省华侨博物馆

如果说我在羽毛球教练工作上做出了一些成绩的话，妻子曾秀英的付出和奉献其实在我之上。

从广东羽毛球女队到后来广州体育馆体校复办，从广州中心体校羽毛球班到广州市羽毛球队建立，我的妻子曾秀英都是名副其实的元老。

广州的羽毛球事业，应当铭记曾秀英做出的贡献。

从总教练到“教父”

2001 年 4 月，在 60 岁之际，我开始担任广州市羽毛球运动管理中心的总教练，淡出一线工作。到了 2003 年 3 月，在政协广州市第十届委员会换届选举中，我当选为广州市政协副主席之一。本届副主席要求全职工作，我就卸任广州市羽毛球队总教练，算是正式告别了超过 30 年的羽毛球教练生涯。

从业余体校到广州市羽毛球队，回顾我和秀英的羽毛球教练生涯，最欣慰的是，我们的几代学生无论后来是否走上专业运动员的道路，他们都承担起了让羽毛球的种子在广州发芽壮大的使命，为广州成为羽毛球之城做出了宝贵贡献。

我后来在一篇文章中简洁总结了自己在广州羽毛球队的工作：“在训练队员过程中，我注重加强运动员基本功训练，严格体能要求，为国家队输送了一批优秀的青年运动员。”

在我们培养出的一大批优秀羽毛球运动员中，产生了 6 位世界冠军（含 1 个奥运冠军）。世界冠军的强大号召力又进一步推进了广州羽毛球的发展。父亲寄予在我身上的夺取世界冠军的梦想，我通过我的弟子用另一种方式实现了。

在 2010 年前后，在一些社会活动中和新闻媒体的报道上，开始给我冠以“广州羽毛球教父”的头衔。说真的，我并不太接受这个提法，一笑置之。其中一个原因是，我印象中“教父”是美国黑帮电影里“老大”的叫法，我不喜欢。

后来，一个比较熟悉的记者朋友对我说：“傅指导，我看现在羽毛球队市队、省队，还有许多业余队、培训班的教练，许多都是你的学生吧，要不也是你学生的学生。‘教父’里的‘教’理解成‘教练’，也挺贴切呀。”

细想一下，确实也是。从 30 多年前的业余体校开始，我的许多学生后来都在从事羽毛球教学工作，而且不仅在广州，还开枝散叶到了中国香港、日本、新加坡、澳大利亚、荷兰、加拿大、美国等地。

桃李满天下，也是我身为一个羽毛球教练的幸福。

第十一章 执教新加坡

突然接到的任务

1983 年春节期间，我非常“意外”地获得了赴新加坡当外籍教练，执教新加坡羽毛球队的机会。

当年 5 月，新加坡将主办第十二届东南亚运动会（简称“东运会”），新加坡羽毛球总会（以下简称“羽总”）寄望羽毛球成绩能在主场取得突破。历史上，新加坡也产生过一些羽毛球名将，在独立之前作为马来亚选手参赛，为马来亚夺得汤姆斯杯等优秀成绩颇有贡献。但在新加坡独立建国后，羽毛球成绩一直平平，此前在东运会上也与奖牌无缘。

新加坡羽总曾聘请来自欧洲和印尼的教练执教新加坡国家羽毛球队，印尼主教练甚至还率新加坡队员去印尼集训过，但成绩并不见起色。因此，新加坡羽总“临时抱佛脚”，决定从中国聘请教练，要求在当年3月5日到任。

2月12日，是除夕。当天，广州市体委领导安排运动员、教练员晚上聚餐，迎接传统新年。下午有领导通知我，国家体委羽毛球处的谢朝权处长出差经过广州，飞机傍晚到，让我去接他，正好赶上和大家吃年夜饭。我在白云机场接到了谢处长，我们是老相识了。

“汉洵，都准备好了吗？”一见面，他就这样问我。

“好了，年夜饭都准备好了，就等你呢。”

“什么呀，我说的是你去新加坡当教练的事！”

我一下子蒙了。去新加坡？我怎么一点也不知道？没有任何人跟我讲过。谢处长也大吃一惊，不明白怎么会这样。

随着他的讲述，我大略明白了事情的缘由。早在一周前，国家体委接到新加坡方面的请求后，经认真甄选考虑，最后由国家体委副主任徐寅生亲自拍板，决定选派“广州教练傅汉洵”。由于临近春节，时间紧迫，国家体委有关人员随即就打电话将决定通报给广东省体委，并让省体委通知广州市体委和我本人。

在年夜饭桌上，广州市体委领导证实，他们也没有接到省体委的通知。谢处长急了，决定第二天改签机票，先在广州落实此事。

大年初一上午，当广东省体委的一名主要领导见到找上门来的谢处长，也吃了一惊，以为出了什么大事。按这位领导的说法，省体委有关人员传达的国家体委通知内容，并没有指明由“傅汉洵”去执教，而只是说由广东省体委选派一名羽毛球教练去完成任务。为此，省体委已选定广东羽毛球队的一名男教练，那位教练本人已经在做准备了。

谢处长表态说，国家体委选定傅汉洵，是徐寅生副主任拍板的，并且也已通知了新加坡方面，不能变动。省体委领导表示理解和接受。

只是后来有一段日子，那位被省体委“选定”却未能成行的教练员，见到我的态度明显变得冷淡，有知情人称他在抱怨我“抢”了他出国的机会。又过了几年，他对我的态度才逐渐恢复如初，想必他后来知晓了人选的事情与我无关。

面见徐寅生

给我的去新加坡执教的通知为什么走了一圈弯路，至今我也不完全知道内情。到我真正获得确认要赴新，距离新方要求的报到的日子3月5日，已不足一个星期。

我开始匆忙准备。妻子和女儿也都觉得突然。我还要交代布置广州羽毛球队的训练计划。好在许多出国手续是北京国家体委方面帮我办理的。按要求，我3月3日先到国家体委报到，3月4日从北京飞香港，5日从香港飞新加坡。收拾行囊之际，我才发现穿惯了运动服的自己，当时连几件像样的服装都没有。

3日下午，我来到北京国家体委报到，谢朝权处长随即就带我去见国家体委副主任徐寅生。作为一代中华乒坛名将，羽毛球也是他的分管项目之一。徐寅生先向我强调了接受这个任务的意义。当初接到新加坡方面的请求，有关方面开始讨论时，他就表态：“这个任务一定要接！而且要完成好。”

当时，中国和新加坡还没有建立正式外交关系。徐寅生提示我，作为教练，我到新加坡务必专注于教练工作，在业务和生活中都要避免牵涉政治。我的任务就是尽快帮助新加坡羽毛球选手提高竞技水平，三个月内见成绩，展示中国体育人的风采。如果遇到问题和困难，可以向我国驻新加坡商务代办处反映。

徐寅生也谈到，我当时的年龄、执教水平、成长背景，还有我对东南亚华人语言比较熟悉等，都是选中我的原因。我独自一人，代表的却是中国。我深感光荣，也感受到了沉甸甸的压力。

第二天，我乘飞机到达香港中转。让我平添喜悦的是，正好能见到仍“滞留”在香港工作的父亲。虽然几天前已经知道了我赴新加坡执教的消息，见了面，父亲还是满怀抑制不住的高兴，为我感到光荣和自豪。父亲看着我简单的行囊，提出带我出去买套西装，说：“你是代表国家的，要注意形象。”

就在父亲居住的九龙红磡附近，他带我逛了几家商店，为我买下一套西装以及衬衣、领带等。那一夜，我们父子又聊了许多，从先达的家人情况，到祖国的最新变化。

接机的尴尬

3月5日下午3点，我乘坐的班机抵达新加坡樟宜机场。我步出机舱，办完入境手续，走入旅客抵达大厅。

按北京方面给我的通知，新加坡羽总会派人到机场接我。我边走边望，首先看到的却是我的妻舅等一行亲戚。亲友们坚持要来机场第一时间欢迎我。我们远远地就开始互相挥手，格外亲切。

我们在乘客出口处互相问候、聊天、等候，有说不完的话，不知不觉大半个小时就过去了。我想，或许羽总接我的人还没来吧。而和我同一个航班到的乘客已基本散尽，出口只剩下我和亲戚们一群人，另外还有一群人七八个。我觉得他们不太像是羽总的人员，心想接我一个，肯定没必要来那么多人吧。可是，接机的人怎么还不来呢？

在亲戚们也开始有点疑惑之际，另外一群人中有一位男士走了过来，问我是不是乘坐从香港飞来的某某号航班，我说“是的”。

他又接着问：“你后面还有同一班飞机的乘客没出来的吗？”

我说：“应该不会有了。”他听了有点失望，又走了回去。

又过了一会儿，我隐约听到那群人中有人用福建话交谈，讲到“教练”“中国”等字眼。我就主动走过去问他们是接什么人，他们说：“我们来接中国的羽毛球教练，叫傅汉洵。”

我笑了，说：“我就是呀。”

对方一下子如释重负，赶紧招呼同伴向我围拢过来，同时忙不迭地致歉：“对不起呀，傅先生，我们没有你的照片，所以没有认出你来。让你久等了！”

当时，在场的接机者除了新加坡羽总人员，还有多名记者。就在机场，我像是举行了一场小型“记者招待会”，回答了记者们林林总总的问题。其实，我来执教的消息当地传媒已作报道，有家华文报纸上还将我的名字弄错一个字，成了“傅汉勋”。这一次面对面，记者

星洲日报星期刊
来自广东羽球客卿教练傅汉洵昨抵步
训练我东运队为期三个月
表示短期内尽力提高水平
印尼准备在新殖章下主办
1983年世界杯羽尔夫球赛

南报 星期刊
体育新闻
应聘协助我队参加东运羽赛
傅汉洵将尽所能
提高新选手水平
他是中国六十年代双打冠军
甲组足球联赛

傅汉洵到达新加坡后，当地媒体给予广泛报道

们最关心我的经历，也关注我对新加坡羽毛球的看法。

第二天是星期天，新加坡各大报纸的体育版上，都大幅刊登了我抵新执教的消息和专访，包括中文的《星洲日报》《南洋商报》《联合早报》等以及英文报纸。其中，《南洋商报》的大标题是“傅汉洵将尽所能　提高新选手水平”，报道写道：

傅汉洵今年41岁，他表示要提高新加坡队水平，必须各方面集体协作，才会成功。

为准备5月举行的东南亚运动会，新加坡羽毛球总会聘请傅汉洵来我国指导新加坡男女队。傅教练说：在1978年在中国杭州举行的亚洲羽毛球赛上，我曾看过新加坡队比赛，在报章上也看过一些，我认为新加坡队球员技术不错，只是体力差了一些。

他补充说，这是我第一次被派往国外任教，而新加坡过去在羽毛球也有过辉煌成就，对我来讲，也是一次学习机会……

而《星洲日报》的记者是这样写的：

傅教练是在我国奥委会通过中国体委会的协助和安排下，前来新加坡，负责训练我国东运会羽毛球队，为期 3 个月。

现年 41 岁、出身广东体育专科学院的傅汉洵，身材魁梧高大，看不出是步入不惑之年的中年人……

几家报纸都配发了我的大幅现场照片。照片上的我，绽放着爽朗自信的笑容，身穿父亲前一晚给我买的新西装。

我在新期间，新加坡羽总安排我住进男队主力队员黄循杰家里。一方面是方便照顾我的饮食起居，另一方面也是羽总要节约费用。

任务比预想的更艰巨

第二天，是星期一。上午，我先到新加坡羽总，拜会了羽总的高层人士，包括副会长、理事等，他们都有着政府高官、知名律师等身份。表面上大家很客气，但我隐隐约约能感觉到，羽总高层对我这名中国教练的到来，态度有点“复杂”。一方面，他们向我提出，期望本届东运会上羽毛球能拿奖牌；另一方面，他们对我能否带队实现突破，其实将信将疑。我后来了解到，羽总高层主张聘请中国教练的几位理事和官员，一直是比较弱势的。

当天下午，我正式走马上任，开始了我在新加坡的执教生涯。

羽总训练部长黄循澳陪同我前往已有 50 多年历史的新加坡羽毛球馆，这里是羽毛球队训练所在地。在黄循澳的介绍下，我了解到，集训队目前每周一、三、五下午训练，队员们都属业余性质，各有职业，有些是文员，也有在校的大学生。而新加坡羽毛球馆是对社会开放的，并非国家集训队专用，训练有时间限制。

毕竟是第一天，我决定先观察一下。

下午 3 点，是预定的训练开始时间。队员们三三两两到来，好几个是 3 点过后才过来的。他们的准备运动也是自由发挥，有些人扭两下腰就开始打球对练。对我而言，场上队员的水平可谓一望便知。我虽然早有心理准备，但队员的能力和训练水平比我预料的还要低！“糟糕！”我站在场边看着，心里“咯噔”了一下。

参加新加坡羽毛球队集训的男队员包括黄循杰、刘永焯、李亚伍、谭金华、吴埃迪、哈密干、庄循安、苏莱曼再尼，女队员为李慧慧、许绮雯、苏秋敏、蔡珍湘、王淑芬和何钦敏，8 男 6 女共 14 人。羽总原本配有 1 名总教练和 3 名助教。队员和教练基本是华裔，我们可以用普通话交流。后来，我的“马来话”有时也可以派上用场。

练了一阵子，黄循澳把队员喊在一起，正式把我“隆重推出”。一番盼望已久之类的欢迎辞后，他向大家明确了我的权威：“从今天开始，所有训练都由傅教练负责安排，大家必须听从傅教练指挥。你们如果有什么不同的看法和意见，不可以直接对傅教练讲，只可以向我反映。”

到我了。我首先让队员男女分开，站好队列。

然后，我宣布纪律：“从下一次训练课开始，大家务必 3 点前到，不要迟到！离东运会不够 3 个月了，要想提高水平，必须全力以赴。羽总给我的任务是要把你们带进前三名，这很艰难，我们必须一起合作，加倍努力！好，现在我们做准备运动。”

我开始带领队员做全身系统性的拉伸、跑跳等热身训练，从手腕脚踝直到肩颈腰背，我要求队员必须做到位，做够量。热身对提高训练和比赛水平、防范运动损伤有重要作用，这本该是运动员的基本素养。可仅仅一套热身训练下来，几乎所有队员都气喘吁吁，开始喊累了，我心里有点哭笑不得。随后，我将队员分组进行各种专项练习。我很快发现，这种强度的训练是队员们从来没有练过的。到后面，我有意将强度降了一些下来。个别队员感到新鲜过瘾，多数人则叫苦连天，勉强支撑。

放松活动后，第一次训练课结束了。看着队员们解脱般的表情，我却沮丧地闪过一个念头：照这种情况如何冲击奖牌？我心里凉了半截，甚至想着，要准备东运会后灰溜溜地卸任。

“土法”练体能

第一堂训练课后，我搭乘队员黄循杰的车回住所，也就是黄循杰家里。当时 27 岁的黄循杰是新加坡羽毛球的男单一号，他的妻子李慧慧是女队队员。

黄循杰的兴致倒是很高。在车上，他问我：“傅教练，我们今天的训练课内容这么多，在中国算什么水平啊？”

我琢磨他的意思，是今天的训练即使比不上中国国家羽毛球队，也一定有省队水平吧。我告诉他：“我们今天的训练，连我在广州体校训练的中学生水平都达不到。”

他大吃一惊：“不会吧？”

毕竟我住在他家里，交流方便。我给他详细讲解了中国国内从少体校到国家队的羽毛球训练情况，他信服了我，意识到以前的训练水平确实太低。因此，他成为队中训练最刻苦最用功的选手。也正是他，在东运会上为新加坡，也为我创造了一个奇迹。

而在上完第一次训练课后的那个夜晚，我根本不敢设想什么奇迹，而是陷入沉重的压力中。队员水平比预想差，体能状况尤其堪忧，如何来迎战印尼、马来西亚、泰国等羽毛球强国，怕是连菲律宾也打不过吧？黄循杰告诉我，在上届东运会上，新加坡羽毛球男团只获得第八名。

辗转反侧一番，我开始冷静下来。我想，我毕竟是伴随中国羽毛球由弱到强成长起来的教练员，一路摸爬滚打，对自己的执教能力和经验要有信心。中国教练员多年探索出来的训练和比赛手段，在国际羽坛自有独到之处。毕竟离东运会还有两个多月呢，我要全力做好自己的工作。新加坡有些队员，如黄循杰等，技术还是有一定水平的。“只问耕耘，莫问收获”，付出的汗水不会白流。能不能拿奖牌，先由他去吧。

根据第一次训练课的情况，我开始制订东运会前详细的训练和备战计划。时间紧迫！我判断，体能的提高更有助于新加坡队员整体能力的发挥。

隔天后的第二次训练，队员都很准时。只是，大家都因为上一堂训练课不适应，个个说肌肉酸痛，似乎在向我暗示什么。我按照计划，在技术训练之外，适当安排体能训练，队员又是一片哇哇叫。后来，在休息的间隙，我看到黄循杰向大家解释什么，队员的“抵触”情绪才慢慢消减。

几堂训练课后，我问羽总官员，有没有体能训练器械？

Shoon Keat...best medal hope, playing consistently well.

It looks like an easy win for Asia

THE big surprise in the inaugural Europe versus Asia badminton confrontation to be played in Essen, West Germany, on May 11, is the omission of Morten Frost Hansen of Denmark from Europe's line-up.

With his absence, the match looks very much like an easy win for Asia with its tremendous strength in the singles.

The European line-up of J P Nierhof of Denmark and S J Baddeley and Nick Yates of England is a class below Asia's representatives, Han Jian of China, Icuk Sugiarto of Indonesia and Prakash Padukone of India.

Standing by for Asia are All-England champion Luan Jin, Indonesia's Liem Swie King, Malaysia's Misbun Sidek and Japan's Ken Zeniya.

The Asian superiority is more pronounced in the women's singles, where China's Zhang Ailing, the Asian Games and All-England champion, and Li Ling-wei should not have to raise a sweat to beat H S Troke and Sally Podger of England.

They have beaten the English girls in previous matches easily.

Only in the doubles will the Asians meet strong opposition. Jesper Helledie and Steen Fladberg (Denmark) and Martin Dew and Mike Tredgett (England) will be a match for the Sidek brothers, Razif and Jalani, of Malaysia and Sugiarto and Christian of Indonesia.

Where Europe looks strongest is in the mixed doubles, in which M Tredgett and Nora Perry (England) should beat Christian and Li Ling-Wei, and in the women's doubles, where Perry and Jane Webster (England) should edge out South Korea's Hwang Sun Ai and Kan Heung Sook, the Asian Games champions.

Pictures: CHRISTINE CHEW

当地英文报纸报道傅汉洵在新加坡执教期间训练的情景

“有啊，有哑铃。”

我请他找出来，他就拎来了两副轻飘飘的哑铃。我说，这太轻了，数量也不够，多拿点来。他告诉我，只有这两副呀。

那你们有杠铃吗？他说好像有。当我跟他一起到仓库，看到那具杠铃时，心里一下子泄了气——那根本不是专业的杠铃，而像是一个铁棍玩具。

我向黄循澳部长强调了体能训练的重要性，他让我列一个器械购置清单。我满心欢喜地提交了所需训练器材的清单。第二天，黄部长却苦着脸回来了："真抱歉，问了价格后，我们羽总没那么多经费……"

这还真出乎我的意料。当年，新加坡的经济比我们中国发达多了，怎么国家队连几副基本的运动器材都买不起。后来我了解到，整个新加坡体育总会只有一个体能训练馆，供各项目的国家队使用，羽毛球队要使用并不方便。而当时，中国羽毛球选手即使在省队的训练条件也已经非常优越。

当然，从运动员到教练，我毕竟是在艰苦岁月中走过来的。只是我没有想到，曾在国内用过的许多土法训练手段，在新加坡还能有用武之地。

我给队员们布置一项任务，下次来训练时每人带两块砖头，用来训练臂力。我万万没有想到，他们没有一个人完成任务，还哭丧着脸向我诉苦："傅教练，街上捡不到砖块……"

队员说，即使有砖头，也是垛得整整齐齐，是明确的公产或私产，捡不得。看来是我太想当然了。

我却没有死心。有一天，我在住所附近的街上吃过午饭，回来的路上忍不住寻寻觅觅，发现一幢楼房拐角有一小堆霉旧的砖块，上面青苔斑斑。我如获至宝，却也拿不准能不能捡走。训练时，我把自己的发现告诉了队员。几个男队员课后跟我一起来到现场，他们判断砖块是被人丢弃的，可以拿走。可是面对脏兮兮的砖块，毕竟是城里的孩子，个个无从下手。我就带头开始搬砖，他们才跟着我一起搬。我们又用水将砖块洗刷干净，锻炼上肢的器械总算有了。别小看，练手臂、手腕、手指的力量，砖头很有效果。

练下肢，没有杠铃怎么办？我约黄循杰开车一起去海边寻找一块合适的沙滩，作为下肢力量和体能训练场地。我们开车边走边看，把新加坡基本兜了一圈，也才用了两个多小时。我暗自感慨，新加坡作为国家真是太小了。

最初，在跑沙滩训练时，队员们都两腿发软，练到最后有些连站起来的力气都没有了。训练结束后，黄循杰开车踩油门时脚都没了感觉。但一个多月后，体能训练的效果慢慢显现出来，队员的质疑和抱怨声逐渐消失，训练的自觉性都提高了。而大赛的日子，也日益迫近。

幸好有黄循杰

队里的男单一号黄循杰，训练最自觉也最刻苦，起到了带头作用。我也把成绩突破的最大希望寄托在他身上。可万万没想到是，就在距离东运会还有三周的时候，黄循杰受伤了。

一次训练后，他的持拍右臂的肘关节突然疼痛僵硬，不能弯曲。事先并无征兆。也许是他这段日子求战心切，加练过量了吧。肘伤影响到他连握拍都吃力，更不用说挥拍了。本来在大家的努力下，队员状态正渐入佳境，可是男单一号突然受伤，仿佛给全队泼了一盆冷水。

黄循杰本人非常焦急，也很懊丧。他几度眼泪都掉了下来，生怕会错过东运会。我也很难过。但身为教练，我必须在他面前保持镇定。我尽力安慰黄循杰，让他首先专心治疗。

我和羽总官员商议后，新加坡体育总会的医师开始为黄循杰疗伤。作为以华人为主的社会，新加坡还有不少治疗跌打损伤的中医诊所，黄循杰也去多方求医。我是经历过运动伤病的，深知伤来如山倒，伤去如抽丝，但还是期盼着奇迹的出现。

当时大赛已近，队员们转入了“全天候”集训。黄循杰在疗伤之余，仍然牵挂着训练和比赛。大家在技术训练时，他就练步伐；不能对练，他就为队友鼓劲加油。

通过多方面积极治疗，黄循杰的右臂可以稍稍活动，至少可以握拍练习发球了。好现象！随后，我有意让他受伤的手臂持拍多进行手腕、手指的活动，慢慢地，他开始能够练习网前小球。又过了几天，他的肘部仍不能活动自如，不能扣杀，但可以打后场高远球了。我心里暗暗欣喜。我也发现，这段时间由于不能杀球，黄循杰的小球技术得到了精雕细琢，算是塞翁失马的意外收获。同时，我一直重点让他加强体能训练，他的身体素质保持着良好状态。

随着伤势的好转，黄循杰一度低落的情绪又高涨起来。比赛前夕，他虽然仍不能全力后场杀球，但参赛基本上没有大碍，可谓天助我也。

一个冠军奏了三次国歌

1983 年 5 月 28 日，第十二届东南亚运动会的圣火在新加坡国家体育场熊熊点燃。第二天，羽毛球的各项赛事就在新加坡羽毛球馆全面展开。

根据赛程安排，新加坡男队在顺利击败弱旅文莱队后进入四强，29 日晚就与印尼队展开争夺男团决赛权的大战。作为世界羽坛强国的印尼，其羽毛球队号称要包揽本届东运会羽毛球的全部金牌。团体赛前，没有人认为新加坡队会赢，但也没有人会想到印尼队最后赢得并不轻松。

当时的印尼男队阵中，包括伊萨克·苏吉亚托（新加坡中文译名为苏基亚多）、林水镜等天王级的强手。苏吉亚托在参加东运会之前，刚刚获得第三届世界羽毛球锦标赛男单冠军，成为继梁海量之后第二个赢得羽毛球男单世界冠军的印尼运动员。在团体赛中，新加坡男队以1：3告负，但在唯一取得的一盘胜利中，黄循杰战胜了新科世界羽毛球王苏吉亚托，让主场观众喜出望外。而新加坡另一名选手刘永焯，也一度将名将林水镜逼出一身冷汗，首局仅以15：17憾负。

第二天，《联合早报》的大标题是“男团半决赛首场单打爆大冷门：黄循杰大发神威。击败世界羽球王苏基亚多”。另一篇报道的标题是“傅汉洵教练不居功。赞黄循杰苦练有成”，报道说：

来自中国的新加坡羽球队客卿教练傅汉洵，在我国首号人物黄循杰以2：1击败了印尼的世界羽球王苏基亚多后向记者表示，黄循杰昨晚的辉煌战果，可以说是他在最近的两个月内，苦练不辍所取得的突破性成就。

傅教练盛赞黄循杰在这一战的优异表现，他认为循杰昨晚球路打来相当灵活，而且在策略上也运用得很得当，使得他能在没有受到看好的情形下，挫败强敌。

傅教练认为黄循杰以漂亮及准确的网前落点球，使得对手束手无策，傅氏认为循杰不但能够使他的对手前后奔命，而且还能不时施以致命的突击，打乱了对方的节奏，同时在防守上也非常成功，使得对方打法难以得逞，而奠下胜基。

虽然新加坡队输给印尼，没能闯入男团决赛，但主场观众为黄循杰胜利的喝彩声仿佛要掀翻羽毛球馆的屋顶。新加坡羽总的高层和工作人员比观众更加激动。大家都寄望于新加坡选手在男单上能有更大的惊喜。

最终，新加坡男女羽毛球队都收获了团体铜牌。而黄循杰受团体赛战胜苏吉亚托的鼓舞，加上天时地利人和，最终闯入男单决赛，对手是印尼队的洪忠和。洪忠和虽然名气不如苏吉亚托和林水镜，但也有过人实力，他是战胜新加坡选手刘永焯后晋级决赛的。

黄循杰闯入男单决赛，是他继团体赛战胜苏吉亚托后带来的又一惊喜。但参照过往战绩，黄循杰明显处于洪忠和下风。决赛当天上午，当时担任新加坡羽毛球总会会长的新加坡副总理王鼎昌，也参加了羽总的准备会。他兴奋地表态：“如果晚上黄循杰夺冠，就在新加坡羽毛球馆奏三遍新加坡国歌！”

我当时心想，奏三遍国歌，应该不符合国际体坛的颁奖礼仪，就请黄循澳部长悄悄提醒下副总理。不料，王鼎昌大声说：“三遍就三遍，我们的主场我们做主！”羽总官员们也就没有再纠结，一方面是因为王鼎昌的权威，另一方面是他们觉得黄循杰闯入决赛已经了不起，并不认为他真能打破印尼队的神话而夺冠，自然也就不会出现奏几遍国歌的问题了。

而我，赛前回应新闻界时出言谨慎，但心里感觉到黄循杰有戏。我根据前面的比赛，发现印尼羽毛球队自恃实力超群，对本次东运会盲目乐观。尤其是男队，领衔的苏吉亚托状况有些不佳，在男团赛输球后，他以健康理由退出了单打比赛。闯入决赛的洪忠和在思想、体能上准备也不够充分。而黄循杰厚积薄发，肘伤基本痊愈，体能储备良好，我接手后他在整体技术上有明显进步，难说鹿死谁手。

6 月 5 日晚，男单决赛打响。羽毛球其他单项的决赛，都是印尼队选手的“内战”。而黄循杰与洪忠和比赛的第一局，仅仅 15 分钟，黄循杰就以 9∶15 告负，似乎印尼队包揽羽毛球金牌没有任何悬念了。

我给黄循杰布置的战术是，尽量长短结合，跟对方打多拍。一是因为黄循杰仍不能全力扣杀，不能操之过急；二是要跟对方拼体力，拖垮对手。黄循杰在第一局多少有些紧张，没能遏制洪忠和的势头。但第二局，在全场观众震耳欲聋的呐喊助威中，放开手脚的黄循杰一上来就打了对方一个 8∶1，为了保存体力，洪忠和主动放弃，以 2∶15 的悬殊比分输了这一局。

我叮嘱黄循杰，在决胜局里只要顶住就有希望。双方争持激烈。黄循杰一度以 10∶6 领先，但洪忠和全力反扑，双方战成了 11 平。关键时刻，在胜利的感召下，黄循杰突然连扣杀能力也恢复了，连得 3 分到了 14∶11。在这个比分上，两人交换了 3 次发球权。当黄循杰第 4 次发球，几个回合后，他打出一个后场球，洪忠和回球下网。黄循杰赢了！

新加坡羽毛球馆沸腾了。全场的欢呼声经久不息。我和队员们拥抱在一起，羽总官员们也拥抱在一起。

黄循杰登上冠军领奖台，颁金牌，升国旗，奏国歌。一曲奏毕，观众们已经坐下，新加坡国歌又在全场奏响。观众们有点错愕，又在国歌声中起立。然后，真的像王鼎昌副总理赛前所说，国歌又第三度奏响。

羽总官员告诉我，这是新加坡选手在东运会上获得的第一枚羽毛球金牌。这也是新加坡羽毛球馆建成 50 多年来，第一次有本土选手在国际赛事主场夺冠并升国旗、奏国歌。

而我，有幸见证了一个冠军奏三次国歌的奇特场面，这恐怕也是国际体坛空前绝后的一桩佳话。

收获乡情与友谊

在新加坡执教期间，我与队员、羽总工作人员、队员家属等结下了深厚友情。而一枚宝贵的金牌，也让新加坡羽总高层对中国教练员的水平刮目相看，扭转了之前的偏见。我的工作赢得了他们的尊重，而一名工作人员告诉我，我的为人赢得了大家的信任。

大家熟悉以后，一名当初去机场接我的工作人员问我："傅教练，你知道为什么我们没能一开始就接到你吗？"

我也好奇。他不好意思地说："我们一直往旅客中看，想象中，来自中国的教练，应该是一个又瘦又土的小老头，你那么高大精神，又有人接，我们当时确实没想到是你。"

我那时也能理解他们的想法。因为在接触中，我发现即使新加坡以华人血统为主，但当时大多数新加坡人对中国的了解也非常有限，尤其对中国改革开放后的最新变化所知不多。他们对中国的印象，仍普遍停留在以前"人民公社"、吃饭要粮票、街上缺乏彩色服装的年代。

要知道，那已经是 1983 年了。可见当时的新加坡也有闭塞的一面。平时一起吃饭、聊天的时候，大家都很愿意听我谈中国特别是广东的变化。我告诉他们，中国确实还有很多贫穷落后封闭的地方，但情况正在改变。我给他们讲我自己的经历。我告诉他们广州现在商业繁荣，晚上也有热闹的夜市；广州人买米买粮也能去农贸自由市场了，而不仅仅是凭票供应；等等。

黄循杰的父亲黄老先生，也经常约我吃饭，畅叙乡情。而我与黄循杰夫妇的师徒之情和友谊，一直持续至今。后来，黄循杰成为新加坡羽毛球队的总教练，他的儿子也成为新加坡的羽毛球国手，可谓将门虎子。我回国后，黄循杰夫妇来广州探望过我好几次，最近一次是2017 年春天。每一次，他都惊叹于广州的城市变化。

我在新执教期间，每月通过国家体委可获得 105 块新加坡元的补贴，105 块用于维持日常消费都有些拮据，时不时要靠亲戚“接济”。得知我是来自广东的教练后，许多当地华人主动问候我。有时候，我会去中国驻新商务代办处汇报工作，有些相熟的新加坡朋友还会善意地提醒我：有特殊部门的人士在“盯”着你哦。

毕竟，那时候中新还没有建交。当时新加坡政府与台湾方面的关系很密切，但我对自己的处境也泰然处之。我深知自己是代表国家来执行教练任务的，我应该以实际行动来改变他们对中国的认识。

延长执教三个月

东运会后，羽总举办了金牌庆功会。虽然是庆功，但黄循杰并没有奖金，这是出乎我意料的。当时在国内，取得全国性比赛名次的选手都开始有了奖金，遑论国际赛事。庆功会前，还是在我的提议下，羽总费了九牛二虎之力才拉来一笔“赞助”，奖励了黄循杰一块瑞士“雷

傅汉洵执教新加坡国家队时与队员建立了深厚的友谊，左一即东运会男单冠军黄循杰

达”手表。

庆功会上传来另一个好消息——筹建新的羽毛球馆有望立项了。现有的新加坡羽毛球馆使用多年，设施落后，没有空调，训练时室内的温度往往在 40℃以上。由于国手在东运会上的出色表现，王鼎昌副总理表示虽然政府不会拨款，但他联络工商界集资建设新的羽毛球馆已有眉目。消息令羽总高层欢欣鼓舞。

三个月任教时间已满，我使命达成，准备回国。不料，羽总的高层找我谈话：“傅先生，我们希望你能延长三个月，队员们都想跟你学更多的东西。”

对于延长执教，我并没有思想准备。我只能答复：“这不是我个

执教新加坡期间，傅汉洵第一次去到妻子曾秀英在马来西亚的家中，见到了妻子的亲友

人能决定的，请你们向中国国家体委提出吧。”

作为执教，三个月时间确实有点短，我也颇舍不得这些新加坡队员们。羽总官员见我个人没有意见，大喜过望，说：“国家体委那边我们沟通过，你同意，就没问题！”

于是，我在新加坡的执教生涯又延长了三个月。在这期间，我带新加坡羽毛球队赴马来西亚参加了在吉隆坡举行的马来西亚羽毛球公开赛，中国也派队参加，其中有我从广州体校带出来的弟子何尚全。比赛后，我特意向新加坡羽总请了两天假，去到我妻子曾秀英在芙蓉市的娘家探亲。这一次，我完整见到了我的岳父岳母和秀英的所有弟弟妹妹们，还有秀英的许多侄子侄女。遗憾的是秀英没能跟我同来。

谢绝“入籍新加坡”挽留

三个月很快又要过去了。期限临近的时候，有羽总人士向我放出试探的风声，随后是正式劝说——“傅先生，你长期留在新加坡吧”“傅先生，我们会为你提供最好的执教条件，住房、工资”“你可以加入新加坡国籍，我们会为你办所有手续”“你先办过来，你太太和孩子随后也可以入籍”。

坦率地说，对方开出的条件是优厚的。我在新加坡切实感受到，经过 20 世纪 70 年代以来的经济腾飞，新加坡已成为世人瞩目的“亚洲四小龙”之一，生活水平远远高过国内。队员黄循杰每次用他的私家车接送我，而当时在国内，私人汽车还是想都不敢想的事。

有一次，黄循杰父亲介绍我认识一名祖籍是上海的老华人富商，他专门请我到一个会所打高尔夫球。我坦言我在中国从来没有见过高尔夫（其实当时都没怎么听说过，新中国的第一家高尔夫球场是 1984 年才在广东中山温泉建成）。于是他打球，我陪他边走边聊。他很关心中国的各种事情。打到最后一洞时，球上果岭，距洞口有近 2 米的距离，老人正好邂逅一名老友，有事要谈。老人即兴对我说：“傅先生，最后这个洞交给你了！”

老人在旁边热聊，我盛情难却，硬着头皮开洋荤。一路陪打，我对挥杆推杆动作多少有点印象了。我估摸着挑选一支球杆，屏住呼吸，轻轻一推，球划出微微弯曲的一道弧线，精准入洞。这是我第一次接触高尔夫球。老人与朋友寒暄几句后，回过头来问我：“球呢？”

老人的朋友看到了我的“一杆进洞”，告诉老人说是我打进洞了。老人也为我感到惊喜。

我始终没有动过入籍新加坡的念头，就像这个干净利落一推进洞的高尔夫球，毫不拖泥带水。

我始终牢记着父亲的嘱托。我投奔到祖国母亲的怀抱，又岂能弃她而去？我当时朴素的想法是，子不嫌母丑，何况我的祖国只是还没有条件好好梳妆打扮，将来她一定会越来越美丽的。古稀之年再回眸，祖国旧貌变新颜的速度超出了我的想象。

我如期回国，行囊里多了一份由新加坡副总理王鼎昌代表新加坡羽总亲笔签名的感谢信。我想这封感谢信也是给我背后的国家的。这封英文信的原件，我回国后交给了国家体委，现在应该还在国家体育总局的档案室吧。在信中，王鼎昌代表新加坡羽总向我带领新加坡队在东运会上取得佳绩表示感谢，并写道：

你的献身精神、教练能力和教学风格，赢得我们运动员和管理委员会成员的一致尊重和钦佩……

当然，我回绝新加坡羽总时，用了一些委婉的理由。新加坡羽总一直没有放弃对我的“追求”。我回国后很长一段时间，劝说的电话仍会不时打到我家里。有时候是我妻子曾秀英接到电话，他们就直接做她的工作。

妻子的回答比我简单干脆：“谢谢，我们不会去！”

是的，我们的事业在祖国，我们的理想在中国！

第十二章 我的世界冠军弟子们

冠军的心

在我的羽毛球教练生涯中，培养了一大批优秀学生，其中有 6 人成为世界冠军。她们是吴迪西、关渭贞、劳玉晶、林燕芬、张洁雯和谢杏芳。

能够培养出世界冠军，绝不是我一个人的功劳。我觉得尤其不能忘掉这些冠军的启蒙教练，他们大多是基层小学的体育老师。包括她

1985 年，傅汉洵夫妇与获得尤伯杯后的爱徒吴迪西、关渭贞、劳玉晶合影

们的家长，也起到了十分关键的作用。一个世界冠军的成长，须经过多个层次教练的打磨，我只是其中的一个环节而已。

我从广东羽毛球队退役后，先后担任过少儿业余体校、广州市中心体校和广州市羽毛球队的教练，也兼任过中青队的副总教练和国家队教练组的工作，其中在广州队教练的岗位上工作时间最长。因此，我对地方专业队教练的工作有更深的体会。

我感受到，地方队教练对一个运动员的培养起到了重要的承上启下的作用。正是在这个环节，将一个业余好苗子打造成一个专业好手，并努力向国家队输送。运动员进入地方专业队的时候，一般是刚进入青春期的年龄，处于塑造专业技术和心理、人格的最关键阶段，教练对队员的作用非常重要。这正是我和秀英一点也不敢懈怠的原因。

而只有在地方队取得全国比赛前三名的好成绩，一般才具备入选国家队的资格。所以，一个地方队教练能将学生带进国家队，说明这个弟子已经具备了全国一流的实力，而一个运动员实现从地方队到国家队的跨越可能是职业生涯里最艰难的一步。后来，听到有前国家队教练发出“要培养一百个世界冠军”的豪言时，我只能报以哑然失笑了。

羽毛球世界冠军是来之不易的，连李宗伟这样的男单高手，也一直摆脱不掉“千年老二”的悲情。能够成为世界冠军，跟环境、天赋、家庭、教练、对手甚至裁判等因素都有关系，有时候还必须依靠一丝运气的眷顾。运动员本身的因素当然是最重要的，运动员和教练员首先都要有一颗“冠军的心”。但多年来我也见过不少很有天赋的苗子，却因为教练等种种原因浪费了自己的天才。

从我这几位冠军弟子成长的故事中，大家或许能够品味出其中的甘苦。

吴迪西的故事

1962 年出生的吴迪西，是我在广州体育馆体校和广州市中心体校最早的一批学生之一，她后来成为中国第一批羽毛球世界冠军之一。

吴迪西当时是广州永红小学（现在荔湾区芦荻西小学的一部分）的学生，是由李樑老师推荐来的。李樑也是归侨，最早就是永红小学的体育老师，他的羽毛球基础不错，也是一个非常热心的羽毛球发烧友和“球探”，经常来体育馆给我们带领的体校班做一些辅助性工作。

后来，在我和秀英快去广州中心体校的时候，李樑就调入体育馆体校当教练了。

吴迪西小时候身材就有点“婴儿肥”，她的母亲也是偏胖的身材。吴迪西是家中四兄妹中最小的，最小的姐姐也大她 10 岁。她出生的时候妈妈和她都营养不良，因而她的体质很弱，得过肾炎、百日咳、伤寒等大病，但她小时候的胆量和性格却像男孩子，好动敢玩。在进体校打羽毛球之前，她喜欢打乒乓球，还去越秀山游泳场参加过跳水学员的选拔，是测试时为数不多的敢从十米跳台上说跳就往水池里跳的小孩之一。

李樑将吴迪西吸收进小学校队训练时，她甚至还不知道羽毛球为何物。但她很快喜欢上了羽毛球。那时每天早上 6 点回学校训练，家住西关金花街的吴迪西每天 5 点半起床回校，一路上还要负责拍门叫醒其他几个小队友起床。

9 岁的吴迪西来广州体育馆体校面试的时候，她记得李樑老师特意带了他的一把带金属管的靓球拍让她挥拍。李樑与吴迪西的哥哥曾是高中同学，因此特别想让吴迪西入选。我看这个小姑娘挥拍的动作很协调，个头当时算高，又是左撇子，就吸收她入队了。

训练开始后，我才发现吴迪西的体格远没有看上去的那样强壮。在体育馆训练期间，有一次运动量大了些，吴迪西竟然晕到了。

身体条件并不算优秀的吴迪西，训练却非常刻苦。她刚进体校的时候，有一次秀英布置她练习三千次击高球的挥拍动作，她真的踏踏实实完成了三千次练习。第二天，她的左臂怎么也抬不起来了，衣服也穿不上去，原来左肩和左上臂肿了一大块。

吴迪西很快就成为体校女队员的骨干之一。我一直看中她的是，虽然速度不算太快，但小小年纪就显现出头脑冷静的特质；另外重要的一点就是她的左手持拍。队里也有几个女队员身体条件比她好很多，但后来就是打不过她。

作为一支羽毛球队的教练，我会特别留意左撇子球员。一是丰富队内的打法，至少让队员在训练时就可以接触到左手球员；二是如果是双打，左撇子选手配对起来也有独特的优势。

1975 年 9 月，北京举办第三届全国运动会，我推荐了吴迪西代表广东参加青少年羽毛球比赛，她也随广东省队训练过一段时间。但到了北京，她却连日发烧咳嗽，晚上剧烈的咳嗽声让同房间的队友也无法安睡，她只好一直忍着。当时我也随队去了北京，主要跟男队员，几天后我得知吴迪西的病情后才赶紧送她入院，她也遗憾地错过了全运会的比赛。

当年年底，福州部队羽毛球队来广州中心体校招人。此前，已经有好几拨军队系统的人马来过队里挑人，比吴迪西年龄大些的好苗子被挑走了一批。福州部队一名姓苏的教练很快看中了吴迪西。我知道他们的想法后，并没有马上答应。因为，我心里首先还是想为母队广东省队留人。

我这样讲，是因为我此前就向省队多次推荐过吴迪西。我一直说这个左手小孩很有特点，打球冷静聪明，球路清楚，值得好好培养。这一次，吴迪西被福州部队看中了，广东队到底要不要她？

我找到当时广东省队的主教练，再次向他强烈推荐吴迪西。他却摇了摇头，说了一句“暂不考虑”，具体原因并没有跟我多讲。我心想，这么好的苗子，广东省队怎么不要呢。后来我才知道，省队有人不要吴迪西是因为她家庭“成分”的原因，据说吴迪西的父亲在解放前有“历史问题”。

因为所谓的家庭“历史问题”，就不敢或者不愿吸收一个天赋优异的十几岁的少年选手，在那个荒唐年代的背景中，这与某些人的极左心态有关。

在这种情况下，我就鼓励吴迪西去福州部队，毕竟还可以打球。吴迪西的妈妈开始不舍得最小的女儿去福建参军，吴迪西当军人的舅舅帮着，才做通了她妈妈的思想工作。

就这样，13 岁的吴迪西和另一个女队友一起被福州部队选中，她作为一个纯粹的广州姑娘，最后在福建队圆梦世界冠军。吴迪西后来主要以女双项目彪炳羽坛，但她在体校时还没有特别侧重双打，她单打的点杀也很出色，后来也拿过女单全国冠军。

吴迪西进入福州部队羽毛球队后，幸运地遇到了她的黄金双打拍档——比她小 1 岁的厦门姑娘林瑛。1981 年 5 月，福州部队羽毛球队解散后，两人双双入选福建队，随即就获得女双全国冠军，年底就双双入选国家队。这对女双在 1982 年全英羽毛球公开赛上一鸣惊人，夺得女双冠军。

此后，吴迪西和林瑛成为当时羽坛女双的统治者。直到 1986 年退役，吴迪西已经获得 6 次世界冠军。吴迪西在比赛中能发出独特的旋转“飘球”，又是左手握拍，常使对手难以适应。在 1982 年全英赛女双半决赛上，吴迪西凭发球分别在两局中连得 13 分和 12 分，轻松淘汰东道主选手。这次大赛后，国际羽联就更改规则禁止发“飘球”了。

回头再看，我有点为广东队惋惜，却为吴迪西庆幸。我和秀英只是在吴迪西很小的时候指点过她，一直为她后来的成就由衷高兴。

吴迪西的回忆

我能成为羽毛球运动员，后来能打出名堂，当然离不开傅指导。以我当时的身体条件，估计现在没有一个教练选材会选到我。我当时身体有问题，在广州体育馆训练时曾经晕过去了，一到夏天就喘不过气来，傅指导专门把难得的冰镇汽水让我喝。

我小时候还有个毛病，就是不吃肉，不沾荤腥。记得有一次晚饭时，李樑老师为了让我吃一块鱼肉，一直跟我谈了四五个小时。最终我一咬牙把那块鱼吞了下去，但几秒钟后我就忍不住跑开又呕吐了出来。不过，说来也怪，后来慢慢地，我什么都能吃了。那一代的教练都是真有耐心。

从小我就有好胜心。我并不知道傅指导选中我有左手持拍的因素，我反而记得曾指导当年说过我，“左手是打不出来的，你看世界冠军有几个左撇子。”我不知道这是不是激将法，曾指导现在不承认她说过。我当时就很不服气，就憋着一口气一定要打赢右手持拍的对手。

我印象最深刻、最感激的是傅指导、曾指导对我们基本功的培养。从握拍的手势、击球时手腕手指的用力等，每个细节都给我们抠得特别细，而且不厌其烦，直到像印在我脑子里一样，然后变成了肌肉记忆。后来到了福州部队，训练并不系统，嘻嘻哈哈的训练反而让我玩出了许多假动作。幸好在广州体校打下了扎实的基本功，要不就废掉了。

在我成为冠军的过程中，庆幸在三个重要阶段都遇上了好教练，傅指导、曾指导就是其中之一。记得去福建之前，我一直觉得很严厉的傅指导还送了一支钢笔给我，这很让我意外，后来也一直成为对我的鼓励。

（2018 年 1 月 2 日，刘晨采访）

关渭贞的故事

当年关渭贞进入体校训练的时候，我最早是“先闻其名，后见其人”。那应该是 1972 年，关渭贞还在广州沙河的先烈东路小学读三年级。学校有一个体育老师叫林志平，负责羽毛球教学，他也是归侨。有一天，林老师带了几个学生到广州体育馆找我试训。后来深入谈起来才发现，林志平跟我们家还有很曲折的远亲关系。

那天我们就小队员交换意见时，林老师突然说起来：“我还有个学生叫关渭贞，今天没有来，但我觉得她条件不错，应该符合你的要求。”

我赶紧问：“你说说看，她条件具体怎么样不错？”

林志平告诉我，关渭贞个高苗条，但臂力超常。虽然没怎么练过，但手榴弹、铅球扔得比男生都远，她代表学校参加田径比赛随便就拿冠军。

我一听就很感兴趣，让林志平一定要把关渭贞带来看一看。我第一眼看到关渭贞时，就觉得她身材不错，高瘦结实，让她挥一下羽毛球拍，确实臂力很好，我心里暗自欣喜。毕竟她年龄还小，住得又远，我就安排关渭贞在广州体育馆走训，每星期课余来跟随李楳和潘定基老师训练两次。

一年之后，我就“破格”将只有小学四年级的关渭贞带进了新成立不久的广州市中心业余体校。当时整个体校各队基本都是初中以上的学生，关渭贞是仅有的小学四年级羽毛球生，为此体校开始设立了四年级班，只有关渭贞和游泳队的几个学员。那时候关渭贞等女队员的宿舍也在三楼，与我的值班宿舍仅一墙之隔。

尽管身体条件好，但小时候的关渭贞却有点娇气，怕吃苦。她最怕的就是体能训练。当时体校条件差，只有一个田径场，主要供田径队使用。羽毛球队练长跑，经常要跑马路。跑得最多的一条线路是从瘦狗岭体校跑到五山公交车总站，再掉头跑回来，当年路上汽车还很少。往往跑到一半，关渭贞就落后，然后就走起来了。我会骑着自行车一路监跑，经常要在后面督促关渭贞。

有一次，关渭贞突然不见了，把我和秀英吓了一跳。那时候通信联系手段落后，幸好体校离先烈东小学不太远。我先到学校打听了关渭贞家的地址，然后找到了她在省农业厅宿舍的家，她果然是偷偷跑回家了。一问才知，原来她是觉得训练太苦了，又挨了曾指导的批评，就赌气不辞而别。

不过，关渭贞的父母一直很配合我们的工作，我们共同又把她劝回了体校。但后来又有一次，关渭贞的训练达不到要求，又不够努力，我和秀英一狠心让她停训回家了。我们的想法是一定要“教训”她一下。在家长的配合下，关渭贞写了一封很认真的检讨书，我在她停训一个星期后，才准许她返校。直到退役之后，关渭贞提起这次“停训”，都记忆深刻，坦承当时真的受了刺激，让她更加认真对待后来的训练。

关渭贞确实是难得的好苗子，我和秀英在她身上格外花了不少心血，用各种手段来带动她。队友宋芳玲也是从先烈东小学出来的，属于特别能吃苦的队员。宋芳玲后来因为父母调往湖南工作，有两年周末就寄住在关渭贞家里。所以，我就经常安排她和关渭贞作为一组来进行体能训练，带动关渭贞。后来进入广州市队以后，勤勤恳恳的女队员张爱华也成为带动关渭贞的角色。

关渭贞的上肢力量强，节奏感好，我们就给她增加步伐等训练项目，加强她的下肢灵活性，这样她手上技术好、威力大的特点就更加突出了。关渭贞这样的队员，教练一定要耐心细致地“逼”她，才能将她宝贵的潜质完全激发出来。她上场打比赛也一直是慢热型的选手，必须“逼”她，才能尽快出状态，跨越一个又一个的台阶。

为了让关渭贞突破自己，从体校开始，我就经常安排高军等男队员做她的陪练，到了广州队成立后也是如此。关渭贞后来说“我跟傅指导的时候就享受了国家队的待遇”，指的就是有男队员陪练这件事。其实，这也是我当年注重的队里集体主义精神的一部分。

说起来，从业余体校到广州队，再到国家青年队，我带关渭贞的时间算比较长的。记得 20 世纪 80 年代初我带中青队出国比赛时，初露锋芒的关渭贞经常身兼数项，而且成绩都很出色。她力量强大的扣杀在同时代的女子选手中是少见的，因此，她也成为男队员最喜欢搭档的混双选手。经常有男队员来“求”我——“傅指导，让关渭贞跟我搭档吧”，就是因为关渭贞打后场一点也不吃亏，在混双里面很有优势。

1983 年 5 月，关渭贞入选中国国家羽毛球队，开始成为叱咤羽坛的世界级选手。人们后来只记得关渭贞的双打，其实她的单打也很出色。1984 年在全国羽毛球单项比赛中，她就夺得了女单冠军。

但即使是她这样条件优秀的选手，国家队之路也并不平坦。她曾经两次被国家队退了回来。在她低潮的时候，我和曾秀英都做了大量的鼓励工作。而且关渭贞的父母也给了她很大的支持，找了很多人给她写信、打电话，鼓励她振作起来，凭实力重返国家队。从体校到国家队，父母对于关渭贞的成功，起到了非常关键的作用。

关渭贞后来拿到了 9 个世界冠军。当然最可惜的是 1992 年巴塞罗那奥运会，由于裁判从中作梗，关渭贞和搭档农群华在决赛中痛失金牌，屈居亚军，与中国第一枚羽毛球奥运金牌失之交臂。

退役之后，关渭贞担任过广州市体育局副局长和广州市羽协主席，她在 1998 年筹办成立了广州市羽毛球运动管理中心并兼任主任，一直从事羽毛球运动的推广和管理工作。在她任职副局长期间，广州完成了承办各项世界级羽毛球大赛的全满贯，她做了大量宝贵的贡献性工作。她后来离开公职，成功创办了一家与体育相关的科技企业。从一名成功的运动员到“下海”，她的几次转型都很漂亮。

关渭贞的回忆

我在中心体校时，每天早上，一般总是傅指导叫我们起床。我还记得他会按照部队起床号的旋律，唱“大猪小猪快快起来……”，他会编出各种顺口溜，一路唱着敲每间宿舍的门。傅指导其实很幽默，总会逗得我们哈哈大笑。我记得有一次他摆出弹琴的姿势，其实是用手指弹自己的肋骨，笑称这是“排骨琴”。

我是属于比较娇气、怕苦的女生，所以傅指导两夫妇在我身上花了很多心血。他们觉得我的条件很好，总希望我成才。那时候傅指导就向我灌输要刻苦训练，成为世界冠军的意识。我还是个小学生，当时感觉什么世界冠军也太高太遥远了，但这个“世界冠军”的种子，最早就是傅指导给我埋在心里的。

傅指导和曾指导带我们，最重要的是给了我们许多精神财富，第一要爱国，要谦虚，要勤俭节约……当时很多家长都不会给到孩子这些人生观、价值观的培养。跟别的运动队比，我们羽毛球运动队明显在作风品质、为人处世等方面更胜一筹。

我记得早操排队的时候，有时候是傅指导，有时候是曾指导，还会给我们读一段毛主席语录，从“一不怕苦二不怕死”到“愚公移山”，给我们传达了许多精神上的要求。这种要求不是只讲虚的，而是落在生活实处。比如，饭桌上不能浪费粮食。比如，在路上遇到农民拉着粪车，有些队员就捂着鼻子喊好臭好臭。傅指导就会耐心教育我们，说这样是不对的。我们要对劳动人民有真感情，要心贴心，要尊重他们的劳动，那就不能表现出嫌弃的样子。

傅指导本身待人接物的谦和、实在、友善，不讲虚的排场，也是对我们队员的身教，对青少年时期的我们是一种启蒙，我受益匪浅。所以至今我们学员跟两位指导的关系都非常好，即使傅指导退下来了，不在羽毛球第一线了，他在广州羽毛球界的地位、威望也没有淡化。这一点，不是每个教练都能做到的。

回过头来想，我为什么能成功，能拿9个世界冠军？有一点，是我的父母和教练配合得非常好，来做好我的思想工作，我觉得这一点非常到位。孩子在成长中犯错误或遇到挫折，不能只是简单粗暴地批评。

这一点上傅指导和曾指导也是绝配。曾指导是个比较感性的人，会在烫头发、谈恋爱等方面严格管理我们，她性子比较急躁，我们觉得她很凶，这时候傅指导就会安抚我们，很快又把我们逗乐了，一个红脸一个白脸。但不管怎样，他们都很真，都是真心想队员好，没有虚情假意。培养我们的性格也是比较率真，比较单纯，不会来那套假的东西。

我骨子里还是有不服输的性格。另外打法上，除了我天生的力量，就是我的变速能力，快的时候能快，快慢之间的转换比较协调。我的缺点就是怕吃苦。我不是很能跑的人，作为专业运动员，我连 3000 米都跑不下来，最后总要有人陪我跑。当年这一点很让傅指导头疼。为了雕我这块璞玉，他们费了好多心思。他们经常用激将法，知道我是有潜力可挖的。

当然，我后来不断对自己提出新的要求，能抓住赛前突击。傅指导带出的团队精神也帮助了我，有铺路石。队里的张爱华，她成绩不拔尖，却是队里的骨干，她做你思想工作，甘愿陪你跑步，让队友成长。

能进国家队必须要全面，必须有好的基本功，要克服自己的缺点，不能靠撞彩。好的教练一定是根据每个人不同的情况，来挖掘他，让他成才。傅指导就是这样的。

我们队员从体校时就往傅指导家跑，就像回家一样。1979 年、1980 年的时候，教练家里就有了落地音响。我们去那里打过蛋糕，还被曾指导留下听《梁祝》。我从国家队退役回来的时候，有点苦闷，还在傅指导家小住了一段，每天陪曾指导做饭，收获了心灵的安慰。有时候真的是把傅指导、曾指导当父母一样的，毕竟从八九岁直到现在。

我担任广州体育局副局长和广州羽毛球中心主任的时候，中国羽协有三次遇到困难，都是找到广州，找到我。我们组建了粤羽俱乐部，第一届中国羽毛球联赛也是从广州开始的，随后一发不可收。傅指导当时是广州羽协的副主席，我和傅老师其实一直都在一起工作，我有许多事情向他请教、商量。

我觉得，傅指导很伟大的一点是他心里对国家的感恩，他也是这样对学生传承的。傅指导给我最大的教诲就是爱国。

（2017 年 12 月 4 日，刘晨采访）

劳玉晶的故事

在我带过的所有队员中，从天生的身体素质条件来讲，劳玉晶是最优秀的之一。回过头来看，劳玉晶也是最令我惋惜的：一是以她的条件来看，她虽然成为世界冠军，但本可以取得更大的成就；二是她退役后英年早逝，2016 年因病去世时只有 50 岁。

劳玉晶小时候也是李樑老师挖掘出来的。当时，李樑在体育馆体校也经常下基层，在荔湾区西村小学发现了能跑擅跳的劳玉晶。当时我还在广州中心体校，李樑带劳玉晶过来，我给她做了一些测试，我发现这个小姑娘最大的特点是动作敏捷，反应特别快。我告诉李樑，一定要盯住这个女生，培养她打羽毛球的兴趣。

后来，李樑就经常往劳玉晶学校跑，在让劳玉晶练羽毛球的过程中，还跟学校的田径教练“你争我夺”了好久。劳玉晶开始也在体育馆体校练球。1978 年广州市羽毛球队成立之后，市队搬回到广州体育馆训练，我将李樑调至广州市中心体校任教练。1979 年，13 岁的劳玉晶就进入了广州中心体校。1981 年，我就吸收她进入了广州市羽毛球队。

在劳玉晶 1985 年入选国家队之前，我已多次将她招入中国青年队集训和比赛。

劳玉晶的身体条件到底有什么特点？有一次劳玉晶参加中青队在北京的集训时，国家羽毛球队的队医特意找到我聊天，问我是“怎么选到劳玉晶这样的选手的”。我讲了劳玉晶学习羽毛球的经历，又向他请教劳玉晶的特别之处。原来，队医在为队员们按摩和治疗时，他发现劳玉晶的肌肉类型与众不同。这位队医之前跟随中国女排多年，他说：“劳玉晶很有特点。我从来没有见过女队员有她这样的肌肉类型，不是粗线条那种，但特别有弹性和韧劲。她最特别，独一份。”

当时，国家队开始给羽毛球队员做一些科技测试。当时中青队的男选手中有后来天王级的赵建华和杨阳等人。这位队医说，在反应速度的神经类型测试中，劳玉晶的许多指标都超过了男队员，可以跟男队员中最优秀的赵建华相媲美。

而劳玉晶的个性，也如她的肌肉类型一样倔强和顽强。她在 1983 年打过的一场比赛，最能体现一个运动员带伤拼搏的顽强精神，我至今都感觉不会有第二个运动员能做到。

那次我带包括劳玉晶在内的中青队结束访欧，回国后立即赶到上海，参加全国羽毛球精英赛，包括国家队选手也都参加。代表广州队的劳玉晶和张新广配对打混双。

第一轮比赛是上午，对手并不太强，但由于时差和疲劳的因素，劳玉晶、张新广一直落后。这种“发蒙”的情况对运动员来说经常会出现，但劳玉晶在场上就非常急躁，一失误就抱怨自己。我在场边，只能用手势让她尽量平静。

当时的比赛场地还不是很规范，为了防滑，场地的木地板还会撒铝粉，铝粉盘就放在球场线外。对方一个球推过来，劳玉晶开始判错方向，赶紧回身跨步救球，她这一跨太猛了，前脚踩在了场外的铝粉盘上，整个人滑飞了出去，满场的观众都惊呼了起来。

劳玉晶在地上半天起不来。我和队医赶紧跑上去，她慢慢坐起来，两手按着右膝关节，表情痛苦，一看就知道疼痛难忍。我心里也“咯噔”一下。队医给劳玉晶的右膝喷了麻醉剂，一番检查之后，劝她退赛。但劳玉晶活动了一下膝盖后，坚持一定要打下去。

就这样，经过包扎之后，劳玉晶又上场了。受伤之后，她的脑子反而清醒了，虽然相当于单脚在跑动，她和张新广竟然将比分追了回来，赢下了比赛。满场观众报以热烈掌声，表示对她的钦佩。

作为教练，我知道她伤得不轻，心里不敢轻松。下一轮比赛是隔一天后举行，我想劳玉晶应该是不能上场了。午后，我和队医把她送回住处，包扎固定后让劳玉晶卧床休息，她也确实疼得无法下地了。队医的诊断是右膝半月板撕裂，是很严重的伤。晚饭后我们又去看她，还是很疼。为了让她休息好，医生当晚就给她打了一针封闭针。

第二天，我们替劳玉晶拿了早餐，她说还很疼，但比昨天好些了。我知道她很想打比赛，只能尽量安慰她。医生给她重新包扎后，她起来一瘸一拐走动了一下，还是很疼。但她向我提出，明天仍然想上场。

我知道她的脾性，劝她安心养伤，明天再说。当晚，劳玉晶还是靠打封闭针才能睡觉的。

到了比赛当天，劳玉晶自己挪着起来吃早餐了，并告诉我感觉又好点了。我再次劝她下午的比赛弃权，她不死心，说上午先活动一下再看。我看她受伤的右腿根本不能用力，她在场上也就是发发球而已。对手福建队的选手也根本不相信劳玉晶下午能打。

到了中午，她还是坚持一定要打。我悄悄问医生，医生说她的伤势真的很严重，建议不打。然后我跟医生一起找劳玉晶，还是没能说服她。医生出来后跟我说："从来没有见过这样坚强的运动员。"

比赛前，医生给劳玉晶打了封闭针，紧紧包扎了她受伤的膝关节。我叮嘱张新广在场上要多跑动，弥补劳玉晶移动的不足。

热身时，对手福建队的男队员周金灿有点半开玩笑地对劳玉晶说："你的腿都这样了，还不弃权。我们让一个人也能赢你们！"

周金灿是当时国家队的男双主力，他们一对的实力应该在张新广和劳玉晶之上。周金灿的这番话却激起了劳玉晶的斗志，她回了一句："谁输谁赢还不一定呢，放马过来！"

比赛开始阶段，劳玉晶确实受伤腿所累，没法招架。但很快她就顶了上来，有如神助，越打越好。我在场边都看呆了。她不仅跑动起来，还打出了好几个高难度的球。对方也出乎预料，阵脚大乱。

劳玉晶的搭档张新广受劳玉晶表现的鼓舞，也被调动起来，打出了高水平。全场观众都知道劳玉晶是带伤上阵的，又见她发挥神勇，都为她呐喊加油。最终，他们拼赢了实力强大的福建选手。

但比赛结束以后，劳玉晶就瘫在场上动不了了。

队医在场边看着劳玉晶在场上忘我地拼每一个球，最后获胜，忍不住对我说了三个字：“我服了！”

那场比赛，让我觉得劳玉晶像是“特殊材料制成的”。但从另一个侧面，也反映出她执拗倔强、急躁、不顾后果的个性，这也影响了她后来的职业生涯。

后来劳玉晶作为中国女队双打主力，为中国在1986年和1988年连夺两届尤伯杯。后来不久，国家队还在北京集训，劳玉晶却悄无声息地回到了广州。我很奇怪，问她情况，她情绪低落，说是身体不好，有“甲亢”。我担心她是被国家队退回来的，后来才知道，她因为个性倔强，跟国家队的老教练在沟通上产生了矛盾，是她自己主动离开国家队的。

无论如何，她是一个难得一遇的运动奇才。

林燕芬的故事

1992年巴塞罗那奥运会，羽毛球第一次作为正式项目进入奥运会。我的弟子中除了关渭贞获得女双银牌外，还有另外一个小个子选手林燕芬，她和姚芬搭档获得奥运羽毛球女双铜牌。比师姐关渭贞小4岁的林燕芬，当时是羽坛的后起之秀，她能跻身奥运赛场，走过了一条艰苦而曲折的羽毛球之路。

我第一次见到林燕芬，她还是越秀区青少年业余体校羽毛球班的学生。1980年年底，我去给市队挑选后备人才，林燕芬就给我留下了深刻印象——她个子小，打球灵活，有一种古灵精怪的活跃。但最后考虑是否选择她的时候，我还是有点犹豫了。在同龄的小队员里，她当时太小不点了。所以我将她放入预备名单，挑走了另外几名身材条件更好的队员，包括后来林燕芬进入广州市队后的双打搭档张婉玲。

当时青少年羽毛球选手的选材情况，已经比 20 世纪 70 年代初好很多了。我后来才知道，这次“落选”对小小年纪的林燕芬来说是一次不小的打击，因为当时在队里，她是可以打赢被挑走的那些队员的，她心里很委屈。

但林燕芬最可贵的是她对羽毛球的真心热爱。即使后来意识到了自己身高的劣势，她也没有放弃，而是能够苦练加巧练，扬长避短。她后来进入广州中心体校，训练更加刻苦。晚上她经常找师哥师姐对打加练；一个人的时候，她会自己拿一筐球，在网前自抛自练，加练小技术、小动作。到了 1981 年，在海南岛举行的全省青少年羽毛球调赛中，林燕芬获得了女单冠军，这极大地增强了她的自信。

我一直留意观察她，当时又让她跟广州市队走训。每周的两个下午，她要从瘦狗岭的中心体校，骑着一辆借来的自行车，赶到老广州体育馆跟随市队训练。这当然是很辛苦的，更重要的是心理上的不平衡，因为我仍没有明确表示吸收她进市队，而且市队里面有很多她的体校队友。走训一段时间后，倔强的林燕芬也沉不住气了。有一天，该来广州体育馆训练的时候，她并没有出现在场上。

后来我了解到，当时林燕芬突然失去了能进入市队的信心，她想，“反正他们也不要我”，就擅自决定不去走训了。这首先把她体校的教练涂朋芳吓了一跳。涂教练只好给她做思想工作，让她一定要坚持，这件事甚至还惊动了体校领导。涂教练向她交底，告诉她市队傅指导、曾指导那里，对她并没有关上大门。最终，林燕芬恢复了走训。

林燕芬最终进入广州队是在 1983 年 8 月，比她几个当年在越秀区体校的小伙伴入队足足晚了三年。不过，我认为这三年对她的心智也是一种很好的磨练，让她后来能够更加珍惜机会，抓住机会。

秀英其实也一直喜欢这个训练自觉、打球有想法的小选手，曾经好几次说，“她要是长到一米六就要她吧”。最后我决定吸收她进入广州市队的原因，更主要还是经过多年观察发现她对羽毛球的热爱和钻研。在广州中心体校，林燕芬在羽毛球技术上有了明显进步，动作细腻，脑子清醒，心理素质好，很好地弥补了身高的不足。后来，林燕芬的身高也就定格在了一米六。当时，中国羽毛球选材的趋势已开始高大化，成为中国羽毛球的一线选手后，林燕芬在其中基本上是最矮的一个，但这没有阻碍她成为世界冠军。

我吸收林燕芬入队，在于她的整体羽毛球素质已经超越了对身高的要求，但在林燕芬刚进广州队的时候，我的选择还是有人质疑，说林燕芬这样的身材也能进市队？是不是有门路走关系呀？我对这些说法一笑置之，后来林燕芬也用出色的成绩驳斥了这种说法。

进入市队以后，林燕芬很快成为广州女队的主力，而且单双打兼项。她身上的另一个优秀品质是，她特别有集体荣誉感，因此打团体赛的时候特别卖力，也特别让教练放心。她经常担任第三单打兼双打的角色，不惜体力。1989 年和 1990 年广州女队连续两年夺得全国羽毛球女团冠军，林燕芬都是其中的主力队员。她和张婉玲的女双搭档，也成为当时国内女双很有竞争力的一对组合，她们在 1988 年的第一届城运会上获得过女双冠军。

1989 年，傅汉洵带广州羽毛球队夺得全国羽毛球锦标赛女子团体冠军，林燕芬（左三）是主力队员之一

但就在林燕芬自信满满，期待为国争光的机会到来的时候，她入选国家队的经过并不顺利。1989 年下半年，国家队公布新一批的集训队员名单，林燕芬的双打搭档张婉玲赫然在列，林燕芬却榜上无名，她落选了！此前两个人一起在国家队参加过试训，如果两人都没入选，或许林燕芬还好受一些，但搭档入选而自己落选，让林燕芬遇到羽毛球生涯最沉重的一次打击。

我非常理解林燕芬当时的心情。我知道一个专业运动员越有事业心，就越把能成为一名国手、在国际赛场为国争光看得无上光荣。她在自我感觉良好的情况下未能入选国家队，确实心里难受。我尽力宽慰和安抚她，告诉她未来机会还是有的，毕竟她才 21 岁。但我也知道要走出这段沮丧期需要时间。

很明显，林燕芬落选国家队主要也是因为身高的问题，担心她发展有限。身高这个无法改变的事实，这次严重动摇了她对羽毛球生涯的信心。她甚至把退役的想法都提出来了，还偷偷问过她在越秀区体校时的教练，想退役后也回去教羽毛球。有一个多月的时间，她连训练都停止了，即使来到训练馆，也是在场边看看而已。一直以来，林燕芬总体上属于非常让我“省心”的运动员，我也没有想到她的反应如此激烈。

我只有不断力劝她一定要坚持下去。市体育局的几个领导了解了她的情况，也加入做她的思想工作。我们都告诉她，国家队的大门并没有对她关闭，而她那么多年的坚持与进步，现在放弃就太可惜了。

1990 年开年后，有一场广东省承办的全国羽毛球单项精英赛在广州举行。提前几个月，我就找林燕芬谈话。我告诉她，这次比赛以地方组队，但国家队的队员都会参加，“你要相信自己是有实力进入国家队的，这次比赛就是证明自己的机会，你一定要抓住”！

林燕芬开始走出阴霾，又投入到认真训练中，她也真的抓住了这次机会。她和张婉玲搭档，这一次获得女双的第二名，决赛只是输给了一对跨省区组合的国家队选手。赛后，当时的国家队女双教练之一的邱玉芳就找林燕芬谈了话，表扬她打得不错，要继续努力，争取进国家队。

不久之后，我得知林燕芬已入选国家队集训名单，就先告诉了她这个好消息。我以为她会很兴奋，不料她却先问我：“发文了吗？”我说文件过几天就发下来。她没有看到白纸黑字，就不敢先高兴，可见上次落选给她心里留下的阴影仍未消除。

就这样，这个小个子女队员，凭借自己的不懈努力，终于迈进了国家队的大门。在国家队，她又经历了换双打搭档、从零开始积攒奥运积分等历练，最终和姚芬搭上了奥运列车。

就在 1992 年，林燕芬迎来了成绩的爆发期。除了获得奥运铜牌，她和姚芬这对女双还获得当年的全英赛冠军、世界杯羽毛球赛冠军等，而她也是中国女队夺得尤伯杯的冠军成员。

退役后的林燕芬，几乎复制了一条与师姐关渭贞同样的转型之路。她先是和关渭贞一样，进入暨南大学新闻系读书深造。2002 年到 2008 年年底，她接替关渭贞担任了广州市羽毛球运动管理中心的主任，在任期内，师妹张洁雯和杨维获得了广州市第一个羽毛球奥运冠军。现在，林燕芬担任着广州市体育局副局长，并兼任了广州市羽协主席。我们每次见面的时候，谈得最多的还是广州的羽毛球。

林燕芬的回忆

我小学读的是广州大新一小，学校的体育活动很丰富，我大概三年级的时候，看到有些高年级同学课余打羽毛球，羽毛球在空中划出的优美弧线特别让我着迷。后来体育老师挑羽毛球学员，我赶紧报名。我之前参加过田径训练，反应和灵活性还不错，因而幸运入选了羽毛球队。我小学时很调皮的，特别喜欢模仿别人的动作，练习握拍和挥拍的时候忍不住搞搞怪，有一次惹恼了这位姓江的老师，他就让我停训，说不收我了。

其实，我当时并不是故意捣乱，我只是觉得自己练挥拍的动作已经很到位了，急着想快点打球。一下被“开除”了，我心里很难过，又一直心痒痒。过了一段时间，我忍不住主动去找江老师，承认错误，请老师给我一个改正的机会。感谢老师又收留我了。后来江老师告诉我，他并不是真的不要我，只是想给我一个教训。

后来，越秀区体校成立羽毛球班，来我们学校挑人，我个子小，又是尴尬的下半年出生，开始并没有入选。还是江老师了解我对羽毛球的热情，跟越秀区体校说情，说林燕芬水平并不差，招进去当陪练也好呀。还好越秀区体校收留了我。

但说起来，我小学的羽毛球生涯是很失败的。因为我同年级同学多是 1969 年出生的，我是 1968 年 10 月出生，而 1968 年一批的学员大多比我高一级，学球比我早。所以我参加小学阶段的比赛，没有取得过任何好成绩。

临近小学毕业的时候，傅指导到越秀区体校为市队选材。我也接受了傅指导的试训，但最后年龄比我小、个子比我高的几个队员被选上了。我心里很不服气，因为当时我自己觉得我跟那些队员的水平差不多呀。

我知道是因为我身高的问题，傅指导迟迟没有吸收我进市队。我在广州中心体校的时候，每天盼着自己长高，经常跟球网比试看自己长高了没有。有人说练单杠可以长高，我有空就会去吊一下。当时我自己都觉得我训练比别人刻苦。我对羽毛球的热情终于打动了傅指导。1983 年，15 岁的我加入了广州市羽毛球队。

进队以后，一方面我的羽毛球道路拓宽了，另一方面我开始领教傅指导、曾指导的严格管理。那时候市队在广州体育馆集训，傅指导、曾指导在不仅训练上一丝不苟，在生活上思想上也有很多“禁令”。

尤其是曾指导，对女队员管得特别细，我们一帮青春花季的女队员，当时并不能完全理解她的做法，经常会在背后嘀嘀咕咕有怨言。我记得每到周六放假，我们怕被曾指导批评回家太早，不敢背着包从她门前经过。我们会从宿舍窗台先将背包丢出去，出去以后再捡回来。

那时除了训练，傅指导、曾指导还要求我们每天读报学习、写日记。回想起来，那段时间正是一个人世界观、人生观、价值观形成的关键时期。如果不严格管理，以后很容易走弯路。我回过头来看，很感激傅指导、曾指导的严格管理，至少让我的综合素质不会太低，主要就是那时打下了良好的基础。

我记得进队的第一天，曾指导就安排了新老队员的“一对一帮扶”，老队员张爱红就给了我一本书——《青少年修养》。我从来没有想到进了专业队，还要看这种“闲书”。我花一晚上就翻了一遍。第二天我还书给张爱红，她马上批评我：“这么快，你有没有认真体会呀？”她让我拿回去重新仔细学习一次。我重新读它的时候，在理想、友谊、处事等方面，真的受到很多启发。

进入广州队后，傅指导、曾指导抓训练和技术，更抓我们的思想。我后来许多的人生信条都是那时从两位指导口中听到的，从“人生能有几回搏”，到“艺高人胆大，胆大艺更高”等等。至少对我后来训练和比赛，是真的有激励作用的。我的思想在广州队时有了很大的变化。

整体来说，我不是受傅指导、曾指导表扬最多的队员，但应该是他们最省心的队员，傅指导说我的悟性好。两位指导特别注重技术的细节。我比较善于自我琢磨，也很会“偷师”，傅指导给别的队员讲解的时候，我会结合自己的情况举一反三，提高技术。我感觉自己还是掌握了不少傅指导、曾指导的“精华”的。打比赛的时候，我基本能把训练水平发挥出来，傅教练对我是比较放心的。

我非常感谢傅指导、曾指导在我未能入选国家队的那段低潮期，一直鼓励我走出来。我进入国家集训队后，在后来我的双打搭档张婉玲受伤的情况下，我也没有放松自己。我后来跟姚芬合作，是姚芬主动找我的，她当时已是名将，应该是看到了我的努力。我跟姚芬配对后，我不得不适应她的打法，做出改变，那段时间也很辛苦。我们搭档后，沟通很好，成绩也越打越好。

在我羽毛球的几个关键节点，由于身高，我知道自己都是教练眼中有点“鸡肋”的队员，放弃可惜，重点培养又觉得潜力不大。我庆幸我都把握到了关键的机会。

从小学开始练球，到后来从体校到广州队，再到我后来退役当广州羽毛球运动管理中心主任，我都一直与傅指导保持着联系。广州羽毛球后来有繁荣的局面，与傅指导、曾指导这几十年来的耕耘努力是分不开的。他们对广州羽毛球的贡献太了不起了。

（2018 年 1 月 12 日，刘晨采访）

谢杏芳的故事

2017 年 10 月 20 日，已经结婚生子的谢杏芳作为致公党广州市委

2001 年，傅汉洵、曾秀英夫妇和张洁雯、谢杏芳在一起

员会社会服务委员会的爱心大使，来到广西崇左县，参加了致公党广州市委员会崇左精准扶贫结对帮扶活动。

在与当地粉丝交流中，当主持人问到谢杏芳在羽毛球生涯中最难忘、最感恩的是什么，谢杏芳动情地说：“我的成长过程都非常难忘，也少不了许多人对我的帮助，包括我们致公党广州市委员会原主委傅指导，他是我在广州队的教练。他在广州队对我的教导，比我的父母还多……”

许多我们带过的学生，后来谈起来都把我们和他们相处时的关系说成像“父母与孩子”一样，我和曾秀英并不敢这么想。当然，学生到我们手里的时候都还是十三四岁甚至更小，我们确实操了许多父母般的心。对于谢杏芳，我们操的这份心可能更多一点。

小时候家住广州海珠区的谢杏芳，是滨江中路第一小学的学生，是由陈国良老师挖掘学习羽毛球的。谢杏芳的家境很普通，父母都是普通工人，非常朴实、内向、本分。从8岁学球开始，父母叮嘱谢杏芳的就只有一句话："要听教练的话。"

谢杏芳进入广州队以后，每逢春节，她的父母会到我家拜年，他们话很少，非常礼貌而安静。他们没有一点向教练"拉关系"的想法，也不善于跟我们交流。以至于秀英后来会跟谢杏芳讲："我带了你几年，对你爸爸妈妈还是一点都不了解，倒是跟你三姨熟得很。"

这是因为谢杏芳的三姨个性开朗外向，当时又买了摩托车，经常是三姨或三姨夫骑摩托车送谢杏芳来训练，所以跟我们的交流更多。我们得知谢杏芳的父亲因为企业不景气，已经下岗了。后来，秀英就有意经常和谢杏芳沟通，鼓励她为了父母家人也要打出一片天地。秀英总会搬出几个师姐的名字鼓励她："你比她们条件好，一定能进国家队的。"

谢杏芳进入广州队的时候，一直是单双打兼项，后来成为队里的女单和女双的一号，并都取得过优秀的成绩。1998年，谢杏芳与张洁雯一起夺得墨尔本世界青年羽毛球赛女子双打冠军。随后她进入中国羽毛球队，国家队教练出乎意料地让她专攻单打。

谢杏芳的特点是高大灵活，球路清晰，杀球落点好，她是有爆发力的，但是耐力较差，球风偏软，有时候拼劲不足。在广州队时，她还比较单薄，一起入队的张洁雯也出现"贫血"问题的困扰，我和秀英没有安排太大的运动量练她们的体能，而是在她们的基本功和技术细节上面下了更多的功夫。

谢杏芳和张洁雯在体校期间，已经打下了很好的基础。但她们刚入队的时候，在我眼中她们的许多技术还是比较粗糙的。我对这批队员讲："你们要有耐心，要有心理准备继续苦练三年基本功。你们都是璞玉，要仔细雕琢才能成为艺术品！"

我说"三年"，其实是一种对基本功的强调而已，表明我和秀英深知出人才不能急功近利。但在当时，我们这样做还是面临很大压力的。

在抓基本功上，主要是"义务劳动"的秀英花了很大功夫。因为在带这一批队员期间，我还身兼全国和省人大代表，以及担任致公党广州市委员会主要领导的工作，各种社会活动占用了我的许多时间。我的教练工作重点就放在提高这些队员的技战术水平上。

我一直想将谢杏芳、张洁雯打造成一对女子黄金双打。我和妻子不时亲自下场陪她俩对练。1996 年、1997 年之际，为了在实战中提高她们的技战术水平，我经常在周末请一些"业余高手"来跟她俩过招。这些陪练者包括邓小健、陈羽等，他们都曾经受过羽毛球专业训练，后来已经从事非体育工作了。像邓小健和陈羽，当时都在公安系统工作。他们这些成年"业余高手"，对于年少的张洁雯、谢杏芳来说，作为陪练还是很有实力和特点的，可以帮助阿雯、阿芳适应比较强力和"野"的球路。我会根据比赛中暴露的问题，及时指点她们改进。

当时，稚气未脱的张洁雯和谢杏芳是叫这几个对手"叔叔"的。她们在单打上还会落下风，但在双打上那些颇具实力的"叔叔"渐渐就打不过她俩了。

谢杏芳进入国家队以后主攻单打，主项的调整和运动量的加大一开始让她很不适应，练得很苦。有一次她在电话里流露出不知道能不能坚持下去的畏难情绪。我和妻子又做了她很久的思想工作。秀英又向谢杏芳念叨："在你练到极点的时候，想一想你的爸爸妈妈，你一定能坚持下去！"

谢杏芳坚持下来了，并在羽毛球生涯取得很大成就。虽然她在2008年北京奥运会不敌张宁，屈居女单亚军，但她在职业高峰时期很长一段时间雄踞世界羽毛球女单排名第一，她也是第一个获得羽毛球女单世界冠军的广州运动员，先后8次获得世界冠军。

谢林芳和林丹的爱情故事应该是家喻户晓的。退役之后，谢杏芳在广州亚组委等机构工作过。当上妈妈后，谢杏芳就辞去公职，相夫教子，在帮助丈夫林丹的羽毛球事业之外，还和广州商家合作开始打造一个自己的母婴品牌，正在开创新的事业天地。

谢杏芳的回忆

我和张洁雯、江彦媚是从小一起练球、一起长大的。后来我和张洁雯进入广州队，江彦媚进了省队。我庆幸是跟了傅指导。刚进广州队的时候，我们都是小女生，精力充沛，每天中午在宿舍都不午睡，大家一起还玩"过家家"呢。

但曾指导盯我们盯得很紧。有时候晚上她也会到我们宿舍，检查我们的作业情况。平时曾指导抓我们的基本功，傅指导抓技战术，但练体能的时候我们都会"偷懒"。

那时候，曾指导经常在没场地的时候，督促我们在宿舍楼跑楼梯、背人上楼，要不就到她家练瑜伽。曾指导总是拿印尼队的王莲香举例子："你们看她多软呀，练好柔韧性肯定能帮助打羽毛球。"

傅指导很看重我和张洁雯，认为我们应该都能进国家队。曾指导特别跟我说，你爸爸妈妈那么老实，你一定要打进国家队，进了国家队才能拿世界冠军，拿到世界冠军不仅为国争光，也是对你父母晚年的保障。我长大后，才真正认识到这一点。

我的特点是杀球不是很重，但球速很快，杀吊结合得特别好。毕竟傅教练是双打出身，在他的调教下，我在没进国家队之前参加全国比赛，就感觉别人都不会打双打。当时我对双打特别自信，我也没想到后来成了单打选手。

1998 年，我在澳大利亚参加世青赛。在先举行的混双半决赛中，我虽然是跟后来大名鼎鼎的蔡赟配对，却被一对马来西亚选手打得找不到北，我根本应付不了对方男选手的大力杀球。而我在场上又显得太安静了。下来后李永波对我说，你这么打，就永远不要想进国家队了。我这时候突然想到傅指导、曾指导对我进国家队的鼓励，我的眼泪一下子就流出来了，哭得稀里哗啦。

幸好，在随后的女双比赛中，我和张洁雯打得很好，获得冠军。我算是进入了国家队，但当时国家队的规矩是好苗子单打组先挑，领导就让我进了单打组。我想，只要是国家队，单打就单打吧。其实，我心里一直是更热爱双打的。

单打对体能要求更高。因为体能，我差点被国家队退回来。其实是体质问题，有时候我觉得自己挺冤的。我练得也很苦，但完成同样的大运动量，别人是满脸通红流汗，还能喊叫"我动不了了，练死我了”，而我却是脸色发青、口唇发紫，甚至会耳鸣，一句话也说不出来，教练就以为我没有尽力。

有一次因为体能训练问题，国家队教练恼怒地说“你离队吧”。我当然很难过。晚上，我来到楼下准备打电话给傅指导说这件事，那时候都是要打 IC 卡电话的。正巧碰到我们的领队，我问她是不是专门来通知我离开国家队的。领队有点吃惊，她了解情况后找那位教练做工作，我才留在了国家队。

刚进国家队的时候，傅指导和曾指导要求我每星期打一个电话，汇报在国家队的情况。在晚上，电话打过去经常碰上广州队的队友们在傅指导家里开会。除了听傅指导、曾指导的指点，队友们都会每人轮流对我说一句鼓励的话，“阿芳，你一定能成功”“阿芳，你一定要坚持住呀”……那种感觉真的很温暖。

傅指导是那种特别绅士的老派教练。他平时带我，讲的都是羽毛球技战术上的事，不会强调你要喊起来什么的，可能因为我那时还小吧。反而曾指导有时候还会喊我：“你要打狠一点！”

但两位指导都是非常纯粹的人。曾指导在我进国家队的时候，也像父母一样叮嘱我：“你一定要听国家队教练的话。”我后来听一个外省队友说起来，她的地方队教练是教她：“你一定要跟国家队教练搞好关系。”我心里想，“听教练的话”和“跟教练搞好关系”，思想境界还是很不一样的吧。

我就一直是一个“听教练话”的女生，就这样不知不觉地成为世界冠军，应该是挺幸运的。

打单打最痛苦的就是什么问题都要一个人独自承担，不像打双打可以有同伴依赖，就容易挺过去。集体项目也有这样的好处。我对以前在广州羽毛球队集体寄宿的生活一直很怀念，甚至想到儿子长大以后也应该要过一段这样的生活。

（2018 年 3 月 7 日，刘晨采访）

与张洁雯最“有缘”

张洁雯是我唯一获得过奥运冠军的学生，也是和我最有缘的弟子。“有缘”不是我说的，是后来张洁雯一直这么说的。

从小，张洁雯的妈妈就很想女儿成为一名羽毛球好手，这是因为阿雯的妈妈周艳红本身就是个羽毛球“发烧友”。1987 年夏天的一个周末，当周艳红听说广州体育馆正在举办一个群众健身及体校招生的咨询活动，广州各运动队的教练和队员会在现场解答体育迷的问题，周艳红就牵着刚上小学一年级的张洁雯，来到了我的咨询台前。

周艳红开始问我的问题，都是她自己业余打羽毛球时遇到的一些技术问题，我一一作答后，她将身后的张洁雯推到了我面前，说：“傅教练，我很想让我这个女儿也学打羽毛球，你看她怎么样？不知道哪里可以学呀？”

我看这个小女孩明显比一般一年级孩子个头要高，闪着一双聪明的大眼睛，只是还有点害羞的样子。我当时更看重的是家长的热情。于是，我让这位年轻的妈妈去找滨江中路第一小学的陈国良老师，那是一所羽毛球特色小学。后来张洁雯就转学过去了。

我跟陈国良老师一直都有联系，当然一直都知道张洁雯练羽毛球

2004 年 8 月，在雅典奥运会羽毛球赛场，傅汉洵、关渭贞（右一）、林燕芬（左一）、国家体育局干部张振芳（中）等在现场见证了张洁雯、杨维女双夺冠后，欢欣鼓舞

的经历。后来，当张洁雯成为广州羽毛球队的主力时，她跟我讲起我当时还郑重其事地给陈国良老师写了一封介绍信，我却记不清楚了。阿雯告诉我，这封信至今仍被妈妈周艳红保存在家里。

1995 年 2 月，张洁雯和谢杏芳一起，正式从广州中心体校进入广州市羽毛球队，并分在我带的一组里。张洁雯当时就在心里说，真有缘啊，这不就是小时候介绍我学羽毛球的傅指导吗？

张洁雯和谢杏芳有许多相似之处，也有许多不同之处。张洁雯的力量更好，谢杏芳的球路更细腻，她们搭档双打很配。而谢杏芳的父母很内向，很少跟我们教练交流；张洁雯的妈妈因为跟我认识早，个性又活跃，跟我们的交流就很多。

在听到我跟新队员说要让她们继续“练三年基本功”时，张洁雯的妈妈坐不住了。她来找我说：“傅指导，阿雯她们进了广州队，是该出成绩了，为什么还要练三年基本功啊？”

我当然理解家长的心情，就向她解释了我的理念。我说：“基础打得好，成绩会更好。三年只是一个强调，不用三年她们就会出成绩的。”张洁雯和谢杏芳的成长果然也像我预想的一样。

在广州市羽毛球运动员管理中心的展览室里，现在陈列着广州羽毛球的一些“文物”，其中就有张洁雯刚进入广州队时的训练笔记。从中可以看到，秀英对她们训练的要求非常细致，而张洁雯小小年纪就能够对技术动作做出自己的总结和体会。

有一段时间，张洁雯、谢杏芳等队员单独在香港队做陪练，她依然坚持写训练笔记。笔记上，张洁雯对自己的训练要求是：

(1) 每天要保持一定量的身体训练。

(2) 每天在陪练完成后，要按照自己的身体情况进行加班。

(3) 要认真地对待陪练。

(4) 每天都要带着问题去陪练，巩固好现有的技术动作和步法规律。

(5) 每天陪练前都要回顾一下曾指导教的手步法和动作规律及发力点等，训练完每天都要写日记，总结一天的训练情况，有时间就自己研究一下手步法，或跟阿芳研究一下双打，睡前还要再过一次“电影”。

……

但张洁雯的成长并不是一帆风顺的。1998 年年初，谢杏芳代表中国参加马来西亚的亚洲青年羽毛球锦标赛（以下简称“亚青赛”），张洁雯没能参加，她就很失落。当时，她面临着身体上的间歇性贫血问题。她不知道自己还能不能打下去，都已经开始补习英语打算去美国读书了。她若放弃羽毛球，是非常可惜的，这不是我的“马后炮”，而是当时的强烈想法。我一方面尽力继续向国家队推荐张洁雯，另一方面还一度跟香港羽毛球队沟通，想让她能在香港继续打下去。

到了年底，张洁雯终于代表中国参加了羽毛球世青赛，她和谢杏芳搭档获得世青赛女双冠军。如果没能参赛，张洁雯就真的出国了。但赛后，谢杏芳被吸收进国家队，张洁雯仍意外“落选”。同一个冠军，为什么我进不了国家队？这又让张洁雯备受打击。我一方面向国家队了解情况，另一方面和秀英继续安慰和鼓励张洁雯。师姐关渭贞也为帮助张洁雯进入国家队做了很多工作。

后来，在克服了身体问题后，张洁雯终于进入国家队，并成为女双主力队员。她在场上的球路和跑位特别清醒，这是双打最重要的。她先后获得 9 次世界冠军，而她最荣耀的时刻就是在 2004 年雅典奥运会上与杨维搭档获得女双金牌。我当时就在羽毛球决赛的现场，亲眼目睹了张洁雯奥运夺冠的那一刻。这也是广州选手的第一枚羽毛球奥运金牌，非常难得。

退役之后，张洁雯读研深造，之后在广州市羽毛球中心担任过副主任一职。后来，她和马来西亚羽毛球名将钟腾福结成秦晋之好，成为一儿一女的母亲，这是很让队友们羡慕的。直到 2016 年秋天，她选择进入中山大学担任负责羽毛球教学的副教授，圆了自己的大学教师梦。她很满意现在的工作，我也为她高兴。

张洁雯的回忆

曾指导和傅指导给予我们的东西是不一样的，曾指导是那种苦口婆心的人，有点“啰嗦”，像洗脑一样。她让我们磨技术非常细，她有许多小本子，记得密密麻麻，也要求我们写日记，所以我也有了许多小本本。

在我的小本本上，还记录了曾指导的很多语录。除了练球的体会，还有比如“不要跟男生说话”“不要跟男队员打打闹闹”之类，现在再看就觉得很好笑。

曾指导总是说要怎么样、不能怎么样，傅指导就抓大的方面。他会先让我们去做，做不通了再因势利导，一语点中要害。他在技战术的意识方面灌输得特别好，特别是双打的跑位、跟进的意识、跟搭档的沟通等等。我也觉得我的跑位特别规范，这都是傅指导当初给我的，这样我就很容易跟搭档配起来。

傅指导一直都看得很长远，深谋远虑。我和谢杏芳进队后，有一年多都没有让我们打比赛。其实以我们当时的水平，出去肯定能拿成绩的。但傅指导觉得我们都有需要提高和打牢基础的地方。这也不是每个教练都能做到的。

他跟曾指导是两种不同的人。傅指导看上去很和蔼，笑嘻嘻的，但很有威严感，实际上不容易亲近。曾指导则相反，她每天骂你骂得很凶，你却觉得很亲近。他们两个都对工作特别认真，但在其他方面，特别是傅指导，其实有一种“不争”的性格。

我刚进市队的时候，被贫血问题困扰了很久。我记得有一次曾指导带我们去比赛，我单打基本放弃了，因为打几个高球就会晕。双打的时候，打到激动的时候我会呐喊，吓得曾指导在场边一直对我叫：“不要叫，不要叫，不要太激动！”

为了我的病，家里、队里都想了很多办法。有一段时间，爸爸每天从家里送几次煲好的汤水过来，我都喝到怕了，开玩笑说“这是要喝死我吗”。爸爸苦着脸说：“我也知道喝汤不一定有用，可总是个安慰呀。”

那次我没能和谢杏芳一起去打吉隆坡的亚青赛，我毕竟还小，特别失落，其实主要是羡慕出国参赛所发的装备。后来因为身体原因想放弃的时候，我几乎都要交钱出国了。必须感谢傅指导，还有当时担任广州体育局副局长的师姐关渭贞，他们为帮助和鼓励我进入国家队做了很多工作。否则，就没有后来的我了。运动员在困境中，光靠自己是很难走出来的。

所以我很珍惜在国家队的时光。我很听教练的话，觉得搭档的水平都比我高。所以我在场上是不太讲话的。跟谢杏芳配，跟魏轶力配，都是她们讲话。跟杨维配，开始我也不讲。杨维比我大，也不爱说话，问题是我的话更少。逼到杨维后来向我发火，你要说话呀，你不说我怎么知道呀。直到很久以后，特别是我退役之后，我性格里随意、鬼马的一面才慢慢表现出来。

傅指导、曾指导给我的东西已经融在我的意识里了，我退役后才真正领悟到。有一次跟电视台的记者朋友评球，他听后惊讶地说：“怪不得你是曾指导教出来的。你的这番话，跟刚才曾指导讲的一模一样。”

他们抓思想抓得特别好，他们重视我们的文化课和思想觉悟，还让女儿Flora教我们英语。每周要开会、小结，时间被排得满满的，实在太充实了。这一点老一辈教练都是比较注重的。现在的教练除了训练比赛的事，其他好像管得少了。

我如今在中大教书，也带中大校队。傅指导、曾指导在各方面都影响了我带队的方法。我要求队员最后一定要把场地收拾干净，空水瓶什么的都要带走。我最记得当年曾指导就告诉我们，训练完一定要收拾，不能像打了败仗的日本鬼子一样。

曾指导是马来西亚归侨。我结婚后，她见到我总说：“马来西亚男生好呀，阿福（我的丈夫钟腾福）好呀。不过，阿雯你要多让他一点呀。”

看来，我跟傅指导有缘，跟曾指导也有缘呀。

（2017年12月12日，刘晨采访）

为什么世界冠军弟子都是女的

确实，我的六个世界冠军弟子都是女的。很多人后来都问过我这个问题，甚至会开玩笑地说，傅指导一定是偏爱女队员的。

如果让我自己回答这个问题，我会说，这主要是机缘巧合的关系。这六个弟子，除了吴迪西外，其他五个都是在广州羽毛球队建队后培养出来的。1978年广州队建队之初，男、女队员都是我和曾秀英带。而我们从中心体校带出来的一批适龄好苗子，特别是一批男队员的好苗子，恰好在1976年和1977年大多被省队、部队系统等要走了。这是其中一个原因吧。

其次，我从 1981 年兼任中青队教练起，主要就负责中青队的女队，直到后来担任中青队女队的主教练。广州队后来规模扩大，不仅分一、二队，也分组别，我和曾秀英同样主要担任女队的执教工作。

还有一个特点是，在这六位世界冠军中，除了谢杏芳是单打外，其他五位都是双打项目。回过头来看，这与我当运动员时的主项是双打不无关系。羽毛球双打除了运动员的个人技术外，跑位、配合的意识更加重要，我一直将我多年的心得尽心传授给我的学生们。

最后我要说，这六位世界冠军不光是我的弟子，也是我妻子曾秀英的弟子。

我当运动员时未竟的世界冠军梦想，由我的弟子实现了。作为教练，我和秀英要感谢这六位弟子。

第十三章 从羽坛到政坛

差点被“三结合”

在我的羽毛球运动员和教练员的生涯中，我从来没有想到过自己会步入政坛。当我身为一名华侨进步青年回到国内的时候，受父辈和时代环境的影响，我希望自己在政治上不断进步，将来能成为一名共产党员。

但在极左路线横行的年代，虽然我和队友们一起积极参加政治学习，认真刻苦训练，全面要求进步，但是因为我的“成分”问题和“海外关系”，我申请加入共青团也没有被通过。这一度令我的内心非常受伤。

当我因伤退役，成为一名羽毛球教练员之后，我最大的心愿就是做一名优秀的教练，培养出优秀选手，希望培养的人才能够实现自己未竟的世界冠军梦想。而且，我觉得自己的兴趣、志向全部是围绕着羽毛球转，从来没有想到要转行或走向行政领导岗位。但其实早在广州市中心业余体校还没有成立的时候，我就有过一次“提拔”的机会。

那是在1973年年初，我退役后在广州体育馆体校担任教练。有一天，广州市体委“革委会”副主任张志全找我谈话，说目前市体委正在贯彻上面精神，对领导班子实行走“三结合”道路。所谓“三结合”，就是当年元旦，《人民日报》、《红旗》杂志、《解放军报》发表新年献词，指出各级领导机构要按照老中青“三结合”的原则逐步完善。而此前“革委会”中原来意义的“三结合”是指革命干部、解放军代表、群众代表的“三结合”。

张志全副主任对我说，领导班子了解过我的家庭情况，并考虑了我的一贯表现，打算把我作为青年干部的培养提拔对象，“结合”进领导班子里去，要将我作为市体委副主任的人选之一培养考察。

我十分意外。因为此前在广东羽毛球队的时候，我连入团都没有被批准。我赶紧说：“让我进班子不合适吧，我都还不是共产党员。”

不料张志全说：“没关系，上面知道你的一贯表现。你回去就马上写份入党申请书，党委尽快解决你的入党问题。”

我思索片刻，当时就很坚决地说：“我并不适合当领导干部，心里也没有准备，还是请体委考虑别的同志吧。”

这是我的真心话。一方面，我确实只想做好技术业务工作，在羽毛球事业上发挥专长；另一方面，我心里对当时体委班子里个别人员

"唯政治论""假大空"的作风是有抵触的。看到我的态度，"结合"我的事就没了下文，发展我入党的事也就不了了之了。后来，被"结合"的是另外一个项目的一名教练。

从侨联到致公党

作为一名羽毛球教练，我如果"涉政"，应该是从加入广州市侨联开始吧。1978 年中共十一届三中全会以后，侨务政策开始落实，华侨不必再"夹着尾巴"做人。到了 1979 年年底，广东省和广州市的华侨联合会开始恢复活动。我当时的教练工作已有一定成绩，被推选为市侨联代表，开始参加市侨联大会。随即在 20 世纪 80 年代初，我当选为广州市侨联的兼职副主席之一。

参加过几次市侨联会议后，我跟当时的市侨联主席李维纲、副主席郭毅为熟悉起来，他们对我的工作、经历也有了更多的了解。我开始并不知道，李维纲和郭毅为分别是致公党广州市委员会的主委和副主委。直到 1984 年的一天，一次侨联会议结束后，他们两人同时找我聊天。李维纲首先问我："你是不是中共党员？"

我说："不是。"

"那你愿不愿意考虑下，加入我们致公党？"

我一片茫然。当时，我脑子里关注的都是羽毛球训练比赛的信息，确实对我国的民主党派制度并不了解，对"致公党"几乎一无所知。李维纲和郭毅为对我进行了讲解，才让我初步了解中国致公党的历史，以及民主党派和中国共产党的关系等等。

我当时并没有明确表态，因为我确实需要补补课，需要对“民主党派”有更深的认识。李维纲主委又关切地说：“你是不是更想加入中国共产党？这个你不必担心，根据组织制度，加入致公党后仍然可以加入中国共产党，你再考虑下吧。”

他送给我一本《中国致公党党章》，让我回去慢慢看。由此，我开始对我们国家以中国共产党领导的多党合作的民主协商制度有了比较全面的认识。我进一步了解到，中国致公党本身就是以归侨、侨眷中的中上层人士和其他有海外关系的代表性人士为主组成的民主党派，与孙中山先生和华侨有着深厚渊源。这是很让我产生亲近感的。

后来差不多有两年时间，李维纲和郭毅为一直在做我的工作，对发展我加入致公党孜孜以求。直到 1985 年 12 月的一天，我被他们的真情打动，正式加入了中国致公党。

张均书记发展我加入中国共产党

1983 年，当我还在新加坡当外籍教练的时候，妻子曾秀英在一封家信中告诉我，广州市体委新来了一位党委书记兼主任，名字叫张均。张均书记到任后不久就到访我们家，一方面对我肩负国家外派任务而给家庭以及秀英的工作、生活带来极大的压力表示慰问，另一方面也向秀英这样的元老进一步了解广州体训队的情况。秀英在信上说，张书记对我的个人情况也很关心。

我加入致公党不久，有一天，张均书记让我到他的办公室，谈了一些公事之后，他突然问："听说你加入致公党了？"

"是的，刚刚加入。"我心里有点嘀咕，难道张书记对我加入致公党有什么看法？我随即也向他表示歉意，因为我加入致公党的事，虽然致公党方面跟体委的组织部门有过沟通，但我本人并没有主动知会过张均书记。

张均书记问我："傅指导，你为什么不申请加入中国共产党呢？"

听他这样一问，我感到十分委屈。我说："能成为共产党员，是我梦寐以求的事情。作为归侨，我从 20 多年前想争取加入共青团都被拒之门外……"

听到这里，张均颇动感情地"噢"了一声。他说："一些极左路线下的错误，我党正在改正。不过，你加入致公党也是好事，应该能发挥很好的作用。而且，中国共产党的大门仍然是对你敞开的……"

这一番话，让我感到温暖又有些意外。我开始向张均书记谈起了我从印尼回国到现在的思想情况，其中也有不少追求政治进步过程中的"委屈"。

张均书记很耐心地听我说完，表示理解，然后又跟我讲解交流了国家和党中央最新的大政方针，对我这样一个专注于业务的羽毛球教练来说，确实开阔了眼界，提高了思想认识。最后他说："你还是要相信我们党经过拨乱反正，会越来越纯洁。党组织对你这些年的思想作风和工作表现是非常认可的。即使你加入了致公党，还是希望你加入中国共产党。"

离开他办公室的时候，张均书记送给我一本《中国共产党党章》，让我认真学习。

正是在张均书记的这番鼓励下，我开始积极向中国共产党党组织靠拢。1986 年 9 月，我正式成为一名中国共产党员。

不久之后，张均书记代表上级部门找我谈话，核心意思是考虑到我的业务能力、政治表现等因素，广州市里有关部门有意培养提拔我离开体委系统，从事其他的行政领导职务。我也想不到继十几年前“三结合”后，我又被上级部门看中了。我的第一反应仍是，我不合适。

张均书记似乎对我的反应感到有些奇怪。他认真地说，这是上级部门的意思，要我考虑清楚。

我记得当时正好要过中秋节了，父亲也从香港回来看我们。我却无心过节，考虑了一晚。我与父亲交流，父亲说他尊重我个人的想法。第二天，我向张均书记交了一份我手写的报告。我婉谢上级部门的美意和关怀，强调了自己坚持从事羽毛球教练技术业务工作的决心，以不枉回国的初心。我清楚自己正处在教练业务的黄金时期，依然不认为自己适合做行政领导的工作。

“代理”致公党广州市委员会主委

但世事难料，我后来成为致公党广州市委员会的主委，这是缘于 1997 年的一次“意外”。

当年 5 月，致公党广州市第九届委员会举行换届选举。我在加入致公党后，虽然本职工作繁忙，我仍会尽力参加致公党广州市委员会的活动。在本次换届前，我已经是致公党广州市委员会的兼职副主委。

我的本职仍是广州羽毛球队的教练，正在着力雕琢打磨张洁雯、谢杏芳这一批队员。

就在这次换届选举中，致公党广州市委员会新一届主委一职出现“悬空”状态。会议期间，致公党广东省委员会主委唐国俊和广州市统战部的廖部长，突然将我叫到了一个小房间，开起了一个“闭门会议”。他们很严肃地代表组织上向我提出，希望我能够出来做新一届致公党广州市委员会的主委（当然要经过选举程序）。他们提出的这个想法，对我来说实在太突然了。我当时觉得根本不可能。

我虽然是兼职副主委，但也明白作为致公党广州市委员会主委的重大责任。我也了解，致公党广州市委员会正面临着许多棘手问题。而我，一来无从政及行政工作的真正经验，二来我的事业重心正放在广州羽毛球队上，教练工作繁重。这种情况下，我根本没有任何思想准备。

我极力推辞，列举了我的各种理由。但两位领导一直也在极力说服我。他们诚恳地表示，我加入致公党已超十年，又是市委会的副主委，比较了解情况。而且，在当时的情况下，根据上级部门的了解，我在现有班子中无论是资历还是威信，都是最合适的主委人选。

我并不确切我们在小房间里的时间有多久，我感觉是很漫长的一段时光。面对我的“坚定”态度，廖部长和唐主委一边商量，一边深入跟我谈心。最后，我认识到在当时尴尬的情况下，我有责任为维持广州致公党的局面发挥作用。我们达成了一个折衷的意见——致公党广州市委员会主委一职暂时空缺，由我这个兼职副主委主持致公党广州市委员会的工作，相当于代理主委的角色。这一意见获得致公党广州市委会大会的通过，我就在仓促之中开始主持致公党广州市委员会的工作。

“从政”的磨练

我本来希望的是，不久之后能找到更合适的主委人选接替我。

“主持”致公党广州市委员会主委的工作，应该是我真正从政的开始。之前，无论担任副主委、或广州市侨联副主席等职务，我很少会涉及有关具体工作。由于我本职工作的特殊性质，外出集训、比赛是主要任务，以往致公党广州市委员会的许多正常程序性工作，我因经常请假而很少参加。

这一次我虽然仍是兼职，但要主持工作，许多具体问题必须我直接面对、处理和决策。一开始，我感觉到压力之大，甚于带领队员参加重大比赛。我又要兼顾广州羽毛球队的训练工作，那段日子非常忙碌和辛苦。

我开始尽快熟悉致公党广州市委员会的工作。致公党广州市委员会的工作亟待打开新局面，但当时有更为直接的两方面事情要先处理好，一是历史遗留的人事纠纷和班子团结问题，二是机关人员“房改”引起的一些矛盾等。

我一边抓队伍训练，一边尽量挤时间处理致公党的事务。但有时我在训练场边，也会接到致公党事务的电话。后来，这些电话就主要在晚上打给我了。有个别的电话一打就是一个多小时，我连吃饭的时间都没有了。电话里，有些人是客观公正地谈工作，也有人是为了个人私利胡搅蛮缠。对于这些情况，我这个“从政”新手一开始极不适应。

但从我接下这个担子的时候开始，心里就立下了做事的原则：第一要依靠广大党员和群众，依靠机关的班子；第二要公平公正，不带个人偏见；第三是一切按规章制度来。此前致公党广州市委员会内部的一些纠葛，我从来没有牵涉其中，这也成为我处理问题的一个优势。就这样，在上级领导的支持和大家的帮助配合下，我的工作逐渐走上正轨，致公党广州市委员会遗留的一些棘手问题得以解决，工作面貌有了明显转变。

我主持市委会工作的表现，受到了上级部门和广大基层党员的认可。1998 年 1 月，我成为致公党广州市委员会的代主委，后来经补选正式成为致公党广州市委员会主委。2002 年，我连任致公党广州市第十届委员会主委，直至 2006 年年底到期卸任。

为致公党在穗求贤

在我开始主持致公党广州市委员会工作的 1997 年，致公党在广州的党员人数只有不足 400 人，而且老龄化严重。其中，有超过六成的党员都是离退休人员，其余的党员中，许多也是接近离退休年龄了。从职业分布看，主要分布在教育界，相对比较单一。

于是，我在担任致公党广州市委员会主委期间，将发展高水平新党员、致力党员结构年轻化、多元化当成重要工作。为了吸纳贤才，我一方面发动广大基层党员推荐，另一方面利用我的一些社会关系来举荐。由于我在体育界和侨界有一定的知名度和影响力，后来有许多人士主动找到我询问加入致公党的事宜。当然，求才若渴，并不能降低对新党员的要求。

2000 年的时候，致公党广州大学支部的潘蜀建教授，向我强烈推荐他在广州大学的一个教授同事加入致公党。这个人就是当时年轻有

1998 年 3 月，中央颁布取消国家体委改称国家体育总局时，傅汉洵在原国家体委办公大楼前与谢朝权处长夫妇等留影。当时傅汉洵在执教广州队的同时，已经担任了致公党广州市委员会代理主委

为的防震理论与技术研究专家高向宇。高向宇是清华大学博士，当时担任广州大学土木系主任和土木工程学院副院长，不久前刚结束在美国的进修归来。

我了解到高向宇的情况后，对他也非常感兴趣，感到广州市委会正稀缺这样“高精尖”的人才。不过，潘教授也告诉我，想争取发展高向宇加入致公党恐怕不容易，据他所知，高向宇已经被好几个其他民主党派盯上了。

我想，争取的工作总是要做的。经潘教授联系，我与高向宇接触了一下，对他的印象非常好。我决定跟广州大学的组织部门敞开谈一下这个事情。当我来到广州大学党委办，见到接待我的女同志，一看原来是老相识，她是以前在广州市体委担任过组织部长的林静銮。她也是潮汕人，我们以前很熟络。

林静銮见到我以致公党广州市委员会主委的名义到访也有点惊讶。一番交谈后，她得知我是为争取高向宇教授加入致公党而来，就显得有点为难。她向我透露，好几个民主党派都在“争”高向宇，广州大学的中共组织部也想发展他。

我再三向林静銮介绍了致公党当时在广州的困难状况，她深表同情。最后，她动情地表示，就促成高教授加入致公党吧，反正都是为了党和国家的事业！我想，她这样做的原因，除了是老同事的交情外，更多是她对我为人的了解和信任。

在做了多方面工作之后，2000 年 7 月，高向宇教授终于加入了致公党广州市委员会。他很珍惜自己的致公党党员身份，为市委会的工作提出了许多宝贵建议。一些熟识的其他民主党派的领导因为高向宇教授的事也对我“刮目相看”。

有点惋惜的是，我想培养高教授以后在致公党广州市委员会挑大梁，但因为家庭和工作的原因，2002 年后高向宇就调到北京一所高校任职了。但他仍然在致公党发挥重要作用，后来还担任了致公党北京市朝阳区主委和朝阳区政协副主席。

打破框框在商界纳贤

在我担任主委，致力为致公党广州市委员会吸纳人才之际，我和同事们很快意识到一个问题。那就是，在当时改革开放深入发展、全国上下以经济工作为中心之际，如何为广州市经济建设更好服务，是致公党广州市委员会的一个弱项。虽然我们是具有涉侨传统的民主党派，但在协助做好招商引资、促进广州经济发展上，却没能充分发挥“侨海特色”。归根结底还是人才的问题。

我当时就考虑，应该在经济界、工商界中为致公党广州市委员会吸纳人才。我们的办公地点离广州市青年商会很近，青年商会就给我推荐了一个年轻有为的企业家沈汉标。一经接触，我发现沈汉标经营有道，机敏而沉稳，确实是个人才。当时，他开创的“好太太”晾衣架已经声名鹊起，后来又成功推出了家居定制品牌“好莱客”，并一直热衷于慈善公益事业。

但由于长久以来形成的各民主党派的特色传统，发展沈汉标这样的商界才俊加入致公党，在当时还算一个“禁区”。不过，我也观察到，随着时代的变化和进步，其实许多人才的身份是多重性的，应该用发展的眼光来对待，当时也不乏“侨字号”的人才被其他民主党派吸收进去了。

于是，就发展沈汉标加入致公党的事宜，我向上级统战部门和致公党省委会请示，但一开始得到的答复都很保守，拿不准能否开这个“口子”。

我不死心。借一次赴京到致公党中央开会之际，我专门向一位致公党中央副主席请示沈汉标入党的问题，他开始也觉得有些棘手，但很快理解了我的想法。经过一番探讨，他认为要在新形势下让致公党为国家发挥更大作用，确实应该突破旧的框框。这位副主席具体询问了沈汉标的学历、年龄、是否有海外关系等情况后，最终向我拍板：

沈汉标可以发展加入致公党。

就这样，经过几轮上下沟通后，沈汉标加入了中国致公党，并在致公党广州市委员会此后的与经济、扶贫、慈善等相关的工作中，发挥了重要作用。除了参与各种公益活动外，到了2013年3月，沈汉标旗下的高端衣柜品牌“好莱客”出资200万元，专门设立了救助贫困家庭白血病患儿基金。基金成立后，又多次举办救助白血病患儿的大型慈善活动，“好莱客”累计捐资已超过400万元，帮助100多个患儿家庭渡过了难关。

“挖”来了继任主委陈怡霓

我担任了致公党广州市委员会两届主委，在我卸任之后接任我成为新一届广州市主委的是一名干练的知识女性——陈怡霓。她也是在我担任市主委期间被我发展加入致公党的。

那应该是2000年，在广州市侨联的一次换届会议上，我第一次认识了陈怡霓。在英国近十年的进修学习和从事医务工作后，她在1997年回国定居并在广州红十字会医院工作。在发言中，她谈吐不凡，介绍了自己的经历，分享了在海外从事科研工作的甘苦，也谈了对侨务工作的认识。陈怡霓是泰国侨眷，她的经历、学识和见解让我刮目相看，这不正是致公党广州市委员会急需的合适人才吗！

会后，就像当年李维纲主委、郭毅为副主委发展我一样，我和致公党广州市委员会副主委莫传三专门找到了陈怡霓，动员她加入中国致公党。第二天，我还专门派人给她送去了一本《中国致公党章程》。一如我当年，陈怡霓开始对致公党也不是十分了解。我认定她是个难得的人才，就不断从各方面做她的工作。随着对致公党的深入了解，陈怡霓和她先生商量，当时在中山大学担任教授的先生也支持她加入致公党。

2001 年，在我的介绍下，陈怡霓加入中国致公党，并在第二年 5 月当选致公党广州市委员会副主委，成为我的工作搭档。2006 年年底起，陈怡霓接替我开始担任致公党广州市委员会主委。

诚恳吸纳陈怡霓、沈汉标、高向宇等翘楚加入致公党，是我当年努力为致公党广州市委会延揽人才的一个缩影。在我 2006 年年底离任的时候，致公党广州党员人数已经增加到 700 多名，也更加年轻化、专业化了。

羽毛球名人效应

由于我与广州羽毛球界关系密切，谢有明、冯敏、张婉玲、杨智珊等羽毛球界名人以及后来的两位世界冠军张洁雯和谢杏芳，在我的影响下也都加入了致公党。特别是张洁雯和谢杏芳，由于她俩世界冠军身份的社会影响力，成为致公党广州市委会的重量级党员，在许多活动中发挥了独特的作用。

而另一位商界人士黄健生加入致公党，也与羽毛球有着不解之缘。黄健生是广州市名健体育用品公司的董事长，他因为喜爱羽毛球，公司业务从时装拓展到了羽毛球用品，并开始赞助支持广州市的各类羽毛球活动，由此认识了我和我的队员们。

熟悉以后，黄健生得知我和谢杏芳等人都是致公党员，就对致公党也产生了兴趣。我也没有料到他是认真的，过了一段时间他就向我提出了加入致公党的申请。入党之后，他积极组织，与其他喜爱羽毛球的党员一起，掀起了致公党广州市委员会羽毛球健身活动的热潮，并将省委会的同事们也吸引进来。羽毛球活动不仅有益身心，也活跃了省、市致公党组织的气氛。

加入致公党后，2010 年 4 月青海玉树发生大地震后，黄健生亲身去到灾区参加了救灾工作。在扶贫工作上，他的表现也很出色。

出访澳洲洪门致公总堂

我在担任主委期间，在广州著名书画家连登先生的帮助下，也为致公党广州市委员会吸收了一批书画界的人才。

我跟连登是在我们一起担任广州市人大代表时相熟，因为脾性相投而成为好友。连登当时是广州市书法家协会主席，诗书画皆精，卓有声誉。我得知他还是无党派人士时，就迫切想发展他加入致公党。连登感受到了我的诚意，但他后来告诉我，由于私人原因，他暂不适合加入党派，但可以介绍几个书画界的弟子和朋友给我。

后来，江泽桂、任斌强、陈立华等一批广州中青年书画家就是这样加入致公党的，在此基础上，致公党广州市委员会组建了文化支部，在活跃党内文化生活和对外联络交往上开始发挥重要作用。江泽桂等党员发挥特长，在义卖扶贫上也做了许多工作。

致公党和海外华侨，特别是五洲洪门致公总堂有着密切联系，广

担任致公党广州市主委期间，傅汉洵和著名书画家连登在一起

州市委会也承担着不少接待和联络的工作。当时担任澳洲洪门致公总堂会长的李健民先生，与我在广州见面后，相谈甚欢，一见如故。李会长年龄稍长于我，幽默风趣，非常豪爽。

2004 年，是澳洲致公总堂成立 150 周年的庆典年，很早就确定当年 11 月 8 日在悉尼举行澳洲致公总堂成立 150 周年纪念大会。此前几个月，李健民会长专程回国，协调邀请参加庆典贵宾的事宜。他先到广州，然后又去北京。在广州时他向我表示，他会让致公党中央委员会在赴澳参加庆典的代表团中为我个人保留一个名额。

但后来由于各种原因，我并没有出现在 150 周年庆典大会嘉宾的名单上，这让李会长很失望。为了弥补遗憾，李健民会长在庆典后随即通过澳洲洪门致公总堂，专门向致公党广州市委员会发出邀请，请我带队赴澳大利亚访问。

出访的准备时间很短暂，我和江泽桂等人商量，澳洲致公总堂历史悠久，赠送总堂一幅楹联应该是比较合适的“见面礼”。这也正是江泽桂等书画家党员的强项。

但这副楹联该是多长、多宽？我们却一点资料也没有。时间紧迫，江泽桂只能根据传统中式建筑的格式拟定了一个尺寸。联语是江泽桂跟其他同事一起商定的，书法由他自己完成，并精心装裱。

2004 年 12 月 4 日—13 日，由我担任团长的致公党广州市委员会代表团访澳，我们先后拜访了墨尔本洪门民治党总支部、澳洲洪门致公总堂等华人华侨社团，与侨胞们座谈、聚餐、交流等，畅叙乡情。

在澳洲致公总堂，我们受到热烈欢迎和接待。澳洲洪门致公总堂的多位前辈都出来跟我们见面。经过一定的仪式，我们呈上了带来的那副楹联礼物。说真的，我当时心里真的有些忐忑，万一尺寸不合适，场面岂不是很尴尬？

李健民会长等主人看到楹联后非常高兴，马上叫人说“挂起来”。

总堂大厅有一片略凹进去的墙壁，原本正中挂有蔡廷锴将军题赠澳洲致公总堂的一块匾额“重张旗鼓”，匾额两旁刚好有位置可以悬挂楹联。楹联高高挂起，长宽相宜，可谓“天作之合”，我的心也一下子放下了。主人家们也很惊讶：“你们没来过这里，这幅对联怎么会这样合适呢？”

我指了指身边的江泽桂：“这都是我们这位书法家的功劳。”

那副用“致公”二字藏头的嵌字联语是：

致力振中华百五年功绩辉煌宏开伟业

公心为民众九万里山河壮丽再展新程

人大代表：从市、省到全国

从1983年开始，我先后担任过广州市第八届（1983—1988年）、第九届（1988—1993年）、第十一届（1998—2003年）人大代表。我还是广东省第八届（1993—1998年）人大代表，以及第九届（1998—2003年）、第十届（2003—2008年）全国人大代表。

能够当选为人大代表，特别是当选为全国人大代表，出席一年一度的全国人大会议，为国家的发展进步参政议政是我作为一名归侨和羽毛球教练的莫大光荣，同时我也肩负着沉甸甸的责任。即使是省、市人大的相关活动与工作，我也会在安排好繁重的训练和比赛任务后尽量参与。而每年“两会”期间有机会接触到各行各业的代表和委员，全面了解全国和地方的社会经济发展，也开阔了我的视野，促进了我的工作。

参政议政，积极提出议案及建议、批评和意见，是一名人大代表的权利和职责。

2003年3月1日，在我第二次当选全国人大代表，即将赴京参加全国人大会议之际，中新社向海内外发出这样一条电文：《民主党派在中国政治生活中发挥着重要作用——中国致公党中央委员、全国人大代表、归侨教练傅汉洵访谈》。多家媒体和网站刊载了这个报道——

傅教练介绍，民主党派参与政治生活日趋积极和活跃，以广东省为例，八届广东省政协五年来共收到二千五百三十七件提案，近万人次参与，经审查立案的提案办复率达百分之百，各民主党派提案增幅明显。

民主党派人士在政协会议上也是如此，在人大会议上也有积极表现，傅教练在上届全国人大会议上就积极和其他人大代表联署要求清查中国的足球黑哨问题，该提案受到有关部门高度重视。

在谈到此次人大会议上所关注的问题时，傅教练表示正在酝酿一个提案，即解决在国内医科院校毕业但未经实习随即出境的海外华人、华侨再回国内行医的问题，因为长期以来国家执行的规定是，在国内医科院校毕业后，需经历一段时间的实习期方可获得在国内行医的资格。但一些在中国内地读书的华人、华侨子弟毕业后随即就出境工作了，他们在海外已经获得行医资格，如今中国内地日趋繁荣，吸引力大增，希望回国的人不少，但是碍于规定所限被挡在国门之外。身为老华侨的傅教练希望这次提案能获得有关部门的重视，解决这部分人的难题，他对获得十名人大代表的联署很有信心……

我拥有归侨、体育界人士和民主党派的三重身份，这三方面的工作一直是我作为人大代表关注的重点。这篇报道正是这一点的体现。

“偶像”叶佩英

百灵鸟，从蓝天飞过

我爱你，中国……

在我担任致公党广州市委员会主委和全国人大代表期间，在北京

傅汉洵担任全国人大代表期间，在人民大会堂投票

开会时我还收获了一个意外之喜，那就是好几次见到了以一曲《我爱你，中国》闻名四海的著名歌唱家叶佩英。

就是因为歌曲《我爱你，中国》，叶佩英成了我的偶像，但这种感受跟后来的年轻人“追星”完全不同。在20世纪80年代初，中国处在生机勃勃的改革开放之际，电影《海外赤子》及其插曲《我爱你，中国》打动了无数人。这首歌曲在海外华人华侨以及我和秀英这样的归侨中引发了强烈的共鸣。

作为《我爱你，中国》电影版的首唱者，叶佩英本人是马来西亚归侨，她的籍贯也是广东。我后来又得知，原来她也是中国致公党党员。在我加入致公党的时候，叶佩英已是中国致公党中央常委。她也担任过多年的全国政协委员和全国人大代表。后来在北京开会时，我跟她有机会聊过很多话题。

当我第一次听到叶佩英用百灵鸟般的歌喉唱出《我爱你，中国》时，那种激动、振奋和圣洁的感受，恍若就在昨日。

《歌唱祖国》和《我爱你，中国》，是我平生最爱的两首歌曲。

领衔“乙肝歧视”议案

但在担任全国人大代表期间，我认为自己完成的最有意义的一项工作，是在全国人大会议上领衔提出了关于解决“乙肝歧视”的议案。

2003 年下半年，在参加广州市人大的一次会议时，当时的广州市第八人民医院院长、传染病专家唐小平（2016 年 9 月起担任广州市卫计委主任）谈到了“乙肝歧视”的话题。从专家那里，我得知中国乙肝病毒携带者已达惊人的 1.2 亿人，但由于相关法律法规的滞后，以及普通群众相关医学知识的欠缺，使得乙肝病毒携带者这个群体在读书、就业、生活等方面遇到很多麻烦，乃至歧视。

我认真地请唐小平院长为我“普及”了关于乙肝病毒携带者的科学知识。我的三弟汉平，在 20 世纪 70 年代也得过肝炎，这个问题也一度困扰我和家人。我意识到，1.2 亿人的问题背后牵涉的是更庞大的家庭人群，这个问题非同小可。

我会后就向唐院长提出，请他帮我整理一个材料及意见，我力争在全国人大会议上提出来。

“没用的！”不料，唐院长的反应却并不积极。作为医疗专家，他说虽然群体反应强烈，近年来许多行内人士也不断在呼吁，但有关部门一直谨小慎微，不愿松口，他没有信心能很快解决这个问题。

我却一直放心不下。过了一段时间，我又打电话给他，说服他。唐院长终于答应帮我进一步搜集资料。2004 年 2 月，在十届全国人大二次会议开幕前一周，唐小平将相关材料给到了我的手上。

很快，在专家意见的基础上，我作为发起代表，形成了一个关于立法扫清“乙肝歧视”、切实保障乙肝病毒携带者群体权益的议案。据当时的资料，中国 31 个省、区、市的公务员均不招乙肝病毒携带者（广东、四川、江西规定“小三阳”合格、“大三阳”仍为不合格）；所有幼儿园都拒绝招收携带乙肝病毒的儿童；有些大学对“小三阳”的学生进行隔离管理；等等。乙肝病毒携带者承受着身体和精神的双重折磨，还引发了许多家庭悲剧，解决这个问题已刻不容缓。

这个议案得到了广东 35 名全国人大代表的联署，并提交给了大会。其主要精神是建议修改不合时宜的法律条文，并有必要制定《保护乙肝病毒携带者权利法》，来彻底解决“乙肝歧视”问题。具体建议包括如下几点：

(1) 建议制定统一的公务员录用体检标准，禁止各地在公务员录用中检查乙肝两对半和乙肝表面抗原。

(2) 建议不再将乙肝和丙肝列入乙类传染病。

(3) 建议全国人大制定《保护乙肝病毒携带者权利法》。要明确提出保护乙肝病毒携带者合法权益的条款，如保护公民的隐私权、劳动权和受教育权等。

⑷ 建议修改《劳动法》。明确禁止单位因劳动者是乙肝病毒携带者而解除已生效的劳动合同等。

⑸ 建议全国人大成立专门的执法检查组，对全国歧视、限制乙肝病毒携带者就学、就业的规范性文件进行清查、纠正。

⑹ 建议逐步实现乙肝疫苗免费接种等。

议案一经披露，引发的强烈反响出乎我的意料。在会议期间，就有数家新闻媒体争相采访我，了解这份议案的来龙去脉和初衷。

不到一年之后，在2005年1月，人事部、卫生部制定颁布了新的《公务员录用通用体检标准（试行）》，标准明确规定，乙肝病原携带者合格。政府开始在政策层面上解决社会上对乙肝问题的争论，困扰中国社会多年的“乙肝歧视”问题开始得到正视和解决。

这一切，是包括唐小平这样的许多有识之士多年来共同努力的结果。在全国“两会”上，也有其他代表和委员陆续提出过相关的议案和提案。我很欣慰自己也贡献了一份力量。

当选广州市政协副主席

到了2003年3月，在政协广州市第十届委员会换届选举中，我当选为广州市政协副主席，开始了我人生的一段新旅程。我同时还担任着致公党广州市委员会的主委。

至此，由于新工作岗位的要求，还有年龄的因素，我正式告别了广州市羽毛球队总教练的工作。

我在广州市政协是分管教科文卫体委员会的工作，同时分管这个领域的还有另一位副主席林生珠。林生珠当时身兼农工党广州市委员会主委，曾长期从事医务工作，来政协工作之前还担任着广州市黄埔区副区长。她的政务工作经验比我丰富，所以在政协工作中，我经常向她请教，我们在工作中的配合也很默契。

2003 年 5 月 21 日，广州市十届政协教科文卫体委召开第一次全体委员大会。当时共有委员（含特约委员）128 名，到会 105 名。会上，我对教科文卫体委今后的工作提出了要求：一是要切实增强当好委员的责任感；二是要积极参加专委会组织的活动；三是专委会办公室要为委员充分发挥作用提供好服务。

学习陈开枝“永不言倦”

同样是在 2003 年 5 月的一天，还有一项工作让我印象颇深。我和时任广州市政协主席的陈开枝一起，带领广州市政协医卫界的委员，前往广州大学第一附属医院，慰问钟南山院士等战斗在“非典”一线的医护工作者。

说起陈开枝主席，还有一件事令我印象深刻。在我刚到市政协工作的时候，我第一次去陈开枝的办公室，算是向他报到。在陈开枝办公室的墙上，挂着一幅书法，四个大字是“永不言倦”。这四个字也深深刻进了我的心中，成为我工作上的鞭策箴言。

陈开枝后来曾荣膺国务院评出的“扶贫状元”和中央电视台“年度十大慈善人物”等荣誉，他在广西百色的扶贫工作确实是扎实见效的。

我后来跟随他去过百色，领教了他在山间农田的大步如飞，见识了那里的男女老幼无人不识陈开枝，见识了老农民可以跟他搭膊头谈笑风生。陈开枝主席的工作作风也深刻影响了我。

在广州市政协工作的几年中，我对自己的要求依然是兢兢业业，恪尽职守。当然，我的心依然离不开羽毛球。许多非公务的社会活动我一般都会推辞，但与羽毛球相关的活动我都会尽量参加，为广州这座“羽毛球之城”继续添砖加瓦。

到了 2007 年 1 月 20 日，由于年龄的关系，我正式卸任广州市政协副主席一职，此前，我也已卸任了致公党广州市委员会主委一职。一年后，我也结束了十届全国人大代表的任期。终于可以说，我退休了。

欣慰女儿承衣钵

退休之后，我终于可以好好陪一陪老伴秀英了。她也一直心系羽毛球，直到 2017 年，还在义务教几个小学员打球。

我的两个女儿朝晖和朝华都已成家立业，有了各自的事业。我的外孙蔡贤庭在 2018 年也要步入大学的殿堂了。要特别提到我的小女儿朝华，她大学毕业以后，从事的工作与羽毛球甚至体育并没有关系。但在 2002 年，第 22 届汤姆斯杯决赛在广州举办期间，朝华由于英语能力良好，担任了接待国际羽联官员的志愿者工作。她认真负责，表现出色，也结交了许多羽毛球界的朋友。由此，她又开始与羽毛球结缘。

2014年，朝华也进入体育产业奋战。这些年她与志同道合的伙伴努力打拼，创办了羽珑体育等机构，在体育赛事推广和体育场馆营运项目等方面运营开拓，希望将羽毛球推广成为世界主流运动！也感谢这次她的羽珑体育为我的回忆录成功问世作出努力。

几经辗转，我的女儿又在用自己的方式继续为广州和中国的羽毛球事业耕耘。羽毛球之魂在传承，从父辈到我和曾秀英，再到我们的女儿，冥冥中或有天意。这是让我和秀英深感欣慰的。我们更欣慰的是，女儿身上也有我们当年那种独立刻苦、自强自立的精神。

不忘初心，方得始终

回首人生，我从一个归国华侨青年成长为中国的羽毛球运动员、教练员，最后又从事公职工作直到退休，我后来写的一篇文章或许可作为一个总结——《我的人生随着羽毛球运动见证了改革开放》。这篇文章收录在2015年中国文史出版社出版的《十四个沿海城市开放纪实·广州卷》一书中。我写道：

现在羽毛球运动在广东省，尤其是广州市非常普及，已经成为广州市当之无愧的“市球”。但在五十多年前，情况有很大不同，羽毛球并不普及，会打的人很少，师资力量和群众基础都很差。在引入、推广羽毛球运动方面，20世纪60年代的归侨是有很大贡献的。

……

回顾1978年我受国家委派到澳大利亚的情景，当时正处在国家经济崩溃的边缘，国际上波兰就因为“面包问题”引发了革命，人民推翻了政府。而我国人民在经历了十年浩劫之后，依旧相信中国共产党，决心与党一起为摆脱贫穷落后的面貌而努力奋斗！正如邓小平同志当时所说，“中国人民是很好的人民，伟大的人民”。我深感作为一个中国人的自豪和为改变国家落后面貌而努力的一种责任。所以，当时能抵挡住外国的物质引诱，默默无闻地坚守在国家羽毛球事业的岗位上，今天终于看到了国家的繁荣富强。

而在2008年12月17日，广州本地报纸《新快报》在改革开放30周年系列报道中，将记者与我的一段对话问答登在了报纸上：

问：你曾经最大的梦想是什么？

答：回到祖国，为祖国赢得荣誉。

问：实现（未实现或放弃）梦想的主要原因是什么？

答：从羽毛球事业上来讲，我培养出了6个世界冠军，为祖国做贡献出成绩这个梦想是实现了的。

问：过去30年里最快乐的和最苦涩的时光是什么时候？

答：最快乐的是看到学生在国际比赛中取得好成绩；最苦涩的是身在那个年代，没能亲手实现梦想。

问：你对人生产生过迷茫吗？

答：即便是最艰苦的时候，也从来没有对祖国丧失信念。

问：你对现状满意吗？

答：满意的。虽然还有这样那样的问题，但我相信国家有能力改变这种局面。

……

问：你最渴望一个什么样的机遇再次降临？

答：希望多注意人的素质方面的培养。现在都偏重于抓经济，忽视了人的思想。希望能有一个契机，提高国民素质和国民体质，这样，中国将是一个真正强大的国家。

我退休后的最大乐事之一，是尽量参加每周两次的羽毛球活动，为快乐和健康打球。

在广州市羽毛球运动管理中心球场，每次都能见到许多喜欢羽毛球的各行业的老朋友，也有许多是我和秀英当年的学生。从个人来说，一生收获的许多真诚的友谊友情，是我的宝贵财富。

2017 年 9 月 11 日下午到晚上，借老队友侯加昌从美国归来、赴家乡梅县探亲路过广州之际，在我的召集下，几十位广东羽毛球队的新老队友欢聚一堂，共话峥嵘岁月。其中，到场的 20 世纪 60 年代的老队员有我、侯加昌、曾秀英、黄志远、林斯卿等，还有比我们更年长的黎志成前辈，遗憾的是梁小牧在佛山，黄鸿平、梁启徽、傅汉平在香港，未能前来聚会。当然，最感慨和遗憾的是，徐权芳、徐权亨、方凯祥、杨太娟等几个老战友已经永远离开了我们。

那一天，在一群后辈子弟面前，我们这批广东羽毛球队的老队员仿佛又回到了年轻时代。“不忘初心，方得始终”，在我们的眼中，我们都还是当年的自己。那流逝的无悔青春，那些意气风发、艰苦曲折、奋发拼搏的日子，都还历历在目，恍若昨天……

附录 女儿记忆中的父亲

傅汉洵、曾秀英夫妇和童年时的两个女儿傅朝晖和傅朝华

附录一

朝晖：父亲是神奇的“魔术师”

身为教练员的父亲常常说：国家培养一个运动员不容易！他总是教育手下的队员，运动生命是短暂的，要珍惜青春，刻苦训练，报效祖国。

而他，几乎将所有的心思都放在了他的队员身上。在我童年的记忆里，父亲是一个神奇的“魔术师”，在物资极度匮乏的年代，他常常能给队员“变”出许多“宝贝”来，给大家带来惊喜。

“变”冰块和汽水

20 世纪 70 年代的夏天，体校破旧礼堂改建的训练场就像一个大蒸笼。里面既没空调，也无风扇，一杯冷饮在当时绝对是奢侈品。父母每天带着球员们在闷热的球场上训练，挥汗如雨。

记得一天下午，还没到上学年龄的我独自在球场边玩耍。球场清脆的击球声、球员跑动的鞋底摩擦声，伴着母亲连绵不断、铿锵有力的指令声在回旋。父亲却不见了踪影。我走出球场也没找到父亲，就到树下的石板凳坐下乘凉。习习微风中，我的眼皮开始打架了。

不知道过了多久，远处一阵呼唤我的欢快声音叫醒了我。我揉揉眼睛一看：原来是父亲！他蹬着一辆残旧的人力三轮车，正欢喜地朝我招手呢。

这时候，球员们陆续走出球场课间休息，一见他们傅指导的人力车上，拉着一个巨大的冰块，都兴奋地冲上去将父亲和三轮车团团围住。父亲湿透的白汗衫紧贴在身上，脸上挂着大滴大滴的汗珠。他摘下草帽，一边扇着风，一边微笑着指挥球员卸下冰块，放进球馆里消暑。

球员欢快地叽叽喳喳，不知是谁说了一句：要是有汽水就更好了。父亲听完偷笑着，神秘地指了指拴在车把上的黑色布袋，手放在嘴边吹了口气，朝袋子一送，然后小心翼翼地解开布袋，变魔术似地露出了三支玻璃瓶装的果汁汽水。队员们顿时欢呼雀跃起来，仿佛已经尝到了透心凉的甜美滋味。虽然三瓶汽水，大家是要分着喝的。

“变”葡萄糖

运动员长期进行大负荷训练，需要充足营养。可那个年代，别说营养保健品，一日三餐的粗茶淡饭也要限量供应。父亲看着每日刻苦训练的小队员们，大都面黄肌瘦，身体单薄。他便四处托人打听营养品的情况。

有一天，我独自在运动员宿舍楼下玩耍，“叮铃铃——”一阵清脆的自行车铃声让我抬起了头，只见父亲踩着自行车急促地停在了我的面前。那是深秋时节，秋风萧瑟，他穿着印有“广东”字样的单薄蓝色旧秋衣，背后已被汗水浸湿了一大块，脸上泛着一层薄汗。单车后架上用橡胶带紧紧捆扎着一个纸皮箱，我指认着，隐约认出了纸箱上的文字中有一个“糖”字。“哇，这么多糖！爸爸你好厉害啊！”我一边拍手，一边吞咽着口水。

“这是葡萄糖，是给哥哥姐姐们的营养品。”父亲微笑着作答。他小心地解开扎带，搬下沉甸甸的箱子，轻轻放在了台阶上一块干净的地方。他把双手放在腰部搓动，又左右转动了几下髋部。我有些担心，父亲腰上的旧伤复发了吗？

葡萄糖，当时算是“奢侈营养品”了。这白色细腻的晶状粉末，清甜的味道成为队员们不断刻苦训练的能量源泉。

“变”蜡烛

父亲在广州市中心体校执教羽毛球的时候，所带队员们除了训练，还要学习文化课，晚上要做各科作业。

当时电力紧张，政府提倡节电。晚上队员们做作业时，大家都尽量挤在一间屋子，将桌子拼在一起，同在一盏昏暗的白炽灯泡下学习。停电现象几乎每天都会发生，每当停电，队员们就点上蜡烛继续学习。

可是蜡烛当时也是“一货难求”的限量物资。父亲就将一些燃剩下一小段的蜡烛再融化拼在一起，一支“新”蜡烛就诞生了。可即使这样，蜡烛还是不够用。看着队员们因停电时而无奈地断断续续做功课，父亲心里十分着急。

那时候，我家后面是一片天然茂密的竹林。周末回家，父亲带上柴刀，挑选了一些粗细适合的竹子，砍下来切段并清理干净。他找来上羽毛球拍线用剩的打蜡条，把它们融化，倒进做好的竹筒里，再放进棉线当蜡烛芯。待蜡凝固后，从竹筒里拿出来，就成粗细长短不一的土制蜡烛。这些土蜡烛虽然形态有点滑稽，却一样能点燃，在小队员学习时大派用场。

“手指钢琴”

在体校时，每天清晨六点，当人们还沉浸在甜美梦乡时，小队员们就要离开温暖的被窝，开始一天的晨练了。

军队有嘹亮的军号声，学校有清脆的打铃声，父亲的队员们起床时却专享着独特的“弹钢琴”式敲门声。

带队晨练时，父亲先行早起，顺着走廊轮流在每间宿舍门上用手指“弹钢琴”。这是他的绝活：用一只手的五只手指，如弹奏钢琴般敲击门板，发出高低起伏、节奏鲜明的响声。有时是敲击某段大家熟悉的旋律，有时就来段即兴“演奏”，经常还会配上父亲幽默的伴唱。队员听着父亲有趣的“演奏”，在会意的嬉笑声中，开始起床穿衣。无论寒冬酷暑，无论刮风下雨，都阻挡不了父亲准时的“演奏”。

捉小偷

进入 20 世纪 80 年代，随着广州市羽毛球队的成立，父亲重新回到了他当运动员时曾挥汗如雨、奋力拼搏的广州体育馆，一如既往地将“家”也搬到了单位。

当时有多个运动队集中在广州体育馆，居住空间有限，只能在主馆与副馆之间的隔层空地上，用锌铁皮搭建起了羽毛球队的联排宿舍。副馆就是羽毛球训练馆，搭建的宿舍前有一条长长的走廊，走廊两头的宿舍各自连接着楼梯。父母亲的宿舍就在其中一头，成为队员出入的必经之路。我和年幼的妹妹也住了进去。

宿舍不带卫生间和浴室，公共浴室设在体育馆主馆一楼。父亲是爱整洁干净之人，每次从浴室回来，都会穿着整齐，提着塑胶水桶，里面装着用手洗净的衣服；即使是穿着拖鞋，走路也是不徐不疾。

记得那是一个夏天的晚上，我正在宿舍做作业，忽然听见一楼传来阵阵呼喝声："站住！别跑！"声音一会儿近一会儿远。队员们都被声音吸引到走廊，唧唧喳喳议论着发生了什么事。

正当大家猜测着，父亲出现了。只见他光着上身，下身穿着一条运动短裤，脚上的一只拖鞋不见了踪影。他手里提着空空的水桶，脚步一高一低地从走廊走过来。大家急切地问："傅指导，出什么事了？"

父亲愤愤地说：刚才冲凉时听见有人喊有小偷，他匆匆套上运动裤，提着水桶朝着人影就追出去。他在一楼的通道一边追赶，一边大声呵斥小偷，并拿起水桶里的衣物和脚上的拖鞋朝小偷扔去。几乎要追上的时候，遇上弯道开着的侧门，小偷溜出去跑掉了。父亲还有点惋惜地说，小偷太猖狂了，下次遇上一定要把他擒住。

队员们看着眼前的傅指导，既佩服他的勇敢行为，又被他完全颠覆了平时形象的样子逗得哈哈大笑起来。父亲低头看了一下，自己也乐了……

附录二

朝华：我的“羽坛教父”爸爸

很小我就发现，我的家庭成员除了爸爸、妈妈、姐姐和我外，羽毛球也一定要算一个。身为归侨，父母的爱国情怀和羽毛球事业，同时融进了我们姐妹的血液，跟我的童年也密不可分。

我和姐姐的成长阶段，正好“见证”了父母培养多位世界冠军和优秀羽毛球运动员的历程。我们从小相当于跟很多哥哥姐姐在一起过着集体生活。父母每天训练和教育运动员的过程，对懵懂的我也是一种启蒙。当我长大以后才意识到，父母那种对祖国的忠诚、对事业的热忱、对业务的执着钻研、对运动员的高标准严要求、对后辈的呵护、对朋友的坦诚，每一点滴都感染和影响了我们姐妹，成为我们宝贵的人生财富。

许多记忆的影像，深深印刻在脑海里。

“旁观者”的委屈

父母事业的背后，是他们巨大的忘我付出。他们自然在个人和家庭生活上就不能顾及太多。我小时候曾伤心失望，总觉得爸妈更喜欢他们的运动员。他们去外地，带的是运动员而不是我们姐妹。即使回到家，他们所思所想所谈甚至喜怒哀乐都与羽毛球相关，我和姐姐好像只是“旁观者”。

不过，不知为何，我稍微长大一些后，这种难过就只会悄悄存放于心，一丁点也不会在父母面前表现出来。我反而有一种自觉的意识，就是认真学习，做好自己的事情，尽力不让父母多费心。

随着长大，我逐渐意识到，成为这种“旁观者”，其实是很“高”的待遇，并让我受益匪浅。它让我们有机会与冠军共同成长，感受着爸妈和他们成功背后所经历的故事，培养我们姐妹独立坚强、不轻易放弃的品格。我感恩这一切，也更加理解了生命中的获取与失去。

爱哭鼻子的我

因为爸妈工作忙，我从幼儿园就开始全托。我就读于小北路的市一幼，每周一爸妈送我入园的时候，我总是会在最后一刻哭鼻子，因为实在不想他们离开。年纪小小的我也知道又要五天后才能见面，如果他们出差，就更长时间见不到。

印象中爸爸会用单车载我，然后差不多到门口的时候我就开始强烈地感觉到离别的悲伤，眼泪就哗哗哗流出来，边哭边说：“我不要你走，我不要你走……”

爸爸看我哭得厉害，就心软。他哄我说：“那我载你绕多一圈回来，我们才进去，但你就不准再哭啦。”稚嫩的我，就多享受了那一圈和父亲相处的时间……但再回到幼儿园门口的时候，眼泪还是会流出来。被老师牵着手的我，只能泪眼朦胧地看着爸爸从幼儿园走廊慢慢消失的背影。

在幼儿园最期待的时刻，就是周三晚餐后。因为如果爸妈不出差，周三就会抽时间过来看我一下。我会很快吃完晚餐，然后趴在二楼阳台的栏杆上，急切地期盼爸妈的身影出现。我有等到父母并扑入他们怀抱的喜悦，也有只好默默走回教室，眼巴巴看着其他小朋友与爸妈团聚的失落。

向火车挥手

小学三年级前，我家住在广州市射击训练场的体委宿舍，家里的小阳台正面向邻近的火车铁轨，那是进出广州火车站的主要火车通道。这个小阳台成为当时我和姐姐得天独厚的“站台”。

每次爸妈带队坐火车比赛出差，小阳台就是我们离别最后一面和期待他们回来见到第一面的地方。那时候只能记好时间，大概预计爸妈的火车是哪个点经过。一听到远处驶来的火车的汽笛声，姐姐和我就互相叫着跑到阳台，用尽眼力去搜索每节车厢的每个窗口。因为刚驶出车站，列车速度不算快，所以只要爸妈打开窗户伸出头和手，我们还是可以在短短几秒中看到他们，并兴奋地互相挥手。列车招手，成为父母和我们姐妹间的一种默契。

我们总是会等到火车远得看不见的时候，才依依不舍地回到屋内。随即，我心里又突然失落，禁不住流下眼泪。有时姐姐和过来看看我们的一位铁路工阿姨就会哄我，有一次因为哭得太累，我竟然含着一颗哄我的糖而睡着了。

那时候通信不发达，我们只能数着日子期待父母快点回来，然后在他们大约回程的钟点守候在小阳台，依然发挥我们的“侦察”眼力搜索每一节经过的车厢。一看到他们探出头和手，我们就跳着蹦着挥手，接着就收拾好家里，欢欢喜喜到楼下等候他们从火车站回家……

游轮送别

爸爸有段时间被调往国家队执教中青队，妈妈依然坚守在广州队并照顾家庭。记得有一次爸爸去了北京好几个月，我好想他啊！一听说他将带队出国比赛，会坐飞机到广州，停留半天后到晚上转船，我就开始数着那个日子的到来。当天下午，妈妈带着我和姐姐到机场接爸爸，他与队员一起到达。我觉得爸爸好威风，因为队员里有当时已经出名的杨阳、赵建华两大未来“天王”。

晚餐时，我还战战兢兢地问爸爸哪位是杨阳和赵建华，爸爸指给我看，他俩也对我礼貌地笑了一下，哇塞，我好开心！不过，随后又要面对爸爸即将登船出发的时刻，我就只能默默流着眼泪望着爸爸挥手，直到轮船离岸远去。

威风的“指挥官”

我读小学时，我感觉当时的“家”其实是在广州体育馆，就是爸妈平日工作训练的地方。每天下课回到体育馆二楼的宿舍，我放下小书包就马上拉开木板窗，欣喜地看楼下球场上指导队员的爸爸妈妈和训练中的哥哥姐姐。他们严肃认真一丝不苟，我不敢打扰，只会静静地趴着欣赏。

等爸妈走到比较近的地方，我就小小声地喊他们，让他们知道我平安放学了，然后开始做作业。那时候感觉六个羽毛球场地的球馆好大。最难忘的场景是，每次运动员们做步法训练的时候，爸爸会做总指挥，站在一个工具箱或小木凳上向十多位哥哥姐姐做手势和发口令，他们就会整齐划一地往同一个方向做相应的步法。那个情景让还是小屁孩的我觉得非常壮观，印象特别深刻。

当时觉得爸爸超帅，很威风啊，大家都要听他的指挥。哈哈！

我心中一直惦记，希望有一天这个场景能够重现。虽然现在指挥官已经鬓发斑白，老队员们也芳华不再，但重温整齐标准的步法训练，大家一定有别样的开心……

家庭单车比赛

父母在广州时，我也只有晚餐时能与他们短暂相处。因为他们每天从早上 6 点就带队员出操训练，我和姐姐自己起床整理，吃早餐后就背书包上学，下午回到体育馆宿舍时他们还在训练。父母直到傍晚上来宿舍休歇一下准备晚餐，但一天难得的晚餐相聚，爸妈更多谈的也是羽毛球话题。晚餐后，又去运动员宿舍与他们谈心沟通，回来的时候我们都已经睡着了。

所以，偶尔周末我们一家四口从体育馆回家的路程，就成了开心的家庭时刻。姐姐坐在爸爸红色的 26 寸单车后面，我这个小不点就坐妈妈 20 寸的小单车后面。回家路上，我们都会让爸妈在冲一个小斜坡的时候比赛。坐在单车后座的我和姐姐分别给爸妈打气加油呐喊。短短几十米的斜坡，让我们在欢声笑语中美美享受了一番与父母共处的快乐。

背影

小学时学过朱自清写其父的《背影》，而我父亲的背影也一直存于我心。那应该是在父亲被派往新加坡做专家前，有一天晚上，妈妈让我们保持安静，说爸爸在学习。

我带着好奇心悄悄地走到房间门口，从门缝往里一瞄，只见桌面小台灯射出柔和的黄光，爸爸背对着门坐在书桌前，全神贯注，一边低着头看书，一边跟随小卡式录音机重复读着英文。

父亲夜读的背影和复读声，往后一直萦绕在我的脑海，给了我认真学习的榜样力量。

爸爸的“四川”名牌

爸爸教育我们从小就要懂得节约，不能浪费，他自己也身体力行。小时候常看他穿一件白色背心，上面已经有几个洞了，他依然爱惜穿着。有天连妈妈都嘀咕说都这么旧的背心还不扔掉，爸爸回头很认真地说：“我这可是真丝的，还是名牌呢！”然后他提高声调：“这可是国际名牌四 CHUAN 牌啊！”

我和妈妈当时以为他想说是四川熊猫，正纳闷是怎样的国际名牌，爸爸就用手指鬼马地指点着背心上的几个洞。我们突然醒悟过来，被他逗乐了。原来是穿了洞的四“穿”名牌啊！

爸爸平时与运动员相处也不乏幽默，业余打篮球中也时常搞怪做假动作，他给运动员们讲故事能让大家哄堂大笑。虽说爸爸不是一个特别外向的人，但他总是会在适当的时候用自己的真诚、笑容和幽默带给他人快乐！

家中悼小平

1997 年，中国卓越的领导人邓小平逝世。父母和我们姐妹俩都深感悲伤。记得在邓爷爷追悼会那天，学校放假一天。爸爸要求我们，当天上午必须留在家里一起在电视上观看整个追悼会过程。

当天早上，我们一家四口准时坐在电视机前观看。当电视转播到全体默哀的环节时，爸爸很严肃地要求我们起立，一起跟随低头默哀，哀乐声中，我们都禁不住流下了眼泪。

那一刻给我心灵的震撼也非常强烈。我看到了爸妈内心对党、对国家、对伟人的最真实的情感。他们的这种情感发自内心，朴实真挚，并不是做给任何人看的。

言传与身教

爸爸在运动生涯中有着顽强的毅力和拼搏精神，生活中的他平和友善、心胸豁达。很多人都会夸爸爸英俊潇洒、风度翩翩，他总是保持微笑和谦虚低调，年长年幼的人都愿与他为友。

我们家看似慈父严母，但从小爸爸在我心中就很有威严感。他不会随意教训姐姐和我，可是一些教导对我们却是字字入心。他和妈妈常会分享爷爷和外公的故事，让我们明白华侨在海外打拼的艰苦艰辛和对祖国的热爱。父母也时常教育我们做人绝不能贪，很多人就是被“贪”字毁了一生，要靠自己的双手和勤奋去一步一个脚印走。他们也正是这样做的。

父母从1978年广州市羽毛球队建立以来，培养了一代又一代的队员。他们不仅抓训练和比赛，更是在思想、学习和生活上给予教育和关心。记得爸爸多次跟运动员和他们的家长说，一名优秀的运动员除了精湛的技术，也需要有知识武装。对许多运动员来说，我的父母承担了家长一般的责任。

记得关渭贞姐姐有一段时间从国家队回来广州，住进了我们家。我当时不知道她遇到什么问题，但时常看到爸妈会在我们家的饭桌跟她谈心。我在家里经常听到爸妈谈论的话题，是如何帮助哪个队员解决遇到的困难。他们总是竭尽全力去为弟子争取机会，在爱徒获得荣誉后，他们在内心默默欢喜并送上祝福。

陪伴的补偿

2018年新年后，妈妈的身体一度欠佳，爸爸陪着妈妈一起住进了医院调理。那段时间他们相依相偎，互相关爱照顾，似乎在将过往多年因为集训工作而忽略的家庭生活补足。妈妈也会偶尔向爸爸撒娇，然后爸爸会牵着她的手在医院楼下的花园散步。我和姐姐看到这些情景，都会感动和为他们开心。

一个细节让我内心再次泛起涟漪——那天，我们姐妹家人一起到医院陪伴爸妈午餐。离开的时候，爸爸送我们到病房门口道别，然后一直站在门口挥手。

我走到一半回头看他，他还站在门口望着我们离开的背影……那一刻，我的鼻子有点酸，突然回想起童年时是我们时常望着爸爸出发远去的背影，当时我们内心是多么渴望他回头来给我们一个拥抱。而此刻，是爸爸妈妈需要我们回馈更多的陪伴了……

事业的延续

我没有像父母一样成为专业羽毛球运动员，但血液里已经融入了羽毛球，我对“羽毛球”这三个字有着特殊的理解和情结。

1990 年前后，妈妈患癌做完手术后，因为单位的调整不得不提前退休。但后来 10 年，她并没有离开痴迷的羽毛球事业，一直坚持义务协助爸爸在广州队的训练工作，完成了最后一批学生的培养。妈妈刚退休时跟我说过：“朝华，你一定要努力和自强不息。如果条件允许，爸妈依然希望继续这份事业！”

我对此念念不忘。我幸运地遇到国家对体育产业的大力支持和市场化的转变。或许是冥冥中注定，2014 年，在职场上奋斗多年的我开始介入体育公司行业，用自己的方式去传承父母献身的体育事业。

这是我生命中体育和羽毛球事业的新起点。商海冲浪，需要面对各种挑战和诱惑，但父母对我从小的教育根深蒂固，让我和团队不忘初心。父辈诚信正直、艰苦拼搏、团结友爱、勇于创新的精神，也是我秉持的经营之本。

由此，我对爸爸妈妈的一生和他们的事业有了更深刻的理解。我也坚信，爸爸的这本回忆录，无论是从中感受老一辈华侨的爱国真情，还是领悟体育精神和生命真谛，都一定能留下宝贵的教益。

后记

2017 年 7 月的一天，正是广州一年中最热的时节，我开始对傅汉洵先生进行访谈。一直到年底，每逢星期二和星期五的上午，我们都会在位于天河体育中心一隅的广州市羽毛球管理中心会议室碰面。

傅先生每每汗流浃背地到来，在满头大汗中开讲。有时候他还要拎来沉甸甸的资料。从他的华侨身世直到夫妻二人的羽毛球生涯，一部活生生的家族历史长卷在我眼前徐徐展开，令我沉浸其中，心潮跌宕。

随着讲述的深入，我进一步真切地意识到，傅汉洵和他的太太曾秀英，是广东羽毛球队在 20 世纪五六十年代发展崛起的亲历者和见证者，他们更是当下广州这座 “羽毛球之都”的重要奠基者。

经过一年的共同努力，在傅汉洵回忆录成书之际，作为整理者，我有几点体会与读者共享。

第一，傅汉洵回忆录为广东省和广州市羽毛球运动的发展留下了宝贵史料，尤其见证了一代广东归侨羽毛球运动员在 20 世纪五六十年代为中国羽毛球赶超世界先进水平做出的贡献。

长期以来，谈到归侨羽毛球人物，聚光灯主要集中在福建，而忽略了广东。广东也有一大批怀有赤子之心的归侨羽毛球人为中国羽毛球崛起做出了巨大贡献。

事实上，20 世纪六十年代，正是因为有傅汉洵、曾秀英以及他们的教练、队友徐权芳、方凯祥、黎志成、黄鸿平、侯加昌、梁小牧、徐权亨、黄志远、周维建、吴秀凤、林斯卿、徐权荫等以及后来的潘祝英、朱超琴等一批广东归侨羽毛球人的存在，形成了中国羽坛广东、福建二虎相争的良性竞争局面，才更快地提高了中国羽毛球水平。傅汉洵正是这批广东羽毛球人中的佼佼者和代表人物之一。

第二，傅汉洵、曾秀英夫妇在广州羽毛球发展中做出了重要贡献，由于这对羽毛球夫妇的低调、谦虚，他们的功绩并没有真正被很多人认识到。对广州来说，傅汉洵、曾秀英的意义不仅在于他们培养出了六位羽毛球世界冠军，更在于他们二人退役后胼手胝足，筚路蓝缕，从基层小学到业余体校，为广州打下了深厚的羽毛球群众基础。

第三，在整理傅老师回忆录的过程中，我发现广东（广州）羽毛球史料的整理工作还是比较薄弱的，目前许多被引用的资料都有错漏。比如，在广州羽球中心荣誉室中，对曾秀英的介绍是“1959 年回国”，实际上她是 1957 年回国，1958 年 9 月就成为广东羽毛球队第一批集训队员之一。还有一本讲述广州“羽城”的专著，将 1963 年广东队在广州迎战印尼羽毛球队的比赛地点写成是中山纪念堂，实际上是在广州体育馆，时间也从 8 月错成了 7 月，如此不一而足。

因此，傅老师和我在整理回忆录过程中，力求将每一个细节都落实清楚，尽可能为中国羽毛球史留下扎实的资料。

第四，通过访谈，我了解到傅先生成长的印尼小城先达，一个有过“印尼小延安”之称的地方，在华侨史上应当是一个非常重要、非常有特色的城市。尤其是 20 世纪 70 年代以前的先达当地华侨生态，从华侨的政治倾向、生活习俗、与祖国的密切联系直到新中国成立后的回归热潮等，都有着丰富故事，从这本回忆录中可以管中窥豹。

但岁月变迁，先达的华侨社会已有沧桑之变。我感觉打捞傅先生父辈这一代的先达华侨史料刻不容缓，也极具价值，但愿有识之士已经在做相关工作。

在完成此书的过程中，傅先生和我都尽量将事实查证清楚，但由于各种原因，包括记忆的模糊和资料查找的困难等等，书中一定会有诸多纰漏之处，敬请读者批评指正。这部回忆录重点还是围绕傅汉洵先生的羽毛球生涯展开，其他经历只做了一些粗线条的勾勒，想来读者也是能够理解的。

傅先生是那种纯粹、老派、有绅士风格的人。他总是面带微笑，虽然退休多年，但羽毛球中心乃至天河体育中心的许多保安和清洁工都会跟他熟络地打招呼。感谢傅汉洵、曾秀英两位“指导”对我的信任，让我一起承担回忆录的工作，耳濡目染到他们的伉俪情深也让我深深感动。

这一年来，傅先生仍有一些社会公益活动要参与，妻子的健康状况也要他费心照料，在这种情况下完成回忆录的工作殊为不易。在此要特别感谢傅先生的家人特别是Flora对我在整理过程中的全力支持。感谢傅汉洵、曾秀英夫妇培养的六位世界冠军为本书接受了我的特别专访。

我还要特别感谢当时担任《南方都市报》常务副总编辑的崔向红

女士玉成了这次合作的机缘。感谢曾文芳、张纯、林嘉鸿等几位同事，他们一直参与本书的全过程，并给了我大量的宝贵建议和帮助。感谢南方日报出版社刘志一先生、郭海珊女士，他们在此书出版过程中给予了非常专业的指导。感谢美术设计关健明女士，她的才华令本书增色，更为书的及时出版付出了加班加点的辛劳。

书中引述的一些资料，基本在文中已注明出处，在此不再一一列举。

在与傅汉洵先生的访谈中，我还有一点感受是，傅先生从小开始对羽毛球的热爱是纯粹的，是投入全部身心的，他是羽毛球发展史的见证者，也对羽毛球这项运动有着独到、深刻的理解与认识。今后如有机会，我希望能够将“傅汉洵之羽毛球观”比较完整地补充进去。

刘晨

2018 年 8 月